60 schnelle Strickquadrate

Abwechslungsreiche Strickmuster für Decken und andere Lieblingsprojekte

Weltbild

Titel der Originalausgabe:
60 Quick Knit Blanket Squares: Mix and Match for Custom Designs
Zuerst veröffentlicht in den USA von Sixth&Spring Books
Text Copyright © 2021 by Sixth & Spring Books/Cascade Yarns

This edition has been published by arrangement with Sterling Publishing Co., Inc., 33 East 17th Street. New York, NY, USA, 10003.

Deutsche Erstausgabe

Copyright der deutschen Übersetzung: © 2023 Weltbild GmbH & Co. KG,
Ohmstr. 8a, 86199 Augsburg
Übersetzung und Redaktion der deutschen Ausgabe: Helene Weinold, Violau
Satz: Joe Möschl, München
Umschlaggestaltung: Atelier Seidel, Teising, www.atelier-seidel.de
Fotos: Jack Deutsch

Gesamtherstellung: Typos, tiskařské závody, s.r.o., Plzeň
Printed in EU

978-3-8289-4032-1

Alle Rechte vorbehalten. Kein Teil des Werkes darf in irgendeiner Form (durch Fotokopie, Mikrofilm oder ein ähnliches Verfahren) ohne die schriftliche Genehmigung des Verlages reproduziert oder unter Verwendung elektronischer Systeme verarbeitet, vervielfältigt oder verbreitet werden.

Besuchen Sie uns im Internet:
www.weltbild.de

www.cascadeyarns.com

Inhalt

Vorwort 6 Garne austauschen 8 Farbwahl 10 Anordnung der Blöcke 12 Blenden 14

Rechts-links-Muster

1 Gebrochenes Rippenmuster 18
2 Minikaros 20
3 Starke Strukturen 22
4 Stufen 26
5 Bauklötze 30
6 Gerippte Sechsecke 33
7 Wischer 36
8 Einfaches Flechtmuster 38
9 Verschachtelt 40
10 Fantasierippen 42
11 Bambus 44
12 Schrägstreifen 46
13 Diagonales Zickzackmuster 48
14 Perlmusterrippen 50
15 Plastische Dreiecksrippen 52
■ Decke „Edles Grau" 54

Zopfmuster

16 Rhombengitter 58
17 Zwischen den Zeilen 60
18 Spalier 62
19 Flatterfalter 64
20 Schleifchen 70
21 Zöpfe & Perlmuster 74
22 Keltischer Zopf 76
23 Umwege 79
24 Wellengang 82
25 Gerippte Rhomben 85
26 Raffiniert verflochten 88
27 Kordeln & Kreise 92
28 Hufeisen 94
29 Kreuze & Kringel 96
30 Bonbons 98
■ Decke „Kreuz und quer" 100

Lochmuster

31 Höcker & Grübchen 104
32 Verbundene Rhomben 106
33 Ranken 108
34 Eicheln 110
35 Luftig verwebt 112
36 Blättergirlanden 114
37 Durchbrochener Brokat 116
38 Vom Winde verweht 118
39 Lochrippen & Zacken 120
40 Vertikale Wellen 122
41 Halb und halb 124
42 Bergauf 126
43 Schneegestöber 128
44 Kahle Zweige 130
45 Transparente Tulpen 132
■ Decke „Meeresrauschen" 134

Extravagante Muster

46 Embleme 138
47 Flug 142
48 Morse-Code 144
49 Zwirbelchen 147
50 Ziegelmauer 150
51 Durcheinander 152
52 Dies & das 154
53 Statement 156
54 Nordstern 158
55 Blütenfeld 162
56 Sprossen 164
57 Smokmuster 166
58 Auf und davon 168
59 Wellengitter 170
60 Schräges Raster 172
■ Decke „Musterhafte Strukturen" 174
■ Babydecke „Drei mal drei" 176
■ Decke „Verflochten und verwebt" 178
■ Decke „Regenbogen" 180

Register 182
Abkürzungen 182

VORWORT

Deine Decke – dein Stil!

Decken gehören zu den beliebtesten Strickprojekten. Sie können in jeder Größe gearbeitet werden, eignen sich perfekt zum Einkuscheln und lassen sich bei guter Pflege über Generationen hinweg weitergeben. Eine handgestrickte Decke ist eine Liebesgabe, die jeder brauchen und verwenden kann.

Wer strickt, drückt dem jeweiligen Projekt gern den eigenen Stempel auf, sei es durch Abwandlungen der Vorlage oder eine individuelle Farbkombination. Solche mit Bedacht gewählten Details machen ein Modell für Strickende und Beschenkte zu etwas ganz Besonderem. Deshalb soll dieses Buch Strickfans ermutigen, ihre ganz eigenen Decken zu gestalten und dabei über jedes einzelne Detail selbst zu entscheiden.

Maschenprobe

Alle Quadrate in diesem Buch basieren auf der gleichen Maschenprobe von 20 Maschen und 28 Reihen auf 10 cm x 10 cm bei einer Nadelstärke von 4,5 mm. Gegebenenfalls abweichende Angaben finden sich in der jeweiligen Anleitung.

Größe

Weil alle Quadrate auf ein Format von 30,5 cm x 30,5 cm ausgelegt sind, können Sie die einzelnen Blöcke leicht zu quadratischen oder rechteckigen Babydecken, Sofadecken oder Überwürfen jeder Größe kombinieren.

Garnmengen

Jedes Quadrat erfordert maximal einen 100-g-Knäuel des Garns 220 Superwash Merino von Cascade. In der Anleitung zu den einzelnen Quadraten stehen jeweils die ungefähre Garnmenge in Gramm und die Lauflänge in Metern. Auf diese Weise können Sie errechnen, wie viele Knäuel Sie kaufen müssen. Wenn Sie für ein Quadrat beispielsweise 70 g Garn brauchen, reichen drei Knäuel für vier Quadrate in diesem Muster.
Hinweis: Die für die Maschenprobe erforderliche Garnmenge ist in den Angaben nicht enthalten.

Farben

Wählen Sie zwei Lieblingsfarben für ein Schachbrettmuster aus. Gestalten Sie einen diagonalen Farbverlauf. Teilen Sie die Decke in Farbblöcke auf. Setzen Sie Farbtupfer in eine Fläche in neutraler Farbe. Spielen Sie mit so vielen oder so wenigen Farben, wie Sie möchten.

Muster

Wählen Sie aus 60 unterschiedlichen Mustern: Strukturmustern aus rechten und linken Maschen, Zopf- und Lochmustern, Mustermix-Vorschlägen und außergewöhnlichen Motiven. Sie alle sind nach Schwierigkeitsgraden, Stricktechniken und ästhetischer Wirkung sortiert und bieten grenzenlose Kombinationsmöglichkeiten.

Anordnung

Ordnen Sie Ihre Quadrate so an, wie es zu den gewählten Mustern passt. Dabei sollten Sie überlegen, wie jedes Quadrat mit dem Quadrat daneben interagiert. Schon wenn man ein Quadrat um 90 Grad dreht, kann das einen enormen visuellen Effekt ausmachen. Weil jedes Quadrat einzeln gestrickt wird, können Sie an der Anordnung bis zur allerletzten Minute feilen, um ein perfektes Ergebnis zu erzielen.

Blenden

Eine Blende kann Ihrer Decke den letzten Schliff verleihen. Stricken Sie alle Blenden in einem Stück in der Runde oder separat über jede Kante. Sie haben die Wahl zwischen Krausrippen, Perlmuster oder einer paspelartigen I-Cord-Einfassung und können die Blende einfarbig, in einem Farbverlauf oder mit einer Akzentfarbe stricken. In diesem Buch finden Sie einige Beispiele für Blenden. Bevor Sie sich für eine davon entscheiden, können Sie ein paar Varianten an Ihrem Strickstück für die Maschenprobe ausprobieren, um zu sehen, welche am besten zu Ihrem Projekt passt.

Beispieldecken

Sieben fertige Decken vermitteln in diesem Buch einen Eindruck von einigen unterschiedlichen Größen, Farbstellungen, Musterkombinationen, Anordnungen und Blenden, unter denen Sie wählen können. Sie können eine dieser Decken nacharbeiten oder sich davon inspirieren lassen, einmal etwas ganz Neues auszuprobieren.

Garne austauschen

Alle Musterquadrate in diesem Buch wurden aus dem Garn 220 Superwash Merino von Cascade Yarns gestrickt (100 % Wolle; LL 200 m/100 g). Wenn Sie ein anderes Garn verwenden wollen, müssen Sie sich auf mögliche Änderungen in Maschenprobe, Maßen, Nadelstärke, Zahl der Anschlagmaschen und der zu strickenden Reihen einstellen.

Die unten abgebildeten Probequadrate wurden alle nach der gleichen Anleitung mit derselben Zahl von Maschen und Reihen, aber aus unterschiedlichen Garnen gearbeitet. Wie Sie sehen, ergeben Garne verschiedener Stärke ganz unterschiedliche Fertigmaße.

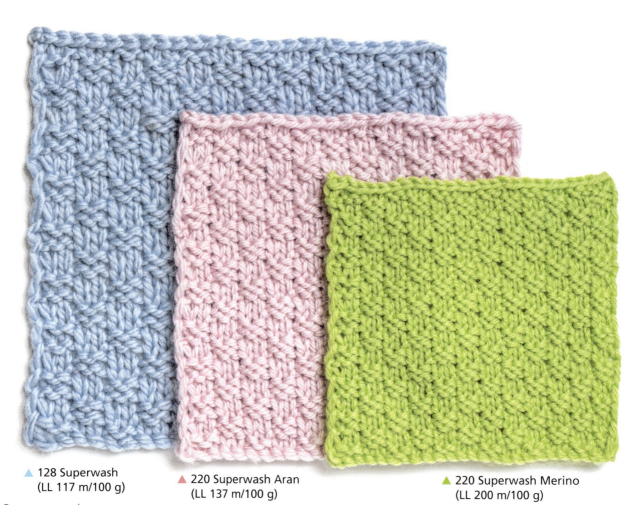

▲ 128 Superwash
(LL 117 m/100 g)

▲ 220 Superwash Aran
(LL 137 m/100 g)

▲ 220 Superwash Merino
(LL 200 m/100 g)

Garn ist nicht gleich Garn

Wir haben für die Musterquadrate in diesem Buch das Garn *220 Superwash Merino* gewählt, weil es aus weicher Merinowolle gesponnen wird, in Dutzenden von Farben erhältlich ist, in der Maschine gewaschen werden kann und sogar den Wäschetrockner verträgt. Das Garn bringt die Strickmuster gut zur Geltung, lässt sich präzise auf Maß spannen und ergibt sowohl weiche als auch strapazierfähige Decken, an denen Sie viele Jahre Freude haben.

Wolle ist schmutzabweisend, schwer entflammbar und leicht elastisch, sodass Ihre Strickarbeiten die Form gut halten. Andere Fasern wie Polyacryl oder Baumwolle verhalten sich unterschiedlich, sodass sich die Quadrate damit nur schwer nacharbeiten lassen. Polyacryl und andere Synthetikfasern verfügen nicht über die Elastizität von Wolle, sind weniger leicht zu spannen und verlieren leicht die Form. Baumwolle ist verhältnismäßig schwer, nicht so gut sauber zu halten wie Wolle und leiert leicht aus.

Größere Quadrate aus dickerem Garn

Wenn Ihre Decke größer und wärmer werden soll, bieten sich zwei dickere Merinowollgarne von Cascade an, die ebenfalls in der Maschine gewaschen und getrocknet werden können: *220 Superwash Aran* (LL 137 m/100 g) und *128 Superwash* (LL 117 m/100 g).

Die Qualität *220 Superwash Aran* wird üblicherweise mit Nadeln 5 oder 5,5 mm verstrickt und ergibt eine etwas größere und dickere Decke als die Qualität *220 Superwash Merino*. Weil das Garn ebenfalls aus feiner Merinowolle gesponnen ist, wird das Ergebnis ebenso weich.

128 Superwash ist ein extradickes Wollgarn mit Superwash-Ausrüstung. Weil es ebenfalls aus Merinowolle hergestellt wird, entsteht daraus ein butterweiches Gestrick und wegen der Garnstärke eine sehr warme Decke. Wir empfehlen, mit 6 mm starken Nadeln zu stricken. Eine Decke aus diesem Garn wird deutlich größer als eine aus *220 Superwash Merino*.

Wenn Sie ein dickeres Garn verwenden, müssen Sie einige Anpassungen vornehmen. Sie brauchen nicht nur stärkere Nadeln, sondern auch mehr Garn. Dickeres Garn hat eine geringere Lauflänge bei gleichem Gewicht, und zugleich sind mehr Meter Garn erforderlich, weil das Projekt größer wird. Wenn Sie die Quadrate nach den hier abgedruckten Anleitungen stricken, ändert sich die Maschenprobe, und die einzelnen Blöcke werden größer als 30,5 cm x 30,5 cm. Die Originalgröße von 30,5 cm Seitenlänge mit einer anderen Garnstärke (und folglich abweichender Maschenprobe) zu erzielen, bedarf grundsätzlicher Änderungen in der Anleitung oder ist in manchen Fällen unmöglich. Wir empfehlen, möglichen Problemen aus dem Weg zu gehen, indem Sie das angegebene Garn *220 Superwash Merino* verwenden, sofern Sie nicht selbst mit dem Austauschen von Garnen vertraut sind oder auf die Unterstützung erfahrener Freundinnen oder hilfsbereiter Angestellter in Ihrem Handarbeitsgeschäft zurückgreifen können.

Farbwahl

Auf der Farbkarte von 220 Superwash Merino finden Sie garantiert die richtigen Töne für Ihre Decke. Suchen Sie sich ein oder zwei Lieblingsfarben aus, gestalten Sie einen Farbverlauf, setzen

3 Rich Brown
5 Golden Yellow
6 Burnt Orange
7 Bird of Paradise
8 Artisan Gold
9 Lemon
10 Dark Moss
11 Avocado
13 Lime
14 Kiwi
15 Tree Top
16 Verdant Green
18 Violet Tulip
19 Passion Flower
21 Dark Berry
22 Raspberry
23 Azalea Pink
24 Candy Pink
25 White
26 Silver Heather
27 Charcoal
28 Black
29 Red
35 Teal
36 Aqua
39 Walnut Heather
40 Doeskin Heather
41 Carrot
43 Pine
44 Dark Violet
46 Cherry

Sie einen kontrastfarbenen Akzent, arbeiten Sie fröhliche Streifen oder spielen Sie einfach nach Lust und Laune mit Farbe. Hier sind nur einige Dutzend der fast hundert schönen Farbtöne abgebildet, die derzeit angeboten werden.

49 Hawaiian Ocean
56 Seafoam Green
57 Sweet Pea
58 Iguana
64 Glacier Grey
65 Flint Grey
67 Forged Iron
68 Tapenade
69 Golden Palm
71 Parsnip
72 Seashell Pink
76 Flame Heather
83 Cadmium Yellow
84 Peridot
85 Christmas Red Heather
86 Antique Green
87 North Sea
88 Green Blue Slate
89 Aqua Haze
90 Pastel Turquoise
91 Dark Olive
92 Martini Olive
93 Dried Herb
94 Leek Green
95 Shadow Green
96 Molten Lava
97 Paprika
98 Camelia
100 Apricot Blush
101 Desert Flower

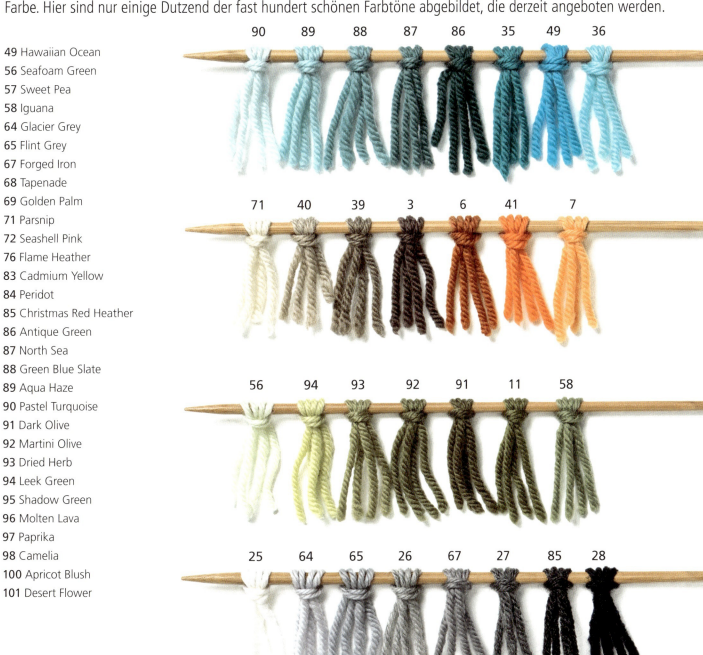

Anordnung der Blöcke

Wenn Sie die Muster und Farben für Ihre Decke auswählen, sollten Sie am besten schon eine Vorstellung davon haben, wie Sie die Quadrate anordnen wollen. Hier sind einige Anregungen dazu.

Strickmuster

Wie interagieren die Muster benachbarter Blöcke miteinander?
Bei Mustern mit einer bestimmten Richtung (beispielsweise vertikal, horizontal oder diagonal, in der Runde etc.) sollten Sie überlegen, wie sich ein visueller Effekt über die ganze Decke hinweg schaffen lässt. Verändern Sie die Orientierung eines oder mehrerer Quadrate.

Farbschemata

- Farbblöcke
- Schachbrettmuster
- Diagonalen
- Geometrische Muster
- Farbverläufe
- Horizontale oder vertikale Streifen
- Buchstaben oder Initialen
- Farbakzente innerhalb der Decke oder in der Blende
- Symmetrische oder asymmetrische Anordnung

Weil die Quadrate einzeln gestrickt werden, müssen Sie sich nicht von Anfang an auf eine bestimmte Anordnung festlegen. Sie können erst alle Quadrate stricken und dann in verschiedenen Varianten auslegen, bis Sie die optimale Lösung gefunden haben. Und sollten Sie sich entschließen, ein bestimmtes Quadrat überhaupt nicht zu verwenden, heben Sie es einfach für die nächste Decke auf.

Farbblöcke

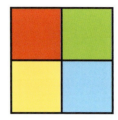

Vertikale Streifen

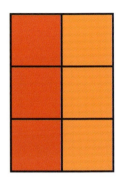

Schachbrettmuster

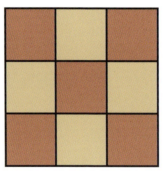

Horizontale Streifen

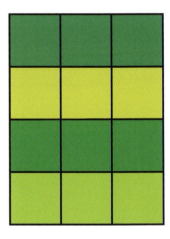

Farbakzent

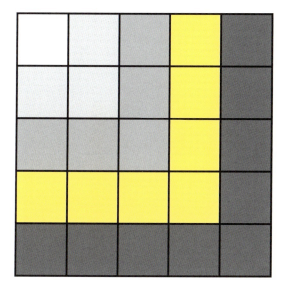

Geometrisches Muster

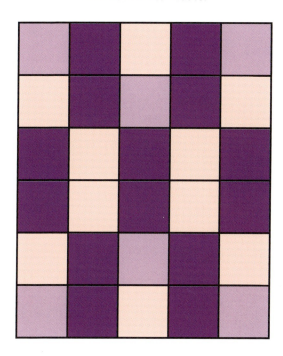

Farbverlauf

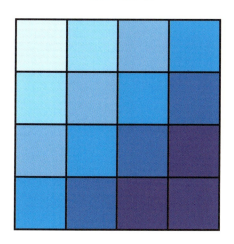

Buchstabe/Initial

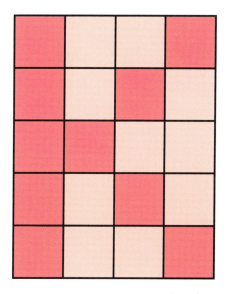

Blenden

Eine Blende kann die verschiedenen Elemente Ihrer Decke zusammenhalten und das Ergebnis professioneller wirken lassen. Überlegen Sie, welche Farbe(n) und welches Muster am besten mit dem Modell harmonieren. Sie können jede beliebige Blende anstricken oder -häkeln, aber wir stellen hier einige Möglichkeiten als Beispiele vor.
Jede der hier abgebildeten Blenden wurde für eine bestimmte Decke in diesem Buch verwendet. Deshalb beziehen sich die Angaben für die Umrandung dieser Decken auf die entsprechende Größe, Farbwahl und das Garn *220 Superwash Merino* von Cascade. Wenn Sie Ihre Decke mit einer bestimmten Blende umranden möchten, gehen Sie nach der allgemeinen Anleitung hier vor und passen Sie diese an Ihre eigene Decke an.

Rippenblende

Von der rechten Seite der Arbeit aus jeweils 1 Masche aus jeder Ecke sowie eine ungerade Zahl an Maschen aus jeder Kante rechts herausstricken. **1. Runde:** * 1 M re, 1 M li; ab * fortlfd wdh bis Rd-Ende.
2. Runde: Im eingeteilten Rippenmuster weiterstr, aber vor und nach jeder Eck-M 1 M zun (= 8 M in der Rd zugenommen). Die letzten 2 Rd bis zur gewünschten Blendenhöhe stets wdh und alle zugenommenen M ins Rippenmuster integrieren. Alle M locker mustergemäß abk.
Siehe Decke „Edles Grau", Seite 54.

Perlmusterblende

Von der rechten Seite der Arbeit aus eine gerade Zahl an M aus der Oberkante der Decke rechts herausstricken und im Perlmuster bis zur gewünschten Blendenhöhe stricken. Die Blende an der Unterkante genauso stricken. Dann eine gerade Maschenzahl aus einer Seitenkante und den Schmalseiten von oberer und unterer Blende aufnehmen und im Perlmuster bis zur gewünschten Blendenhöhe stricken. Die Blende an der anderen Seitenkante genauso stricken.
Siehe Decke „Kreuz & quer", Seite 100.

Krausrippenblende in Runden

Von der rechten Seite der Arbeit aus Maschen gleichmäßig verteilt aus jeder Kante und 1 Masche aus jeder Ecke rechts herausstricken. Die Arbeit zur Runde schließen. 1 Runde linke Maschen stricken. Die nächste Masche rechts stricken und dabei vor und nach jeder Eckmasche 1 Masche zunehmen. Die letzten 2 Runden bis zur gewünschten Blendenhöhe stets wiederholen; mit einer Runde linke Maschen enden. Alle Maschen rechts abketten.
Siehe Babydecke „Drei mal drei", Seite 176.

Krausrippenblende in Reihen

Von der rechten Seite der Arbeit gleichmäßig verteilt Maschen aus einer Kante rechts herausstricken. 1 Rückreihe rechte Maschen stricken. Dann jede weitere Reihe rechts stricken und dabei in jeder Hinreihe beidseitig 1 Masche zunehmen. Die Blenden an den übrigen 3 Kanten genauso stricken und an den schrägen Kanten zusammennähen.
Siehe Decke „Regenbogen", Seite 180.

I-Cord-Blende

Von der rechten Seite der Arbeit mit einer langen Rundstricknadel gleichmäßig verteilt aus jeder Kante Maschen rechts herausstricken, dann weitere 3 Maschen auf der linken Nadel neu anschlagen. Mit einer Spielstricknadel * 2 M re str, 2 M re abgeh zusstr, dann beide M zurück auf die Rundstricknd heben. Ab * fortlfd wdh bis zur Ecke, dort 3 R I-Cord ohne Verbindung zur Decke arb. Auf diese Weise die I-Cord-Blende um die ganze Decke herumführen.
Siehe Decke „Musterhafte Strukturen", Seite 174.

Mehrfarbige I-Cord-Blende

* * Von der rechten Seite der Arbeit aus mit einer Rundstricknadel und Garn in der gewählten Farbe von links nach rechts gleichmäßig verteilt Maschen aus dem gewünschten Teil der Kante(n) rechts herausstricken, dann weitere 4 Maschen neu anschlagen. Mit einer Spielstricknadel * 3 M re str, 2 M re abgeh zusstr, dann die M zurück auf die Rundstrickndl heben. Ab * fortlfd wdh bis zum Ende des vorgesehenen Teils, dabei um jede Ecke herum 3 R I-Cord ohne Verbindung zur Decke arb. Nach Belieben die Garnfarbe wechseln und ab * * wdh.
Siehe Decke „Meeresrauschen", Seite 134.

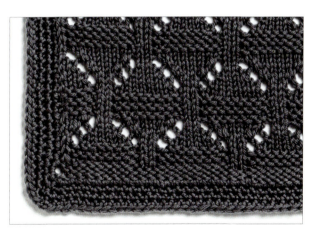

Häkelblende aus festen Maschen

Einige Runden feste Maschen sind eine schnelle und einfache Möglichkeit, eine Decke mit einer Blende zu versehen. Diese Blende besteht aus 4 Runden festen Maschen. Von der rechten Seite der Arbeit aus gleichmäßig verteilt eine Grundlage aus festen Maschen rund um alle Kanten der Decke arbeiten, dann beliebig viele weitere Runden feste Maschen häkeln und dabei jeweils 3 feste Maschen in jede Ecke arbeiten. Probieren Sie gern andere einfache Häkelmaschen für mögliche Blenden aus.
Siehe Decke „Verflochten & verwebt", Seite 178.

Rechts-links-Muster

Von kleinen Musterrapporten bis hin zu einem flächenfüllenden Motiv: Manchmal sind rechte und linke Maschen die beste Möglichkeit, mit Strukturen zu spielen.

1 Gebrochenes Rippenmuster

Durch glatt rechte und glatt linke Zwischenreihen bekommt das Rippenmuster dieses einfachen Blocks seinen besonderen Pfiff.

Design: Carol J. Sulcoski

Fertigmaß
30,5 cm x 30,5 cm

Material
- Cascade 220 Superwash Merino (100 % Merinowolle; LL 200 m/100 g), ca. 70 g (140 m) in Glacier Grey (Fb 64)
- Stricknadeln 4,5 mm (oder andere Nadelstärke gemäß Maschenprobe)

Maschenprobe
21 M und 30 R mit Nd 4,5 mm im Muster (M-Zahl teilbar durch 4 + 2 M) gestrickt = 10 cm x 10 cm
Nehmen Sie sich die Zeit, die Maschenprobe zu überprüfen.

Hinweis
Das Muster kann nach dem Anleitungstext oder nach der Strickschrift gearbeitet werden.

Quadrat
66 M anschl.
1. Reihe (Hinr): 1 M re abh (Fh), * 2 M re, 2 M li; ab * fortlfd wdh bis zur letzten M, 1 M re.
2. Reihe: 1 M li abh (Fv), * 2 M re, 2 M li; ab * fortlfd wdh bis zur letzten M, 1 M li.
3. Reihe: 1 M re abh (Fh), re M str bis R-Ende.
4. Reihe: 1 M li abh (Fv), li M str bis R-Ende.
5. und 6. Reihe: Die 1. und 2. R wdh.
7. Reihe: 1 M re abh (Fh), li M str bis zur letzten M, 1 M re.
8. Reihe: 1 M li abh (Fv), re M str bis zur letzten M, 1 M li.
Die 1.–8. R bis zu einer Gesamthöhe von 30,5 cm stets wdh. Alle M abk.

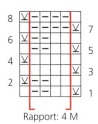

Rapport: 4 M

Zeichenerklärung

☐ in Hinr 1 M re; in Rückr 1 M li

– in Hinr 1 M li; in Rückr 1 M re

⩒ in Hinr 1 M re abh (Fh); in Rückr 1 M li abh (Fv)

Fertigstellung
Die Fadenenden vernähen. Das Quadrat auf 30,5 cm x 30,5 cm spannen, anfeuchten und trocknen lassen.

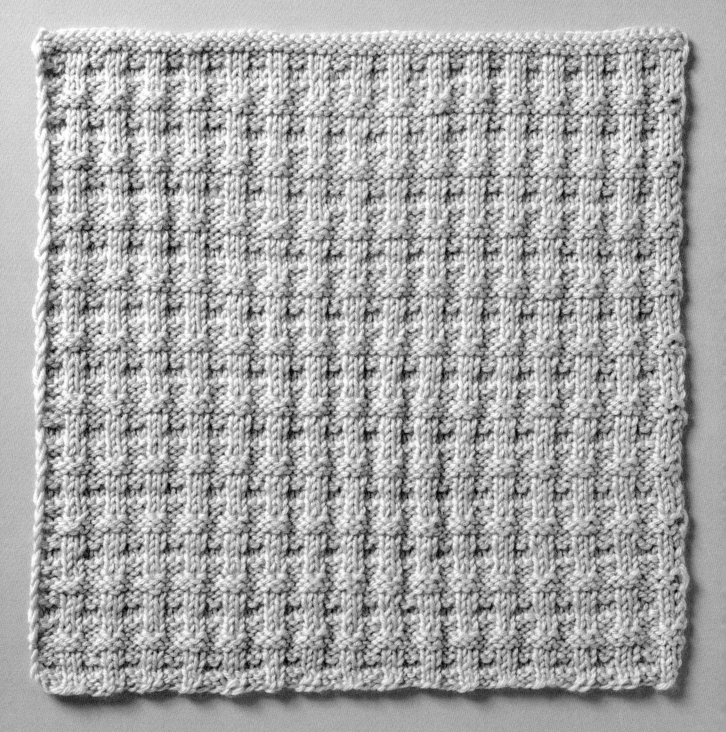

2 Minikaros

Rechte und linke Maschen ergeben hier ein reizvolles Strukturmuster, dessen Rapport Sie im Nu auswendig stricken werden.

Fertigmaß
30,5 cm x 30,5 cm

Material
- Cascade 220 Superwash Merino (100 % Merinowolle; LL 200 m/100 g), ca. 70 g (140 m) in Flint Grey (Fb 65)
- Stricknadeln 4,5 mm (oder andere Nadelstärke gemäß Maschenprobe)

Maschenprobe
20 M und 27 R mit Nd 4,5 mm im Muster (M-Zahl teilbar durch 4 + 2 M) gestrickt = 10 cm x 10 cm
Nehmen Sie sich die Zeit, die Maschenprobe zu überprüfen.

Hinweis
Das Muster kann nach dem Anleitungstext oder nach der Strickschrift gearbeitet werden.

Quadrat
62 M anschl.
1. Reihe (Hinr): 1 M re abh (Fh), * 2 M re, 2 M li; ab * fortlfd wdh bis zur letzten M, 1 M re.
2. Reihe: 1 M li abh (Fv), * 2 M li, 2 M re; ab * fortlfd wdh bis zur letzten M, 1 M li.
3. Reihe: 1 M re abh (Fh), * 2 M li, 2 M re; ab * fortlfd wdh bis zur letzten M, 1 M re.
4. Reihe: 1 M li abh (Fv), * 2 M re, 2 M li; ab * fortlfd wdh bis zur letzten M, 1 M li.
Die 1.–4. R bis zu einer Gesamthöhe von 30,5 cm stets wdh. Alle M abk.

Fertigstellung
Die Fadenenden vernähen. Das Quadrat auf 30,5 cm x 30,5 cm spannen, anfeuchten und trocknen lassen.

Rapport: 4 M

Zeichenerklärung
- ☐ in Hinr 1 M re; in Rückr 1 M li
- — in Hinr 1 M li; in Rückr 1 M re
- ⋁ in Hinr 1 M re abh (Fh); in Rückr 1 M li abh (Fv)

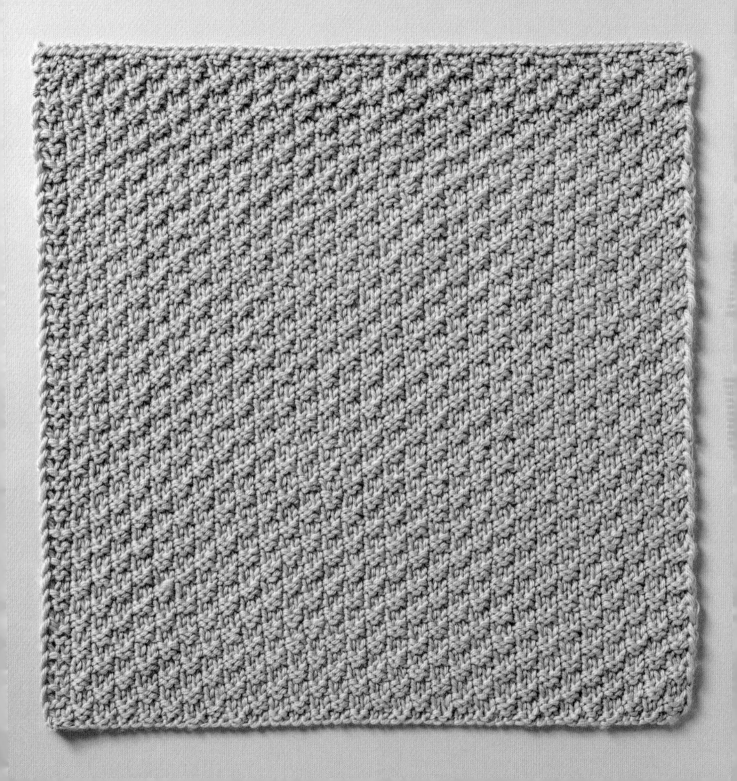

3 Starke Strukturen

Dieses Quadrat ist ein Sampler aus Gansey-Mustern, die alle aus rechten und linken Maschen bestehen.
Design: Shannon Dunbabin

Fertigmaß
30,5 cm x 30,5 cm

Material
- Cascade 220 Superwash Merino (100 % Merinowolle; LL 200 m/100 g), ca. 75 g (150 m) in Forged Iron (Fb 67)
- Stricknadeln 4,5 mm (oder andere Nadelstärke gemäß Maschenprobe)

Maschenprobe
20 M und 29 R mit Nd 4,5 mm im Muster (M-Zahl teilbar durch 12 + 2 M) gestrickt = 10 cm x 10 cm
Nehmen Sie sich die Zeit, die Maschenprobe zu überprüfen.

Hinweis
Die Strickmuster können nach dem Anleitungstext oder nach den Strickschriften gearbeitet werden.

Quadrat
62 M anschl.
1. Reihe (Hinr): 1 M re abh (Fh), li M str bis zur letzten M, 1 M re.
2. Reihe: 1 M li abh (Fv), re M str bis letzten M, 1 M li.

Muster 1
3. Reihe (Hinr): 1 M re abh (Fh), re M str bis R-Ende.
4. Reihe: 1 M li abh (Fv), * 2 M re, 2 M li; ab * fortlfd wdh bis zur letzten M, 1 M li.
5. Reihe: 1 M re abh (Fh), * 1 M re, 2 x [2 M li, 2 M re], 2 M li, 1 M re; ab * fortlfd wdh bis zur letzten M, 1 M re.
6. Reihe: 1 M li abh (Fv), * 2 M li, 2 M re; ab * fortlfd wdh bis zur letzten M, 1 M li.
7. Reihe: 1 M re abh (Fh), * 1 M li, 2 x [2 M re, 2 M li], 2 M re, 1 M li; ab * fortlfd wdh bis zur letzten M, 1 M re.

8.–15. Reihe: Die 4.–7. R noch 2 x wdh.
16. Reihe: 1 M li abh (Fv), li M str bis R-Ende.

Zwischenstreifen 1
17. Reihe (Hinr): 1 M re abh (Fh), li M str bis zur letzten M, 1 M re.
18. Reihe: 1 M li abh (Fv), re M str bis letzten M, 1 M li.

Muster 2
19. Reihe (Hinr): 1 M re abh (Fh), re M str bis R-Ende.
20. Reihe: 1 M li abh (Fv), * 1 M re, 4 M li, 2 M re, 4 M li, 1 M re; ab * fortlfd wdh bis zur letzten M, 1 M li.
21. Reihe: 1 M re abh (Fh), * 1 M re, 3 x [1 M li, 2 M re], 1 M li, 1 M re; ab * fortlfd wdh bis zur letzten M, 1 M re.
22. Reihe: 1 M li abh (Fv), * 2 M li, 2 M re, 4 M li, 2 M re, 2 M li; ab * fortlfd wdh bis zur letzten M, 1 M li.
23. Reihe: 1 M re abh (Fh), * 2 M re, 2 M li, 4 M re, 2 M li, 2 M re; ab * fortlfd wdh bis zur letzten M, 1 M re.
24. Reihe: 1 M li abh (Fv), * 1 M li, 3 x [1 M re, 2 M li], 1 M re, 1 M li; ab * fortlfd wdh bis zur letzten M, 1 M li.
25. Reihe: 1 M re abh (Fh), * 1 M li, 4 M re, 2 M li, 4 M re, 1 M li; ab * fortlfd wdh bis zur letzten M, 1 M re.
26. Reihe: 1 M li abh (Fv), * 1 M li, 1 M re, 3 M li, 2 M re, 3 M li, 1 M re, 1 M li; ab * fortlfd wdh bis zur letzten M, 1 M li.
27. Reihe: 1 M re abh (Fh), * 2 x [2 M re, 1 M li, 1 M re, 1 M li], 2 M re; ab * fortlfd wdh bis zur letzten M, 1 M re.
28. Reihe: 1 M li abh (Fv), * 3 M li, 1 M re, 4 M li, 1 M re, 3 M li; ab * fortlfd wdh bis zur letzten M, 1 M li.
29. Reihe: 1 M re abh (Fh), * 2 x [2 M re, 1 M li, 1 M re, 1 M li], 2 M re; ab * fortlfd wdh bis zur letzten M, 1 M re.
30. Reihe: 1 M li abh (Fv), * 1 M li, 1 M re, 3 M li, 2 M re, 3 M li, 1 M re, 1 M li; ab * fortlfd wdh bis zur letzten M, 1 M li.
31. Reihe: 1 M re abh (Fh), * 1 M li, 10 M re, 1 M li; ab * fortlfd wdh bis zur letzten M, 1 M re.
32. Reihe: 1 M li abh (Fv), li M str bis R-Ende.

Zwischenstreifen 1
33. Reihe (Hinr): 1 M re abh (Fh), li M str bis zur letzten M, 1 M re.
34. Reihe: 1 M li abh (Fv), re M str bis letzten M, 1 M li.

Muster 3
35. Reihe (Hinr): 1 M re abh (Fh), re M str bis R-Ende.
36. Reihe: 1 M li abh (Fv), * 1 M li, 1 M re, 3 M li, 1 M re; ab * fortlfd wdh bis zur letzten M, 1 M li.
37. Reihe: 1 M re abh (Fh), * 2 M li, 1 M re; ab * fortlfd wdh bis zur letzten M, 1 M re.
38. Reihe: 1 M li abh (Fv), * 1 M re, 5 M li; ab * fortlfd wdh bis zur letzten M, 1 M li.
39. Reihe: 1 M re abh (Fh), * 2 M li, 1 M re; ab * fortlfd wdh bis zur letzten M, 1 M re.
40. Reihe: 1 M li abh (Fv), * 1 M li, 1 M re, 3 M li, 1 M re; ab * fortlfd wdh bis zur letzten M, 1 M li.
41.–46. Reihe: Die 35.–40. R wdh.
47. Reihe: 1 M re abh (Fh), re M str bis R-Ende.

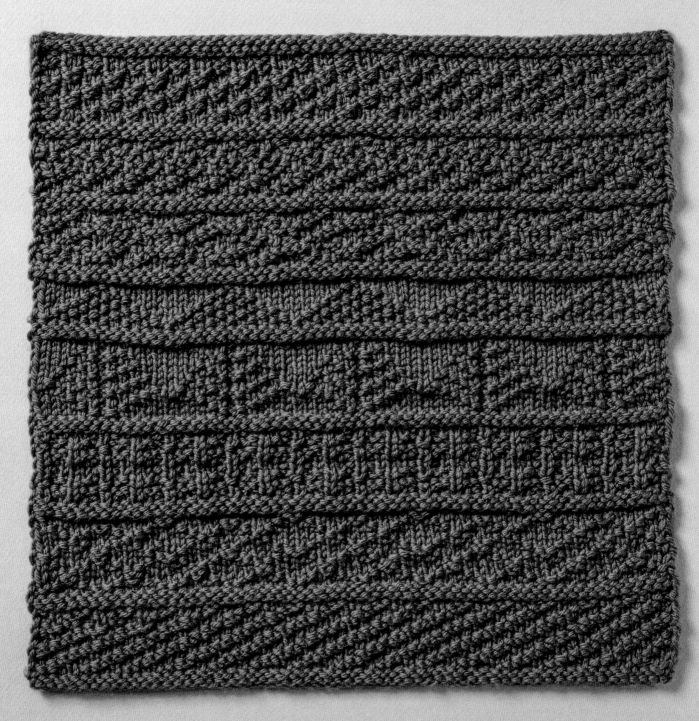

Zwischenstreifen 2
48. Reihe (Rückr): 1 M li abh (Fv), re M str bis zur letzten M, 1 M li.
49. Reihe: 1 M re abh (Fh), li M str bis zur letzten M, 1 M re.

Muster 4
50. Reihe (Rückr): 1 M li abh (Fv), li M str bis R-Ende.
51. Reihe: 1 M re abh (Fh), * 4 M re, 3 M li, 5 M re; ab * fortlfd wdh bis zur letzten M, 1 M re.
52. Reihe: 1 M li abh (Fv), * 4 M li, 2 x [1 M re, 1 M li], 1 M re, 3 M li; ab * fortlfd wdh bis zur letzten M, 1 M li.
53. Reihe: 1 M re abh (Fh), * 3 x [2 M re, 1 M li], 3 M re; ab * fortlfd wdh bis zur letzten M, 1 M re.
54. Reihe: 1 M li abh (Fv), * 2 M li, 1 M re, 2 M li, 3 M re, 2 M li, 1 M re, 1 M li; ab * fortlfd wdh bis zur letzten M, 1 M li.
55. Reihe: 1 M re abh (Fh), * 1 M li, 2 M re, 2 x [1 M li, 1 M re], 1 M li, 2 M re, 1 M li, 1 M re; ab * fortlfd wdh bis zur letzten M, 1 M re.
56. Reihe: 1 M li abh (Fv), * 3 M li, 3 x [1 M re, 2 M li]; ab * fortlfd wdh bis zur letzten M, 1 M li.
57. Reihe: 1 M re abh (Fh), * 1 M re, 1 M li, 2 M re, 3 M li, 2 M re, 1 M li, 2 M re; ab * fortlfd wdh bis zur letzten M, 1 M re.
58. Reihe: 1 M li abh (Fv), * 4 M li, 2 x [1 M li, 1 M re], 1 M re, 3 M li; ab * fortlfd wdh bis zur letzten M, 1 M li.
59. Reihe: 1 M re abh (Fh), * 3 x [2 M re, 1 M li], 3 M re; ab * fortlfd wdh bis zur letzten M, 1 M re.
60. Reihe: 1 M li abh (Fv), * 5 M li, 3 M re, 4 M li; ab * fortlfd wdh bis zur letzten M, 1 M li.
61. Reihe: 1 M re abh (Fh), * 3 M re, 2 x [1 M li, 1 M re], 1 M re, 4 M re; ab * fortlfd wdh bis zur letzten M, 1 M re.
62. Reihe: 1 M li abh (Fv), * 6 M li, 1 M re, 5 M li; ab * fortlfd wdh bis zur letzten M, 1 M li.
63. Reihe: 1 M re abh (Fh), re M str bis R-Ende.

Zwischenstreifen 2
64. Reihe (Rückr): 1 M li abh (Fv), re M str bis zur letzten M, 1 M li.
65. Reihe: 1 M re abh (Fh), li M str bis zur letzten M, 1 M re.

Muster 5
66. Reihe (Rückr): 1 M li abh (Fv), li M str bis R-Ende.
67. Reihe: 1 M re abh (Fh), * 1 M re, 1 M li; ab * fortlfd wdh bis zur letzten M, 1 M re.
68. Reihe: 1 M li abh (Fv), * 1 M li, 1 M re; ab * fortlfd wdh bis zur letzten M, 1 M li.
69. Reihe: 1 M re abh (Fh), * 5 x [1 M re, 1 M li], 2 M re; ab * fortlfd wdh bis zur letzten M, 1 M re.
70. Reihe: 1 M li abh (Fv), * 3 M li, 3 x [1 M re, 1 M li], 1 M re, 2 M li; ab * fortlfd wdh bis zur letzten M, 1 M li.
71. Reihe: 1 M re abh (Fh), * 3 M re, 2 x [1 M li, 1 M re], 1 M li, 4 M re; ab * fortlfd wdh bis zur letzten M, 1 M re.
72. Reihe: 1 M li abh (Fv), * 5 M li, 1 M re, 1 M li, 1 M re, 4 M li; ab * fortlfd wdh bis zur letzten M, 1 M li.
73. Reihe: 1 M re abh (Fh), * 5 M re, 1 M li, 6 M re; ab * fortlfd wdh bis zur letzten M, 1 M re.
74. Reihe: 1 M li abh (Fv), li M str bis R-Ende.

Zwischenstreifen 1
75. Reihe (Hinr): 1 M re abh (Fh), li M str bis zur letzten M, 1 M re.
76. Reihe: 1 M li abh (Fv), re M str bis zur letzten M, 1 M li.

Muster 6
77. Reihe (Hinr): 1 M re abh (Fh), re M str bis R-Ende.
78. Reihe: 1 M li abh (Fv), * 2 M li, 2 M re, 4 M li, 2 M re, 2 M li; ab * fortlfd wdh bis zur letzten M, 1 M li.
79. Reihe: 1 M re abh (Fh), * 1 M re, 2 x [2 M li, 2 M re], 2 M li, 1 M re; ab * fortlfd wdh bis zur letzten M, 1 M re.
80. Reihe: 1 M li abh (Fv), * 2 M re, 2 M li, 4 M re, 2 M li, 2 M re; ab * fortlfd wdh bis zur letzten M, 1 M li.
81. Reihe: 1 M re abh (Fh), * 1 M li, 2 x [2 M re, 2 M li], 2 M re, 1 M li; ab * fortlfd wdh bis zur letzten M, 1 M re.
82. Reihe: 1 M li abh (Fv), * 2 M li, 2 M re, 4 M li, 2 M re, 2 M li; ab * fortlfd wdh bis zur letzten M, 1 M li.
83. Reihe: 1 M re abh (Fh), * 1 M li, 2 x [2 M re, 2 M li], 2 M re, 1 M li; ab * fortlfd wdh bis zur letzten M, 1 M re.
84. Reihe: 1 M li abh (Fv), * 2 M re, 2 M li, 4 M re, 2 M li, 2 M re; ab * fortlfd wdh bis zur letzten M, 1 M li.
85. Reihe: 1 M re abh (Fh), * 1 M re, 2 x [2 M li, 2 M re], 2 M li, 1 M re; ab * fortlfd wdh bis zur letzten M, 1 M re.
86. Reihe: 1 M li abh (Fv), * 2 M li, 2 M re, 4 M li, 2 M re, 2 M li; ab * fortlfd wdh bis zur letzten M, 1 M li.
87. Reihe: 1 M re abh (Fh), re M str bis R-Ende.

Zwischenstreifen 2
88. Reihe (Rückr): 1 M li abh (Fv), re M str bis zur letzten M, 1 M li.
89. Reihe: 1 M re abh (Fh), li M str bis zur letzten M, 1 M re.

Muster 7
90. Reihe (Rückr): 1 M li abh (Fv), li M str bis R-Ende.
91. Reihe: 1 M re abh (Fh), * 2 M li, 2 M re; ab * fortlfd wdh bis zur letzten M, 1 M re.
92. Reihe: 1 M li abh (Fv), * 1 M re, 2 x [2 M li, 2 M re], 2 M li, 1 M re; ab * fortlfd wdh bis zur letzten M, 1 M li.
93. Reihe: 1 M re abh (Fh), * 2 M re, 2 M li; ab * fortlfd wdh bis zur letzten M, 1 M re.
94. Reihe: 1 M li abh (Fv), * 1 M li, 2 x [2 M re, 2 M li], 2 M re, 1 M li; ab * fortlfd wdh bis zur letzten M, 1 M li.
95. Reihe: 1 M re abh (Fh), * 2 M li, 2 M re; ab * fortlfd wdh bis zur letzten M, 1 M re.
96. Reihe: 1 M li abh (Fv), * 1 M li, 2 x [2 M re, 2 M li], 2 M re, 1 M li; ab * fortlfd wdh bis zur letzten M, 1 M li.
97. Reihe: 1 M re abh (Fh), * 2 M re, 2 M li; ab * fortlfd wdh bis zur letzten M, 1 M re.
98. Reihe: 1 M li abh (Fv), * 1 M re, 2 x [2 M li, 2 M re], 2 M li, 1 M re; ab * fortlfd wdh bis zur letzten M, 1 M li.
99. Reihe: 1 M re abh (Fh), * 2 M re, 2 M re; ab * fortlfd wdh bis zur letzten M, 1 M re.
100. Reihe: 1 M li abh (Fv), li M str bis R-Ende.

Zwischenstreifen 1
101. Reihe (Hinr): 1 M re abh (Fh), li M str bis zur letzten M, 1 M re.
102. Reihe: 1 M li abh (Fv), re M str bis zur letzten M, 1 M li.

Muster 8
103. Reihe (Hinr): 1 M re abh (Fh), re M str bis R-Ende.
104. Reihe: 1 M li abh (Fv), * 2 M re, 2 M li; ab * fortlfd wdh bis zur letzten M, 1 M li.
105. Reihe: 1 M re abh (Fh), * 2 M re, 2 M li; ab * fortlfd wdh bis zur letzten M, 1 M re.

106. Reihe: 1 M li abh (Fv), * 2 M li, 2 M re; ab * fortlfd wdh bis zur letzten M, 1 M li.
107. Reihe: 1 M re abh (Fh), * 2 M li, 2 M re; ab * fortlfd wdh bis zur letzten M, 1 M re.
108.–111. Reihe: Die 104.–107. R wdh.
112. und 113. Reihe: Die 104. und 105. R wdh.
114. Reihe: 1 M li abh (Fv), li M str bis R-Ende.

Zwischenstreifen 1 (= Abschluss)

115. Reihe (Hinr): 1 M re abh (Fh), li M str bis zur letzten M, 1 M re.
116. Reihe: 1 M li abh (Fv), re M str bis zur letzten M, 1 M li.
Alle M abk.

Fertigstellung

Die Fadenenden vernähen. Das Quadrat auf 30,5 cm x 30,5 cm spannen, anfeuchten und trocknen lassen.

Zeichenerklärung

- ☐ in Hinr 1 M re; in Rückr 1 M li
- — in Hinr 1 M li; in Rückr 1 M re
- ⱴ in Hinr 1 M re abh (Fh); in Rückr 1 M li abh (Fv)

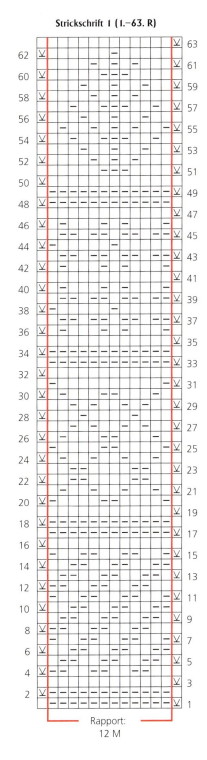

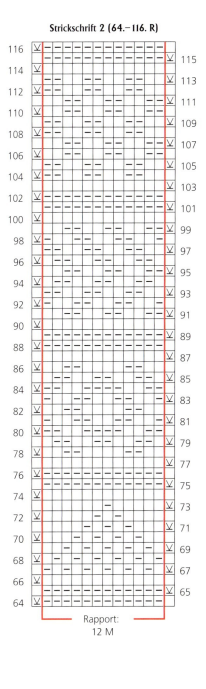

Starke Strukturen

4 Stufen

Rechte und linke Maschen ergeben hier ein diagonales Muster.
Design: Deborah Newton

Fertigmaß
30,5 cm x 30,5 cm

Material
- Cascade 220 Superwash Merino (100 % Merinowolle; LL 200 m/100 g), ca. 70 g (140 m) in December Sky (Fb 66)
- Stricknadeln 4,5 mm (oder andere Nadelstärke gemäß Maschenprobe)

Maschenprobe
20 M und 33 R mit Nd 4,5 mm im Muster gestrickt = 10 cm x 10 cm
Nehmen Sie sich die Zeit, die Maschenprobe zu überprüfen.

Quadrat
62 M anschl.
Einteilungsreihe (Rückr): Li M str.
1. Reihe (Hinr): 1 M re abh (Fh), * 2 x [2 M li, 2 M re], 2 M li, 6 M re, 8 M li, 6 M re; ab * fortlfd wdh bis zur letzten M, 1 M re.
2. Reihe: 1 M li abh (Fv), * 6 M li, 8 M re, 6 M li, 2 x [2 M re, 2 M li], 2 M re; ab * fortlfd wdh bis zur letzten M, 1 M li.
3. Reihe: 1 M re abh (Fh), 3 x [2 M re, 2 M li], 20 M re, 2 x [2 M li, 2 M re], 2 M li, 19 M re.
4. Reihe: 1 M li abh (Fv), 18 M li, 2 x [2 M re, 2 M li], 2 M re, 20 M li, 2 x [2 M li, 2 M re], 2 M re, 3 M li.
5. Reihe: 1 M re abh (Fh), 4 M re, 2 x [2 M li, 2 M re], 2 M li, 6 M re, 8 M li, 6 M re, 2 x [2 M li, 2 M re], 2 M li, 6 M re, 8 M li, 3 M re.
6. Reihe: 1 M li abh (Fv), 2 M li, 8 M re, 6 M li, 2 x [2 M re, 2 M li], 2 M re, 6 M li, 8 M re, 6 M li, 2 x [2 M re, 2 M li], 2 M re, 5 M li.
7. Reihe: 1 M re abh (Fh), 6 M re, 2 x [2 M li, 2 M re], 2 M li, 20 M re, 2 x [2 M li, 2 M re], 2 M li, 15 M re.
8. Reihe: 1 M li abh (Fv), 14 M li, 2 x [2 M re, 2 M li], 2 M re, 20 M li, 2 x [2 M re, 2 M li], 2 M re, 7 M li.
9. Reihe: 1 M re abh (Fh), 8 M re, 2 x [2 M li, 2 M re], 2 M li, 6 M re, 8 M li, 6 M re, 2 x [2 M li, 2 M re], 2 M li, 6 M re, 6 M li, 1 M re.
10. Reihe: 1 M li abh (Fv), 6 M re, 6 M li, 2 x [2 M re, 2 M li], 2 M re, 6 M li, 8 M re, 6 M li, 2 x [2 M re, 2 M li], 2 M re, 6 M li, 2 M re, 1 M li.
11. Reihe: 1 M re abh (Fh), 2 M li, 8 M re, 2 x [2 M li, 2 M re], 2 M li, 20 M re, 2 x [2 M li, 2 M re], 2 M li, 11 M re.
12. Reihe: 1 M li abh (Fv), 10 M li, 2 x [2 M re, 2 M li], 2 M re, 20 M li, 2 x [2 M re, 2 M li], 2 M re, 11 M li.
13. Reihe: 1 M re abh (Fh), 12 M re, 2 x [2 M li, 2 M re], 2 M li, 6 M re, 8 M li, 6 M re, 2 x [2 M li, 2 M re], 2 M li, 6 M re, 2 M li, 1 M re.
14. Reihe: 1 M li abh (Fv), 2 M li, 2 M re, 6 M li, 2 x [2 M re, 2 M li], 2 M re, 6 M li, 8 M re, 6 M li, 2 x [2 M re, 2 M li], 2 M re, 6 M li, 6 M li, 1 M li.
15. Reihe: 1 M re abh (Fh), 6 M re, 8 M li, 2 x [2 M li, 2 M re], 2 M li, 20 M re, 2 x [2 M li, 2 M re], 2 M li, 7 M re.
16. Reihe: 1 M li abh (Fv), 6 M li, 2 x [2 M re, 2 M li], 2 M re, 20 M li, 2 x [2 M re, 2 M li], 2 M re, 15 M li.
17. Reihe: 1 M re abh (Fh), 16 M re, 2 x [2 M li, 2 M re], 2 M li, 6 M re, 8 M li, 6 M re, 2 x [2 M li, 2 M re], 2 M li, 5 M re.
18. Reihe: 1 M li abh (Fv), 4 M li, 2 x [2 M re, 2 M li], 2 M re, 6 M li, 8 M re, 6 M li, 2 x [2 M re, 2 M li], 2 M re, 6 M li, 8 M re, 3 M li.
19. Reihe: 1 M re abh (Fh), 2 M li, 8 M re, 8 M re, 2 x [2 M li, 2 M re], 2 M li, 20 M re, 2 x [2 M li, 2 M re], 2 M li, 3 M re.
20. Reihe: 1 M li abh (Fv), 3 x [2 M li, 2 M re], 20 M li, 2 x [2 M re, 2 M li], 2 M re, 19 M li.
21. Reihe: 1 M re abh (Fh), 20 M re, 2 x [2 M li, 2 M re], 2 M li, 6 M re, 8 M li, 6 M re, 2 x [2 M li, 2 M re], 2 M li, 1 M re.
22. Reihe: 1 M li abh (Fv), * 2 x [2 M re, 2 M li], 2 M re, 6 M li, 8 M re, 6 M li; ab * fortlfd wdh bis zur letzten M, 1 M li.
23. Reihe: 1 M re abh (Fh), 2 M li, 4 M re, 8 M li, 8 M re, 2 x [2 M li, 2 M re], 2 M li, 20 M re, 2 x [2 M li, 2 M re], 1 M re.
24. Reihe: 1 M li abh (Fv), * 2 x [2 M li, 2 M re], 20 M li, 2 M re; ab * fortlfd wdh bis zur letzten M, 1 M li.
25. Reihe: 1 M re abh (Fh), 2 M re, 2 M li, 20 M re, 2 x [2 M li, 2 M re], 2 M li, 6 M re, 8 M li, 6 M re, 2 x [2 M li, 2 M re], 2 M li, 1 M re.
26. Reihe: 1 M li abh (Fv), * 2 M li, 2 M re, 6 M li, 8 M re, 6 M li, 2 M re, 2 M li; ab * fortlfd wdh bis zur letzten M, 1 M li.
27. Reihe: 1 M re abh (Fh), 2 M li, 2 M re, 2 M li, 4 M re, 8 M li, 8 M re, 2 x [2 M li, 2 M re], 2 M li, 20 M re, 2 M li, 3 M re.
28. Reihe: 1 M li abh (Fv), * 2 M li, 2 M re, 20 M li, 2 M re, 2 M li, 2 M re; ab * fortlfd wdh bis zur letzten M, 1 M li.
29. Reihe: 1 M re abh (Fh), 2 x [2 M re, 2 M li], 20 M re, 2 x [2 M li, 2 M re], 2 M li, 6 M re, 8 M li, 6 M re, 2 M li, 1 M re.
30. Reihe: 1 M li abh (Fv), * 2 M re, 6 M li, 8 M re, 6 M li, 2 x [2 M re, 2 M li]; ab * fortlfd wdh bis zur letzten M, 1 M li.
31. Reihe: 1 M re abh (Fh), 2 x [2 M li, 2 M re], 2 M li, 4 M re, 8 M li, 8 M re, 2 x [2 M li, 2 M re], 2 M li, 21 M re.
32. Reihe: 1 M li abh (Fv), * 20 M li, 2 x [2 M re, 2 M li], 2 M re; ab * fortlfd wdh bis zur letzten M, 1 M li.
33. Reihe: 1 M re abh (Fh), 3 x [2 M li, 2 M re], 20 M re, 2 x [2 M li, 2 M re], 2 M li, 6 M re, 8 M li, 5 M re.
34. Reihe: 1 M li abh (Fv), 4 M li, 8 M re, 6 M li, 2 x [2 M re, 2 M li], 2 M re, 6 M li, 8 M re, 6 M li, 2 x [2 M re, 2 M li], 2 M re, 3 M li.
35. Reihe: 1 M re abh (Fh), 4 M re, 2 x [2 M li, 2 M re], 2 M li, 4 M re, 8 M li, 8 M re, 2 x [2 M li, 2 M re], 2 M li, 17 M re.
36. Reihe: 1 M li abh (Fv), 16 M li, 2 x [2 M re, 2 M li], 2 M re, 20 M li, 2 x [2 M re, 2 M li], 2 M re, 5 M li.
37. Reihe: 1 M re abh (Fh), 6 M re, 2 x [2 M li, 2 M re], 2 M li, 20 M re, 2 x [2 M li, 2 M re], 2 M li, 6 M re, 6 M li, 1 M re.
38. Reihe: 1 M li abh (Fv), * 8 M re, 6 M li, 2 x [2 M re, 2 M li], 2 M re, 6 M li; ab * fortlfd wdh bis zur letzten M, 1 M li.

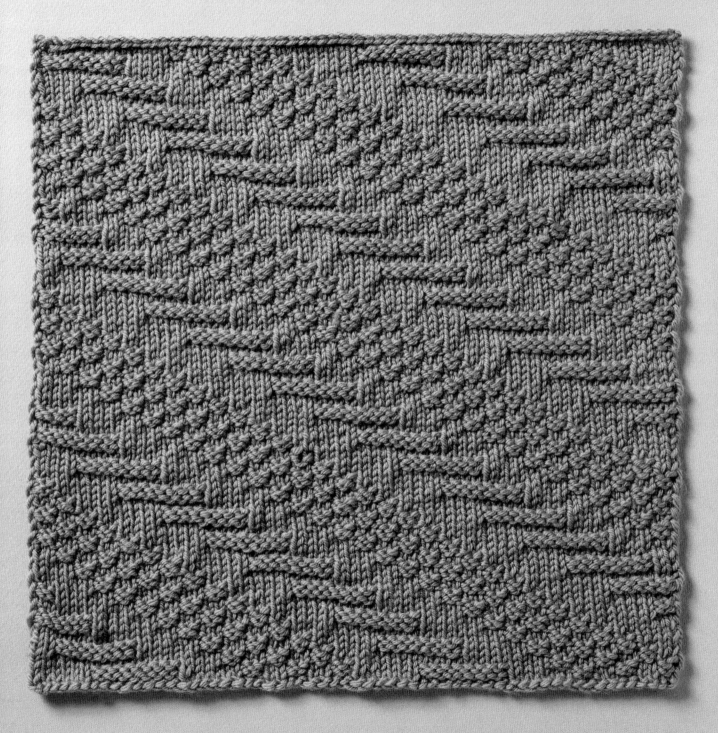

39. Reihe: 1 M re abh (Fh), 8 M re, 2 x [2 M li, 2 M re], 2 M li, 4 M re, 8 M li, 8 M re, 2 x [2 M li, 2 M re], 2 M li, 13 M re.
40. Reihe: 1 M li abh (Fv), 12 M li, 2 x [2 M re, 2 M li], 2 M re, 20 M li, 2 x [2 M re, 2 M li], 2 M re, 9 M li.
41. Reihe: 1 M re abh (Fh), 4 M re, 6 M li, 2 x [2 M li, 2 M re], 2 M li, 20 M re, 2 x [2 M li, 2 M re], 2 M li, 6 M re, 4 M li, 1 M re.
42. Reihe: 1 M li abh (Fv), 4 M re, 6 M li, 2 x [2 M re, 2 M li], 2 M re, 6 M li, 8 M re, 6 M li, 2 x [2 M re, 2 M li], 2 M re, 6 M li, 4 M re, 1 M li.
43. Reihe: 1 M re abh (Fh), 12 M re, 2 x [2 M li, 2 M re], 2 M li, 4 M re, 8 M li, 8 M re, 2 x [2 M li, 2 M re], 2 M li, 9 M re.
44. Reihe: 1 M li abh (Fv), 8 M li, 2 x [2 M re, 2 M li], 2 M re, 20 M li, 2 x [2 M re, 2 M li], 2 M re, 13 M li.
45. Reihe: 1 M re abh (Fh), 8 M li, 6 M re, 2 x [2 M li, 2 M re], 2 M li, 20 M re, 2 x [2 M li, 2 M re], 2 M li, 7 M re.
46. Reihe: 1 M li abh (Fv), * 6 M li, 2 x [2 M re, 2 M li], 2 M re, 6 M li, 8 M re; ab * fortlfd wdh bis zur letzten M, 1 M li.
47. Reihe: 1 M re abh (Fh), 16 M re, 2 x [2 M li, 2 M re], 2 M li, 4 M re, 8 M li, 8 M re, 2 x [2 M li, 2 M re], 2 M li, 5 M re.
48. Reihe: 1 M li abh (Fv), 4 M re, 2 x [2 M re, 2 M li], 2 M re, 20 M li, 2 x [2 M re, 2 M li], 2 M re, 17 M li.
49. Reihe: 1 M re abh (Fh), 4 M re, 8 M li, 6 M re, 2 x [2 M li, 2 M re], 2 M li, 20 M re, 2 x [2 M li, 2 M re], 2 M li, 3 M re.
50. Reihe: 1 M li abh (Fv), 3 x [2 M li, 2 M re], 6 M li, 8 M re, 6 M li, 2 x [2 M re, 2 M li], 2 M re, 6 M li, 8 M re, 5 M li.
51. Reihe: 1 M re abh (Fh), 20 M re, 2 x [2 M li, 2 M re], 2 M li, 4 M re, 8 M li, 8 M re, 2 x [2 M li, 2 M re], 2 M li, 1 M re.
52. Reihe: 1 M li abh (Fv), * 2 [2 M re, 2 M li], 2 M re, 20 M li; ab * fortlfd wdh bis zur letzten M, 1 M li.
53. Reihe: 1 M re abh (Fh), 2 M li, 6 M re, 8 M li, 6 M re, 2 x [2 M li, 2 M re], 2 M li, 20 M re, 2 M li, 2 M re, 2 M li, 3 M re.
54. Reihe: 1 M li abh (Fv), * 2 x [2 M li, 2 M re], 6 M li, 8 M re, 6 M li, 2 M re; ab * fortlfd wdh bis zur letzten M, 1 M li.
55. Reihe: 1 M re abh (Fh), 2 M li, 2 M re, 20 M re, 2 x [2 M li, 2 M re], 2 M li, 4 M re, 8 M li, 8 M re, 2 M li, 2 M re, 2 M li, 1 M re.

56. Reihe: 1 M li abh (Fv), * 2 M re, 2 M li, 2 M re, 20 M li, 2 M re, 2 M li; ab * fortlfd wdh bis zur letzten M, 1 M li.
57. Reihe: 1 M re abh (Fh), 2 M li, 2 M re, 2 M li, 6 M re, 8 M li, 6 M re, 2 x [2 M li, 2 M re], 2 M li, 20 M re, 2 M li, 3 M re.
58. Reihe: 1 M li abh (Fv), * 2 M li, 2 M re, 6 M li, 8 M re, 6 M li, 2 M li, 2 M li, 2 M re; ab * fortlfd wdh bis zur letzten M, 1 M li.
59. Reihe: 1 M re abh (Fh), 2 x [2 M li, 2 M re], 20 M re, 2 x [2 M li, 2 M re], 2 M li, 4 M re, 8 M li, 8 M re, 2 M li, 1 M re.
60. Reihe: 1 M li abh (Fv), * 2 M re, 20 M li, 2 x [2 M re, 2 M li]; ab * fortlfd wdh bis zur letzten M, 1 M li.
61. Reihe: 1 M re abh (Fh), 2 x [2 M li, 2 M re], 2 M li, 6 M re, 8 M li, 6 M re, 2 x [2 M li, 2 M re], 2 M li, 21 M re.
62. Reihe: 1 M li abh (Fv), * 6 M li, 8 M re, 6 M li, 2 x [2 M re, 2 M li], 2 M re; ab * fortlfd wdh bis zur letzten M, 1 M li.
63. Reihe: 1 M re abh (Fh), 3 x [2 M re, 2 M li], 20 M re, 2 x [2 M li, 2 M re], 2 M li, 4 M re, 8 M li, 7 M re.
64. Reihe: 1 M li abh (Fv), 18 M li, 2 x [2 M li, 2 M re], 2 M re, 20 M li, 2 x [2 M re, 2 M li], 2 M re, 3 M li.
65. Reihe: 1 M re abh (Fh), 4 M re, 2 x [2 M li, 2 M re], 2 M li, 6 M re, 8 M li, 6 M re, 2 x [2 M li, 2 M re], 2 M li, 17 M re.
66. Reihe: 1 M li abh (Fv), 2 M li, 8 M re, 6 M li, 2 x [2 M re, 2 M li], 2 M re, 6 M li, 8 M re, 6 M li, 2 x [2 M re, 2 M li], 2 M re, 5 M li.
67. Reihe: 1 M re abh (Fh), 6 M re, 2 x [2 M li, 2 M re], 2 M li, 20 M re, 2 x [2 M li, 2 M re], 2 M li, 4 M re, 8 M li, 3 M re.
68. Reihe: 1 M li abh (Fv), 14 M li, 2 x [2 M li, 2 M re], 2 M re, 20 M li, 2 x [2 M re, 2 M li], 2 M re, 7 M li.
69. Reihe: 1 M re abh (Fh), 8 M re, 2 x [2 M li, 2 M re], 2 M li, 6 M re, 8 M li, 6 M re, 2 x [2 M li, 2 M re], 2 M li, 13 M re.
70. Reihe: 1 M li abh (Fv), 6 M re, 6 M li, 2 x [2 M re, 2 M li], 2 M re, 6 M li, 8 M re, 6 M li, 2 x [2 M re, 2 M li], 2 M re, 6 M li, 2 M re, 1 M li.
71. Reihe: 1 M re abh (Fh), 2 M li, 8 M re, 2 x [2 M li, 2 M re], 2 M li, 20 M re, 2 x [2 M li, 2 M re], 2 M li, 4 M re, 6 M li, 1 M re.
72. Reihe: 1 M li abh (Fv), 10 M li, 2 x [2 M re, 2 M li], 2 M re, 20 M li, 2 x [2 M re, 2 M li], 2 M re, 11 M li.

73. Reihe: 1 M re abh (Fh), 12 M re, 2 x [2 M li, 2 M re], 2 M li, 6 M re, 8 M li, 6 M re, 2 x [2 M li, 2 M re], 2 M li, 9 M re.
74. Reihe: 1 M li abh (Fv), 2 M li, 6 M li, 2 x [2 M re, 2 M li], 2 M re, 6 M li, 8 M re, 6 M li, 2 x [2 M re, 2 M li], 2 M re, 6 M li, 6 M re, 1 M li.
75. Reihe: 1 M re abh (Fh), 6 M li, 8 M re, 2 x [2 M li, 2 M re], 2 M li, 20 M re, 2 x [2 M li, 2 M re], 2 M li, 6 M re, 4 M li, 1 M re.
76. Reihe: 1 M li abh (Fv), 6 M li, 2 x [2 M re, 2 M li], 2 M re, 20 M li, 2 x [2 M re, 2 M li], 2 M re, 15 M li.
77. Reihe: 1 M re abh (Fh), 16 M re, 2 x [2 M li, 2 M re], 2 M li, 6 M re, 8 M li, 6 M re, 2 x [2 M li, 2 M re], 2 M li, 5 M re.
78. Reihe: 1 M li abh (Fv), 4 M li, 2 x [2 M re, 2 M li], 2 M re, 6 M li, 8 M re, 6 M li, 2 x [2 M re, 2 M li], 2 M re, 6 M li, 8 M re, 3 M li.
79. Reihe: 1 M re abh (Fh), 2 M re, 8 M li, 8 M re, 2 x [2 M li, 2 M re], 2 M li, 20 M re, 2 x [2 M li, 2 M re], 2 M li, 3 M re.
80. Reihe: 1 M li abh (Fv), 3 x [2 M re, 2 M li], 20 M li, 2 x [2 M re, 2 M li], 2 M re, 19 M li.
81. Reihe: 1 M re abh (Fh), 20 M re, 2 x [2 M li, 2 M re], 2 M li, 6 M re, 8 M li, 6 M re, 2 x [2 M li, 2 M re], 2 M li, 1 M re.
82. Reihe: 1 M li abh (Fv), * 2 x [2 M re, 2 M li], 2 M re, 6 M li, 8 M re, 6 M li; ab * fortlfd wdh bis zur letzten M, 1 M li.
83. Reihe: 1 M re abh (Fh), 2 M li, 4 M re, 8 M li, 8 M re, 2 x [2 M li, 2 M re], 2 M li, 20 M re, 2 M li, 2 M re, 2 M li, 3 M re.
84. Reihe: 1 M li abh (Fv), * 2 [2 M li, 2 M re], 20 M li, 2 M re; ab * fortlfd wdh bis zur letzten M, 1 M li.
85. Reihe: 1 M re abh (Fh), 2 M re, 2 M li, 20 M re, 2 x [2 M li, 2 M re], 2 M li, 6 M re, 8 M li, 6 M re, 2 M li, 2 M re, 2 M li, 1 M re.
86. Reihe: 1 M li abh (Fv), * 2 M re, 2 M li, 2 M re, 6 M li, 8 M re, 6 M li, 2 M re, 2 M li, 2 M re; ab * fortlfd wdh bis zur letzten M, 1 M li.
87. Reihe: 1 M re abh (Fh), 2 M li, 2 M re, 2 M li, 4 M re, 8 M li, 8 M re, 2 x [2 M li, 2 M re], 2 M li, 20 M re, 2 M li, 3 M re.
88. Reihe: 1 M li abh (Fv), * 2 M li, 2 M re, 20 M li, 2 M re, 2 M li, 2 M re; ab * fortlfd wdh bis zur letzten M, 1 M li.
89. Reihe: 1 M re abh (Fh), 2 x [2 M re, 2 M li], 20 M re, 2 x [2 M li, 2 M re], 2 M li, 6 M re, 8 M li, 6 M re, 2 M li, 1 M re.
90. Reihe: 1 M li abh (Fv), * 2 M re, 6 M li, 8 M re, 6 M li, 2 x [2 M re, 2 M li]; ab * fortlfd wdh bis zur letzten M, 1 M li.

91. Reihe: 1 M re abh (Fh), 2 x [2 M li, 2 M re], 2 M li, 4 M re, 8 M li, 8 M re, 2 x [2 M li, 2 M re], 2 M li, 21 M re.
92. Reihe: 1 M li abh (Fv), * 20 M li, 2 x [2 M re, 2 M li], 2 M re; ab * fortlfd wdh bis zur letzten M, 1 M li.
93. Reihe: 1 M re abh (Fh), 3 x [2 M re, 2 M li], 20 M re, 2 x [2 M li, 2 M re], 2 M li, 6 M re, 8 M li, 5 M re.
94. Reihe: 1 M li abh (Fv), 4 M li, 8 M re, 6 M li, 2 x [2 M re, 2 M li], 2 M re, 6 M li, 8 M re, 6 M li, 2 x [2 M re, 2 M li], 2 M re, 3 M li.
94. Reihe: 1 M re abh (Fh), 4 M re, 2 x [2 M li, 2 M re], 2 M li, 4 M re, 8 M li, 8 M re, 2 x [2 M li, 2 M re], 2 M li, 17 M re.
96. Reihe: 1 M li abh (Fv), 16 M li, 2 x [2 M re, 2 M li], 2 M re, 20 M li, 2 x [2 M re, 2 M li], 2 M re, 5 M li.
97. Reihe: 1 M re abh (Fh), 6 M re, 2 x [2 M li, 2 M re], 2 M li, 20 M re, 2 x [2 M li, 2 M re], 2 M li, 6 M re, 8 M li, 1 M re.
98. Reihe: 1 M li abh (Fv), * 8 M re, 6 M li, 2 x [2 M re, 2 M li], 2 M re, 6 M li; ab * fortlfd wdh bis zur letzten M, 1 M li.
99. Reihe: 1 M re abh (Fh), 8 M re, 2 x [2 M li, 2 M re], 2 M li, 4 M re, 8 M li, 8 M re, 2 x [2 M li, 2 M re], 2 M li, 13 M re.
100. Reihe: 1 M li abh (Fv), 12 M li, 2 x [2 M re, 2 M li], 2 M re, 20 M li, 2 x [2 M re, 2 M li], 2 M re, 9 M li.
Alle M re abk.

Fertigstellung

Die Fadenenden vernähen. Das Quadrat auf 30,5 cm x 30,5 cm spannen, anfeuchten und trocknen lassen.

5 Bauklötze

Glatt rechts und glatt links gestrickte Parallelogramme sowie Rhomben im Perlmuster erwecken den Eindruck dreidimensionaler Kästen.

Design: Sandi Rosner

Fertigmaß
30,5 cm x 30,5 cm

Material
- Cascade 220 Superwash Merino (100 % Merinowolle; LL 200 m/100 g), ca. 70 g (140 m) in Glacier Grey (Fb 64)
- Stricknadeln 4,5 mm (oder andere Nadelstärke gemäß Maschenprobe)
- Maschenmarkierer, verschließbar

Maschenprobe
20 M und 28 R mit Nd 4,5 mm im Muster (M-Zahl teilbar durch 20 + 2 M) gestrickt = 10 cm x 10 cm
Nehmen Sie sich die Zeit, die Maschenprobe zu überprüfen.

Hinweise
1 Wenn Sie die rechte Seite der Arbeit mit einem Maschenmarkierer kennzeichnen, behalten Sie leichter den Überblick über Hin- und Rückreihen.
2 Das Muster kann nach dem Anleitungstext oder nach der Strickschrift gearbeitet werden.

Quadrat
62 M anschl.
1. Reihe (Rückr): 1 M li abh (Fv), * 1 M li, 1 M re; ab * fortlfd wdh bis zur letzten M, 1 M li.
2. Reihe: 1 M re abh (Fh), * 1 M re, 1 M li; ab * fortlfd wdh bis zur letzten M, 1 M re.
3. Reihe: 1 M li abh (Fv), * 4 x [1 M li, 1 M re], 2 M li, 2 M re, 4 x [1 M li, 1 M re]; ab * fortlfd wdh bis zur letzten M, 1 M li.
4. Reihe: 1 M re abh (Fh), * 3 x [1 M re, 1 M li], 1 M re, 3 M li, 3 M re, 1 M li, 3 x [1 M re, 1 M li]; ab * fortlfd wdh bis zur letzten M, 1 M re.
5. Reihe: 1 M li abh (Fv), * 3 x [1 M li, 1 M re], 4 M li, 4 M re, 3 x [1 M li, 1 M re]; ab * fortlfd wdh bis zur letzten M, 1 M li.
6. Reihe: 1 M re abh (Fh), * 2 x [1 M re, 1 M li], 1 M re, 5 M li, 5 M re, 1 M li, 2 x [1 M re, 1 M li]; ab * fortlfd wdh bis zur letzten M, 1 M re.
7. Reihe: 1 M li abh (Fv), * 2 x [1 M li, 1 M re], 6 M li, 6 M re, 2 x [1 M li, 1 M re]; ab * fortlfd wdh bis zur letzten M, 1 M li.
8. Reihe: 1 M re abh (Fh), * 1 M re, 1 M li, 1 M re, 7 M li, 7 M re, 1 M li, 1 M re, 1 M li; ab * fortlfd wdh bis zur letzten M, 1 M re.
9. Reihe: 1 M li abh (Fv), * 1 M li, 1 M re, 8 M li, 8 M re, 1 M li, 1 M re; ab * fortlfd wdh bis zur letzten M, 1 M li.
10. Reihe: 1 M re abh (Fh), * 1 M re, 9 M li, 9 M re, 1 M li; ab * fortlfd wdh bis zur letzten M, 1 M re.
11. Reihe: 1 M li abh (Fv), * 10 M li, 10 M re; ab * fortlfd wdh bis zur letzten M, 1 M li.
12. Reihe: 1 M re abh (Fh), * 9 M li, 1 M re, 1 M li, 9 M re; ab * fortlfd wdh bis zur letzten M, 1 M re.
13. Reihe: 1 M li abh (Fv), * 8 M li, 2 x [1 M li], 8 M re; ab * fortlfd wdh bis zur letzten M, 1 M li.
14. Reihe: 1 M re abh (Fh), * 7 M li, 3 x [1 M re, 1 M li], 7 M re; ab * fortlfd wdh bis zur letzten M, 1 M re.
15. Reihe: 1 M li abh (Fv), * 6 M li, 4 x [1 M re, 1 M li], 6 M re; ab * fortlfd wdh bis zur letzten M, 1 M li.
16. Reihe: 1 M re abh (Fh), * 5 M li, 5 x [1 M re, 1 M li], 5 M re; ab * fortlfd wdh bis zur letzten M, 1 M re.
17. Reihe: 1 M li abh (Fv), * 4 M li, 6 x [1 M re, 1 M li], 4 M re; ab * fortlfd wdh bis zur letzten M, 1 M li.
18. Reihe: 1 M re abh (Fh), * 3 M li, 7 x [1 M re, 1 M li], 3 M re; ab * fortlfd wdh bis zur letzten M, 1 M re.
19. Reihe: 1 M li abh (Fv), * 2 M li, 8 x [1 M re, 1 M li], 2 M re; ab * fortlfd wdh bis zur letzten M, 1 M li.
20. und 22. Reihe: 1 M re abh (Fh), * 1 M li, 1 M re; ab * fortlfd wdh bis zur letzten M, 1 M re.

21. und 23. Reihe: 1 M li abh (Fv), * 1 M re, 1 M li; ab * fortlfd wdh bis zur letzten M, 1 M li.
24. Reihe: 1 M re abh (Fh), * 2 M re, 8 x [1 M li, 1 M re], 2 M li; ab * fortlfd wdh bis zur letzten M, 1 M re.
25. Reihe: 1 M li abh (Fv), * 3 M re, 7 x [1 M li, 1 M re], 3 M li; ab * fortlfd wdh bis zur letzten M, 1 M li.
26. Reihe: 1 M re abh (Fh), * 4 M re, 6 x [1 M li, 1 M re], 4 M li; ab * fortlfd wdh bis zur letzten M, 1 M re.
27. Reihe: 1 M li abh (Fv), * 5 M re, 5 x [1 M li, 1 M re], 5 M li; ab * fortlfd wdh bis zur letzten M, 1 M li.
28. Reihe: 1 M re abh (Fh), * 6 M re, 4 x [1 M li, 1 M re], 6 M li; ab * fortlfd wdh bis zur letzten M, 1 M re.
29. Reihe: 1 M li abh (Fv), * 7 M re, 3 x [1 M li, 1 M re], 7 M li; ab * fortlfd wdh bis zur letzten M, 1 M li.
30. Reihe: 1 M re abh (Fh), * 8 M re, 2 x [1 M li, 1 M re], 8 M li; ab * fortlfd wdh bis zur letzten M, 1 M re.
31. Reihe: 1 M li abh (Fv), * 9 M re, 1 M li, 1 M re, 9 M li; ab * fortlfd wdh bis zur letzten M, 1 M li.
32. Reihe: 1 M re abh (Fh), * 10 M re, 10 M li; ab * fortlfd wdh bis zur letzten M, 1 M re.
33. Reihe: 1 M li abh (Fv), * 1 M li, 9 M re, 9 M li, 1 M re; ab * fortlfd wdh bis zur letzten M, 1 M li.
34. Reihe: 1 M re abh (Fh), * 1 M re, 1 M li, 8 M re, 8 M li, 1 M re, 1 M li; ab * fortlfd wdh bis zur letzten M, 1 M re.
35. Reihe: 1 M li abh (Fv), * 1 M li, 1 M re, 1 M li, 7 M re, 7 M li, 1 M re, 1 M li, 1 M re; ab * fortlfd wdh bis zur letzten M, 1 M li.
36. Reihe: 1 M re abh (Fh), * 2 x [1 M re, 1 M li], 6 M re, 6 M li, 2 x [1 M re, 1 M li]; ab * fortlfd wdh bis zur letzten M, 1 M re.
37. Reihe: 1 M li abh (Fv), * 2 x [1 M li, 1 M re], 1 M li, 5 M re, 5 M li, 1 M re, 2 x [1 M li, 1 M re]; ab * fortlfd wdh bis zur letzten M, 1 M li.
38. Reihe: 1 M re abh (Fh), * 3 x [1 M re, 1 M li], 4 M re, 4 M li, 3 x [1 M re, 1 M li]; ab * fortlfd wdh bis zur letzten M, 1 M re.
39. Reihe: 1 M li abh (Fv), * 3 x [1 M li, 1 M re], 1 M li, 3 M re, 3 M li, 1 M re, 3 x [1 M li, 1 M re]; ab * fortlfd wdh bis zur letzten M, 1 M li.

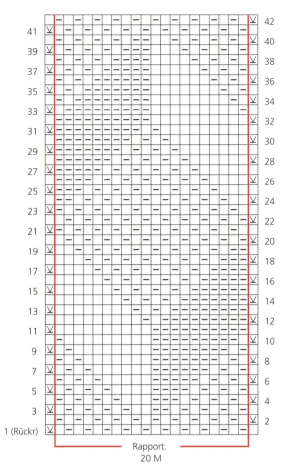

Rapport: 20 M

Zeichenerklärung

☐ in Hinr 1 M re; in Rückr 1 M li

— in Hinr 1 M li; in Rückr 1 M re

V in Hinr 1 M re abh (Fh); in Rückr 1 M li abh (Fv)

40. Reihe: 1 M re abh (Fh), * 4 x [1 M re, 1 M li], 2 M re, 2 M li, 4 x [1 M re, 1 M li]; ab * fortlfd wdh bis zur letzten M, 1 M re.
41. Reihe: 1 M li abh (Fv), * 1 M li, 1 M re; ab * fortlfd wdh bis zur letzten M, 1 M li.
42. Reihe: 1 M re abh (Fh), * 1 M re, 1 M li; ab * fortlfd wdh bis zur letzten M, 1 M re.
Die 1.–42. R noch 1 x wdh.
In der folg Rückr alle M li abk.

Fertigstellung

Die Fadenenden vernähen. Das Quadrat auf 30,5 cm x 30,5 cm spannen, anfeuchten und trocknen lassen.

6 Gerippte Sechsecke

Die flachen Sechsecke passen perfekt ineinander.
Design: Laura Zukaite

Fertigmaß
30,5 cm x 30,5 cm

Material
- Cascade 220 Superwash Merino (100 % Merinowolle; LL 200 m/100 g), ca. 65 g (130 m) in Flint Grey (Fb 65)
- Stricknadeln 4,5 mm (oder andere Nadelstärke gemäß Maschenprobe)
- Maschenmarkierer, verschließbar

Maschenprobe
20 M und 28 R mit Nd 4,5 mm im Muster gestrickt = 10 cm x 10 cm
Nehmen Sie sich die Zeit, die Maschenprobe zu überprüfen.

Hinweis
Wenn Sie die rechte Seite der Arbeit mit einem Maschenmarkierer kennzeichnen, behalten Sie leichter den Überblick über Hin- und Rückreihen.

Quadrat
62 M anschl.
1. Reihe (Rückr): 1 M li abh (Fv), 10 M li, 4 M re, 4 M li, 4 M re, 16 M li, 4 M re, 4 M li, 4 M re, 11 M li.
2. Reihe: 1 M re abh (Fh), 9 M li, 4 M re, 4 M li, 18 M re, 4 M li, 4 M re, 4 M li, 10 M re.
3. Reihe: 1 M li abh (Fv), 8 M li, 4 M re, 4 M li, 4 M re, 20 M li, 4 M re, 4 M li, 4 M re, 9 M li.
4. Reihe: 1 M re abh (Fh), 7 M li, 4 M re, 4 M li, 4 M re, 22 M li, 4 M re, 4 M li, 4 M re, 8 M re.
5. Reihe: 1 M li abh (Fv), 6 M li, 4 M re, 4 M li, 4 M re, 24 M li, 4 M re, 4 M li, 4 M re, 7 M li.
6. Reihe: 1 M re abh (Fh), 6 M re, 4 M li, 4 M re, 4 M li, 24 M re, 4 M li, 4 M re, 4 M li, 7 M re.

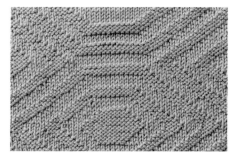

7. Reihe: 1 M li abh (Fv), 7 M li, 4 M re, 4 M li, 4 M re, 22 M li, 4 M re, 4 M li, 4 M re, 8 M li.
8. Reihe: 1 M re abh (Fh), 5 M li, 3 M re, 4 M li, 4 M re, 4 M li, 20 M re, 4 M li, 4 M re, 4 M li, 3 M re, 5 M li, 1 M re.
9. Reihe: 1 M li abh (Fv), 6 M re, 3 M li, 4 M re, 4 M li, 4 M re, 18 M li, 4 M re, 4 M li, 4 M re, 3 M li, 6 M re, 1 M li.
10. Reihe: 1 M re abh (Fh), 7 M li, 3 M re, 4 M li, 4 M re, 4 M li, 16 M re, 4 M li, 4 M re, 4 M li, 3 M re, 7 M li, 1 M re.
11. Reihe: 1 M li abh (Fv), 4 M li, 4 M re, 3 M li, 4 M re, 4 M li, 4 M re, 14 M li, 4 M re, 4 M li, 4 M re, 3 M li, 4 M re, 5 M li.
12. Reihe: 1 M re abh (Fh), 5 M li, 4 M re, 3 M li, 4 M re, 4 M li, 4 M re, 12 M li, 4 M re, 4 M li, 4 M re, 3 M li, 4 M re, 6 M re.
13. Reihe: 1 M li abh (Fv), 6 M li, 4 M re, 3 M li, 4 M re, 4 M li, 4 M re, 10 M li, 4 M re, 4 M li, 4 M re, 3 M li, 4 M re, 7 M li.
14. Reihe: 1 M re abh (Fh), 3 M li, 4 M re, 4 M li, 3 M li, 4 M re, 4 M li, 16 M re, 4 M li, 4 M re, 4 M li, 3 M li, 4 M re, 4 M li, 3 M li, 1 M re.
15. Reihe: 1 M li abh (Fv), 4 M li, 4 M re, 4 M li, re, 3 M li, 4 M re, 4 M li, 14 M re, 4 M li, 4 M re, 3 M li, 4 M re, 4 M li, 4 M re, 1 M li.
16. Reihe: 1 M re abh (Fh), 5 M li, 4 M re, 4 M li, 3 M re, 4 M li, 4 M re, 12 M li, 4 M re, 4 M li, 3 M re, 4 M li, 4 M re, 5 M li, 1 M re.
17. Reihe: 1 M li abh (Fv), 2 M re, 4 M li, 4 M re, 4 M li, 3 M re, 4 M li, 4 M re, 18 M li, 4 M re, 4 M li, 3 M re, 4 M li, 4 M re, 4 M li, 3 M li.

18. Reihe: 1 M re abh (Fh), 3 M re, 4 M li, 4 M re, 4 M li, 3 M re, 4 M li, 16 M re, 4 M li, 3 M re, 4 M li, 4 M re, 4 M li, 4 M re.
19. Reihe: 1 M li abh (Fv), 4 M li, 4 M re, 4 M li, 4 M re, 3 M li, 4 M re, 14 M li, 4 M re, 3 M li, 4 M re, 4 M li, 4 M re, 5 M li.
20. Reihe: 1 M re abh (Fh), 5 M li, 4 M re, 4 M li, 4 M re, 4 M li, 3 M re, 20 M li, 3 M re, 4 M li, 4 M re, 4 M li, 6 M re.
21. Reihe: 1 M li abh (Fv), 2 M re, 4 M li, 4 M re, 4 M li, 4 M re, 3 M li, 18 M re, 3 M li, 4 M re, 4 M li, 4 M re, 4 M li, 2 M re, 1 M li.
22. Reihe: 1 M re abh (Fh), 3 M li, 4 M re, 4 M li, 4 M re, 4 M li, 4 M re, 3 M li, 16 M re, 3 M li, 4 M re, 4 M li, 4 M re, 4 M li, 3 M li, 1 M re.
23. Reihe: 1 M li abh (Fv), 4 M li, 4 M re, 4 M li, 4 M re, 4 M li, 20 M re, 4 M li, 4 M re, 4 M li, 4 M re, 4 M li, 1 M li.
24. Reihe: 1 M re abh (Fh), 5 M li, 4 M re, 4 M li, 4 M re, 4 M li, 18 M re, 4 M li, 4 M re, 4 M li, 4 M re, 5 M li, 1 M re.
25. Reihe: 1 M li abh (Fv), 4 M li, 4 M re, 4 M li, 4 M re, 4 M li, 20 M re, 4 M li, 4 M re, 4 M li, 4 M re, 4 M li, 1 M li.
26. Reihe: 1 M re abh (Fh), 3 M li, 4 M re, 4 M li, 4 M re, 4 M li, 14 M re, 4 M li, 4 M re, 4 M li, 4 M re, 3 M li, 1 M re.
27. Reihe: 1 M li abh (Fv), 2 M re, 4 M li, 4 M re, 4 M li, 4 M re, 16 M li, 4 M re, 4 M li, 4 M re, 4 M li, 2 M re, 1 M li.
28. Reihe: 1 M re abh (Fh), 5 M re, 4 M li, 4 M re, 4 M li, 4 M re, 18 M li, 4 M re, 4 M li, 4 M re, 4 M li, 4 M re, 6 M re.
29. Reihe: 1 M li abh (Fv), 4 M li, 4 M re, 4 M li, 4 M re, 4 M li, 4 M re, 12 M li, 4 M re, 4 M li, 4 M re, 4 M li, 4 M re, 5 M li.
30. Reihe: 1 M re abh (Fh), 3 M re, 4 M li, 4 M re, 4 M li, 4 M re, 14 M li, 4 M re, 4 M li, 4 M re, 4 M li, 4 M re.
31. Reihe: 1 M li abh (Fv), 2 M li, 4 M re, 4 M li, 4 M re, 4 M li, 4 M re, 16 M li, 4 M re, 4 M li, 4 M re, 4 M li, 3 M li.
32. Reihe: 1 M re abh (Fh), 5 M li, 4 M re, 4 M li, 4 M re, 4 M li, 4 M re, 10 M li, 4 M re, 4 M li, 4 M re, 4 M li, 4 M re, 5 M li, 1 M re.

33. Reihe: 1 M li abh (Fv), 4 M re, 4 M li, 4 M re, 4 M li, 4 M re, 4 M li, 12 M re, 4 M li, 4 M re, 4 M li, 4 M re, 4 M li, 4 M re, 1 M li.
34. Reihe: 1 M re abh (Fh), 3 M li, 4 M re, 4 M li, 4 M re, 4 M li, 4 M re, 14 M li, 4 M re, 4 M li, 4 M re, 4 M li, 4 M re, 3 M li, 1 M re.
35. Reihe: 1 M li abh (Fv), 6 M re, 4 M li, 4 M re, 4 M li, 4 M re, 8 M li, 4 M re, 4 M li, 4 M re, 4 M li, 4 M re, 7 M li.
36. Reihe: 1 M re abh (Fh), 5 M re, 4 M li, 4 M re, 4 M li, 4 M re, 4 M li, 10 M re, 4 M li, 4 M re, 4 M li, 4 M re, 6 M re.
37. Reihe: 1 M li abh (Fv), 4 M re, 4 M li, 4 M re, 4 M li, 4 M re, 12 M li, 4 M re, 4 M li, 4 M re, 4 M li, 4 M re, 5 M li.
38. Reihe: 1 M re abh (Fh), 7 M li, 4 M re, 4 M li, 4 M re, 4 M li, 6 M re, 4 M li, 4 M re, 4 M li, 4 M re, 7 M li, 1 M re.
39. Reihe: 1 M li abh (Fv), 6 M re, 4 M li, 4 M re, 4 M li, 4 M re, 8 M li, 4 M re, 4 M li, 4 M re, 4 M li, 6 M re, 1 M li.
40. Reihe: 1 M re abh (Fh), 5 M li, 4 M re, 4 M li, 4 M re, 4 M li, 10 M re, 4 M li, 4 M re, 4 M li, 4 M re, 5 M li, 1 M re.
41. Reihe: 1 M li abh (Fv), 8 M li, 4 M re, 4 M li, 4 M re, 4 M li, 12 M re, 4 M li, 4 M re, 4 M li, 4 M re, 9 M li.
42. Reihe: 1 M re abh (Fh), 7 M re, 4 M li, 4 M re, 4 M li, 4 M re, 14 M li, 4 M re, 4 M li, 4 M re, 8 M re.
43. Reihe: 1 M li abh (Fv), 7 M li, 4 M re, 4 M li, 4 M re, 4 M li, 14 M re, 4 M li, 4 M re, 4 M li, 8 M li.
44. Reihe: 1 M re abh (Fh), 8 M re, 4 M li, 4 M re, 4 M li, 4 M re, 12 M li, 4 M re, 4 M li, 4 M re, 9 M re.
45. Reihe: 1 M li abh (Fv), 5 M re, 4 M li, 4 M re, 4 M li, 4 M re, 4 M li, 10 M re, 4 M li, 4 M re, 4 M li, 5 M re, 1 M li.
46. Reihe: 1 M re abh (Fh), 6 M li, 4 M re, 4 M li, 4 M re, 4 M li, 4 M re, 8 M li, 4 M re, 4 M li, 4 M re, 6 M li, 1 M re.
47. Reihe: 1 M li abh (Fv), 7 M re, 4 M li, 4 M re, 4 M li, 4 M re, 6 M li, 4 M re, 4 M li, 4 M re, 4 M li, 7 M re, 1 M li.
48. Reihe: 1 M re abh (Fh), 4 M re, 4 M li, 4 M re, 4 M li, 4 M re, 4 M li, 12 M re, 4 M li, 4 M re, 4 M li, 5 M re.
49. Reihe: 1 M li abh (Fv), 5 M re, 4 M li, 4 M re, 4 M li, 4 M re, 10 M li, 4 M re, 4 M li, 4 M re, 6 M li.
50. Reihe: 1 M re abh (Fh), 6 M re, 4 M li, 4 M re, 4 M li, 4 M re, 8 M li, 4 M re, 4 M li, 4 M re, 7 M re.

51. Reihe: 1 M li abh (Fv), 3 M re, 4 M li, 4 M re, 4 M li, 4 M re, 4 M li, 14 M re, 4 M li, 4 M re, 4 M li, 4 M re, 3 M re, 1 M li.
52. Reihe: 1 M re abh (Fh), 4 M li, 4 M re, 4 M li, 4 M re, 4 M li, 12 M re, 4 M li, 4 M re, 4 M li, 4 M re, 4 M li, 1 M re.
53. Reihe: 1 M li abh (Fv), 5 M re, 4 M li, 4 M re, 4 M li, 10 M re, 4 M li, 4 M re, 4 M li, 4 M re, 5 M re, 1 M li.
54. Reihe: 1 M re abh (Fh), 2 M li, 4 M re, 4 M li, 4 M re, 16 M li, 4 M re, 4 M li, 4 M re, 4 M li, 3 M re.
55. Reihe: 1 M li abh (Fv), 3 M re, 4 M li, 4 M re, 4 M li, 14 M re, 4 M li, 4 M re, 4 M li, 4 M re, 4 M li.
56. Reihe: 1 M re abh (Fh), 4 M re, 4 M li, 4 M re, 4 M li, 4 M re, 12 M li, 4 M re, 4 M li, 4 M re, 5 M re.
57. Reihe: 1 M li abh (Fv), 5 M re, 4 M li, 4 M re, 4 M li, 18 M re, 4 M li, 4 M re, 4 M li, 4 M re, 6 M li.
58. Reihe: 1 M re abh (Fh), 2 M re, 4 M li, 4 M re, 16 M li, 4 M re, 4 M li, 4 M re, 2 M li, 1 M re.
59. Reihe: 1 M li abh (Fv), 3 M re, 4 M li, 4 M re, 4 M li, 4 M re, 14 M li, 4 M re, 4 M li, 4 M re, 4 M li, 3 M re, 1 M li.
60. Reihe: 1 M re abh (Fh), 4 M li, 4 M re, 4 M li, 4 M re, 4 M li, 20 M re, 4 M li, 4 M re, 4 M li, 1 M re.
61. Reihe: 1 M li abh (Fv), 5 M re, 4 M li, 4 M re, 4 M li, 18 M re, 4 M li, 4 M re, 4 M li, 5 M re, 1 M li.
62. Reihe: 1 M re abh (Fh), 4 M re, 4 M li, 4 M re, 20 M li, 4 M re, 4 M li, 4 M re, 1 M re.
63. Reihe: 1 M li abh (Fv), 3 M re, 4 M li, 4 M re, 4 M li, 3 M li, 16 M re, 3 M li, 4 M re, 4 M li, 3 M re, 1 M li.
64. Reihe: 1 M re abh (Fh), 2 M li, 4 M re, 4 M li, 4 M re, 4 M li, 3 M re, 18 M li, 3 M re, 4 M li, 4 M re, 4 M li, 2 M li, 1 M re.
65. Reihe: 1 M li abh (Fv), 5 M li, 4 M re, 4 M li, 4 M re, 3 M li, 20 M re, 3 M li, 4 M re, 4 M li, 5 M li, 6 M li.
66. Reihe: 1 M re abh (Fh), 4 M re, 4 M li, 4 M re, 4 M li, 3 M re, 4 M li, 14 M re, 4 M li, 3 M re, 4 M li, 4 M re, 4 M li, 5 M re.
67. Reihe: 1 M li abh (Fv), 3 M li, 4 M re, 4 M li, 4 M re, 3 M li, 4 M re, 16 M li, 4 M re, 3 M li, 4 M re, 4 M li, 4 M re, 4 M li.
68. Reihe: 1 M re abh (Fh), 2 M re, 4 M li, 4 M re, 3 M li, 4 M re, 4 M li, 18 M re, 4 M li, 3 M re, 4 M li, 4 M re, 3 M li.

69. Reihe: 1 M li abh (Fv), 5 M re, 4 M li, 4 M re, 3 M li, 4 M re, 4 M li, 12 M re, 4 M li, 4 M re, 3 M li, 4 M re, 4 M li, 5 M re, 1 M li.
70. Reihe: 1 M re abh (Fh), 4 M li, 4 M re, 4 M li, 3 M re, 4 M li, 4 M re, 14 M li, 4 M re, 4 M li, 3 M re, 4 M li, 4 M re, 4 M li, 1 M re.
71. Reihe: 1 M li abh (Fv), 3 M re, 4 M li, 4 M re, 3 M li, 4 M re, 4 M li, 16 M re, 4 M li, 4 M re, 3 M li, 4 M re, 4 M li, 3 M re, 1 M li.
72. Reihe: 1 M re abh (Fh), 6 M re, 4 M li, 3 M re, 4 M li, 4 M re, 4 M li, 10 M re, 4 M li, 4 M re, 4 M li, 3 M re, 4 M li, 7 M re.
73. Reihe: 1 M li abh (Fv), 5 M re, 4 M re, 3 M li, 4 M re, 4 M li, 4 M re, 12 M li, 4 M re, 4 M li, 4 M re, 3 M li, 4 M re, 6 M li.
74. Reihe: 1 M re abh (Fh), 4 M re, 4 M li, 3 M re, 4 M li, 4 M re, 4 M li, 14 M re, 4 M li, 4 M re, 4 M li, 3 M re, 4 M li, 5 M re.
75. Reihe: 1 M li abh (Fv), 7 M re, 3 M li, 4 M re, 4 M li, 4 M re, 16 M li, 4 M re, 4 M li, 4 M re, 3 M li, 7 M re, 1 M li.
76. Reihe: 1 M re abh (Fh), 6 M li, 3 M re, 4 M li, 4 M re, 4 M li, 18 M re, 4 M li, 4 M re, 4 M li, 3 M re, 6 M li, 1 M re.
77. Reihe: 1 M li abh (Fv), 5 M re, 3 M li, 4 M re, 4 M li, 4 M re, 20 M li, 4 M re, 4 M li, 4 M re, 3 M li, 5 M re, 1 M li.
78. Reihe: 1 M re abh (Fh), 7 M re, 4 M li, 4 M re, 4 M li, 22 M re, 4 M li, 4 M re, 4 M li, 8 M re.
79. Reihe: 1 M li abh (Fv), 6 M re, 4 M li, 4 M re, 4 M li, 24 M re, 4 M li, 4 M re, 4 M li, 7 M re, 1 M li.
80. Reihe: 1 M re abh (Fh), 6 M re, 4 M li, 4 M re, 4 M li, 24 M re, 4 M li, 4 M re, 4 M li, 7 M re.
81. Reihe: 1 M li abh (Fv), 7 M li, 4 M re, 4 M li, 4 M re, 22 M li, 4 M re, 4 M li, 4 M re, 8 M li.
82. Reihe: 1 M re abh (Fh), 8 M re, 4 M li, 4 M re, 4 M li, 20 M re, 4 M li, 4 M re, 4 M li, 9 M re.
83. Reihe: 1 M li abh (Fv), 9 M li, 4 M re, 4 M li, 4 M re, 18 M li, 4 M re, 4 M li, 4 M re, 10 M li.
84. Reihe: 1 M re abh (Fh), 10 M re, 4 M li, 4 M re, 4 M li, 16 M re, 4 M li, 4 M re, 4 M li, 11 M re.
Alle M re abk.

Fertigstellung

Die Fadenenden vernähen. Das Quadrat auf 30,5 cm x 30,5 cm spannen, anfeuchten und trocknen lassen.

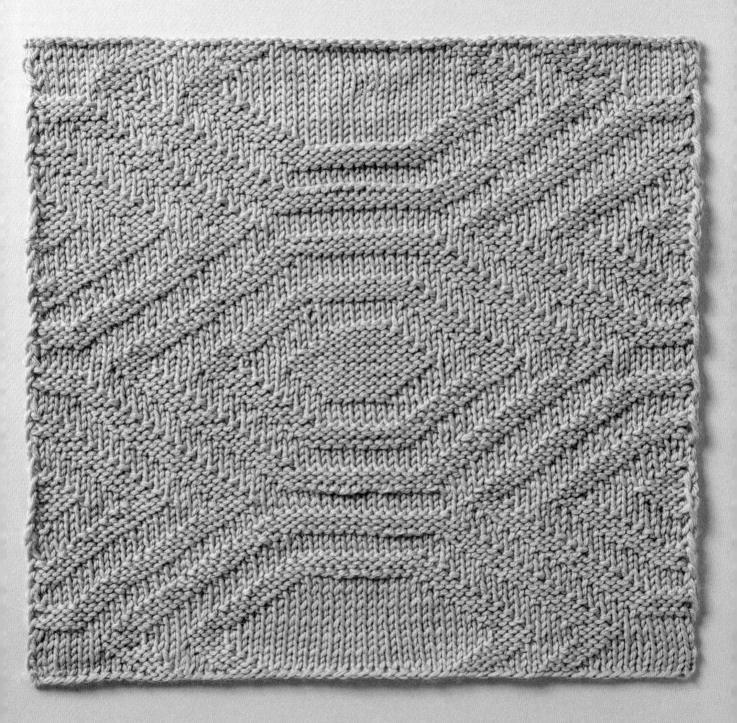

7 Wischer

Querrippen aus linken und rechten Maschen rahmen einen breiten, glatt rechten Schrägstreifen ein.
Design: Jacob Seifert

Fertigmaß
30,5 cm x 30,5 cm

Material
- Cascade 220 Superwash Merino (100 % Merinowolle; LL 200 m/100 g), ca. 65 g (130 m) in Forged Iron (Fb 67)
- Stricknadeln 4,5 mm (oder andere Nadelstärke gemäß Maschenprobe)

Maschenprobe
20 M und 28 R mit Nd 4,5 mm im Muster gestrickt = 10 cm x 10 cm
Nehmen Sie sich die Zeit, die Maschenprobe zu überprüfen.

Quadrat
62 M anschl.
1. Reihe (Hinr): 1 M re abh (Fh), re M str bis R-Ende.
2. Reihe: 1 M li abh (Fv), li M str bis R-Ende.
3. Reihe: 1 M re abh (Fh), re M str bis R-Ende.
4. Reihe: 1 M li abh (Fv), 20 M li, re M str bis zur letzten M, 1 M li.
5.–7. Reihe: Die 1.–3. R wdh.
8. Reihe: 1 M li abh (Fv), 2 M re, 20 M li, re M str bis zur letzten M, 1 M li.
9.–11. Reihe: Die 1.–3. R wdh.
12. Reihe: 1 M li abh (Fv), 4 M re, 20 M li, re M str bis zur letzten M, 1 M li.
13.–15. Reihe: Die 1.–3. R wdh.
16. Reihe: 1 M li abh (Fv), 6 M re, 20 M li, re M str bis zur letzten M, 1 M li.
17.–19. Reihe: Die 1.–3. R wdh.
20. Reihe: 1 M li abh (Fv), 8 M re, 20 M li, re M str bis zur letzten M, 1 M li.
21.–23. Reihe: Die 1.–3. R wdh.
24. Reihe: 1 M li abh (Fv), 10 M re, 20 M li, re M str bis zur letzten M, 1 M li.
25.–27. Reihe: Die 1.–3. R wdh.
28. Reihe: 1 M li abh (Fv), 12 M re, 20 M li, re M str bis zur letzten M, 1 M li.
29.–31. Reihe: Die 1.–3. R wdh.
32. Reihe: 1 M li abh (Fv), 14 M re, 20 M li, re M str bis zur letzten M, 1 M li.
33.–35. Reihe: Die 1.–3. R wdh.
36. Reihe: 1 M li abh (Fv), 16 M re, 20 M li, re M str bis zur letzten M, 1 M li.
37.–39. Reihe: Die 1.–3. R wdh.
40. Reihe: 1 M li abh (Fv), 18 M re, 20 M li, re M str bis zur letzten M, 1 M li.
41.–43. Reihe: Die 1.–3. R wdh.
44. Reihe: 1 M li abh (Fv), 20 M re, 20 M li, re M str bis zur letzten M, 1 M li.
45.–47. Reihe: Die 1.–3. R wdh.
48. Reihe: 1 M li abh (Fv), 22 M re, 20 M li, re M str bis zur letzten M, 1 M li.
49.–51. Reihe: Die 1.–3. R wdh.
52. Reihe: 1 M li abh (Fv), 24 M re, 20 M li, re M str bis zur letzten M, 1 M li.
53.–55. Reihe: Die 1.–3. R wdh.
56. Reihe: 1 M li abh (Fv), 26 M re, 20 M li, re M str bis zur letzten M, 1 M li.
57.–59. Reihe: Die 1.–3. R wdh.
60. Reihe: 1 M li abh (Fv), 28 M re, 20 M li, re M str bis zur letzten M, 1 M li.
61.–63. Reihe: Die 1.–3. R wdh.
64. Reihe: 1 M li abh (Fv), 30 M re, 20 M li, re M str bis zur letzten M, 1 M li.
65.–67. Reihe: Die 1.–3. R wdh.
68. Reihe: 1 M li abh (Fv), 32 M re, 20 M li, re M str bis zur letzten M, 1 M li.
69.–71. Reihe: Die 1.–3. R wdh.
72. Reihe: 1 M li abh (Fv), 34 M re, 20 M li, re M str bis zur letzten M, 1 M li.
73.–75. Reihe: Die 1.–3. R wdh.
76. Reihe: 1 M li abh (Fv), 36 M re, 20 M li, re M str bis zur letzten M, 1 M li.
77.–79. Reihe: Die 1.–3. R wdh.
80. Reihe: 1 M li abh (Fv), 38 M re, 20 M li, re M str bis zur letzten M, 1 M li.
81.–83. Reihe: Die 1.–3. R wdh.
84. Reihe: 1 M li abh (Fv), 40 M re, li M str bis R-Ende.
85. und 86. Reihe: Die 1. und 2. R wdh.
Alle M re abk.

Fertigstellung
Die Fadenenden vernähen. Das Quadrat auf 30,5 cm x 30,5 cm spannen, anfeuchten und trocknen lassen.

8 Einfaches Flechtmuster

An ein schlichtes Korbgeflecht erinnert dieses Muster, bei dem rechte und linke Maschen miteinander verwebt erscheinen.

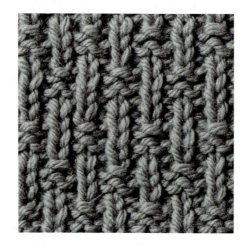

Fertigmaß
30,5 cm x 30,5 cm

Material
- Cascade 220 Superwash Merino (100 % Merinowolle; LL 200 m/100 g), ca. 75 g (150 m) in December Sky (Fb 66)
- Stricknadeln 4,5 mm (oder andere Nadelstärke gemäß Maschenprobe)

Maschenprobe
22 M und 28 R mit Nd 4,5 mm im Muster (M-Zahl teilbar durch 4 + 4 M) gestrickt = 10 cm x 10 cm
Nehmen Sie sich die Zeit, die Maschenprobe zu überprüfen.

Hinweis
Das Muster kann nach dem Anleitungstext oder nach der Strickschrift gearbeitet werden.

Quadrat
68 M anschl.
1. Reihe (Hinr): 1 M re abh (Fh), * 1 M re, 1 M li; ab * fortlfd wdh bis zur letzten M, 1 M re.
2. Reihe: 1 M li abh (Fv), * 3 M re, 1 M li; ab * fortlfd wdh bis zu den letzten 3 M, 2 M re, 1 M li.
3. Reihe: 1 M re abh (Fh), 2 M li, * 1 M re, 3 M li; ab * fortlfd wdh bis zur letzten M, 1 M re.
4. Reihe: 1 M li abh (Fv), * 1 M re, 1 M li; ab * fortlfd wdh bis zur letzten M, 1 M li.
5. Reihe: 1 M re abh (Fh), * 1 M re, 3 M li; ab * fortlfd wdh bis zu den letzten 3 M, 1 M re, 1 M li, 1 M re.
6. Reihe: 1 M li abh (Fv), 1 M re, 1 M li, * 3 M re, 1 M li; ab * fortlfd wdh bis zur letzten M, 1 M li.
Die 1.–6. R bis zu einer Gesamthöhe von 30,5 cm stets wdh. Alle M abk.

Fertigstellung
Die Fadenenden vernähen. Das Quadrat auf 30,5 cm x 30,5 cm spannen, anfeuchten und trocknen lassen.

Rapport: 4 M

Zeichenerklärung

☐ in Hinr 1 M re; in Rückr 1 M li

− in Hinr 1 M li; in Rückr 1 M re

∨ in Hinr 1 M re abh (Fh); in Rückr 1 M li abh (Fv)

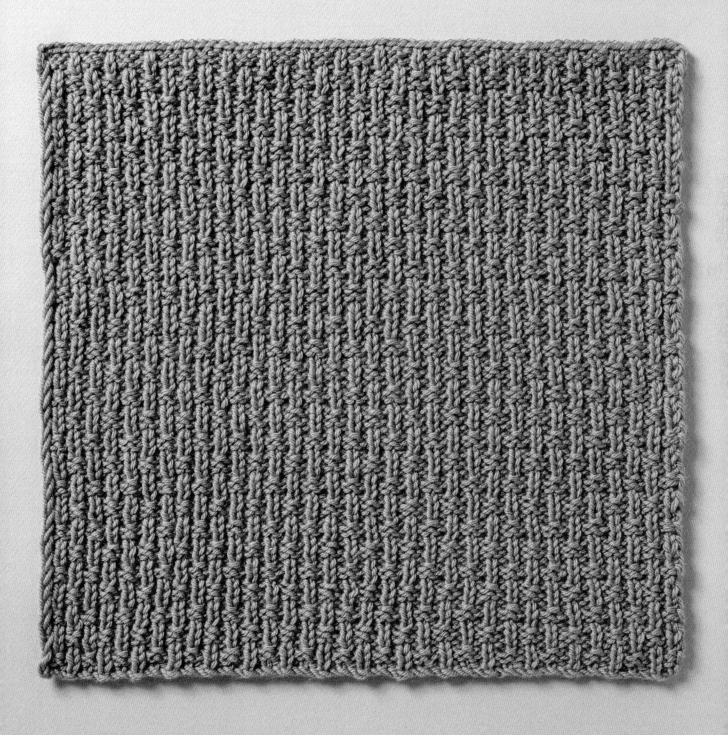

Verschachtelt

Längs- und Querstreifen aus rechten und linken Maschen rahmen Felder im doppelten Perlmuster ein.
Design: Jeannie Chin

Fertigmaß
30,5 cm x 30,5 cm

Material
- Cascade 220 Superwash Merino (100 % Merinowolle; LL 200 m/100 g), ca. 75 g (150 m) in Glacier Grey (Fb 64)
- Stricknadeln 4,5 mm (oder andere Nadelstärke gemäß Maschenprobe)

Maschenprobe
20 M und 30 R mit Nd 4,5 mm im Muster (M-Zahl teilbar durch 15 + 2 M) gestrickt = 10 cm x 10 cm
Nehmen Sie sich die Zeit, die Maschenprobe zu überprüfen.

Hinweis
Das Muster kann nach dem Anleitungstext oder nach der Strickschrift gearbeitet werden.

Quadrat
62 M anschl.
Einteilungsreihe (Rückr): 1 M li abh (Fv), re M str bis zur letzten M, 1 M li.
1. Reihe (Hinr): 1 M re abh (Fh), * 11 M li, 2 M re, 2 M li; ab * fortlfd wdh bis zur letzten M, 1 M re.
2. Reihe: 1 M li abh (Fv), * 2 M re, 2 M li, 11 M re; ab * fortlfd wdh bis zur letzten M, 1 M li.
3. Reihe: Die 1. R wdh.
4. Reihe: 1 M li abh (Fv), li M str bis R-Ende.
5. Reihe: 1 M re abh (Fh), * 2 M re, 1 M li, 4 x [1 M re, 1 M li], 2 M re, 2 M li; ab * fortlfd wdh bis zur letzten M, 1 M re.
6. Reihe: 1 M li abh (Fv), * 2 M re, 2 M li, 1 M re, 4 x [1 M li, 1 M re], 2 M li; ab * fortlfd wdh bis zur letzten M, 1 M li.
7. Reihe: 1 M re abh (Fh), * 3 M re, 1 M li, 3 x [1 M re, 1 M li], 3 M re, 2 M li; ab * fortlfd wdh bis zur letzten M, 1 M re.
8. Reihe: 1 M li abh (Fv), * 2 M re, 3 M li, 1 M re, 3 x [1 M li, 1 M re], 3 M li; ab * fortlfd wdh bis zur letzten M, 1 M li.
9.–12. Reihe: Die 5.–8. R wdh.
13. und 14. Reihe: Die 5. und 6. R wdh.
15. Reihe: 1 M re abh (Fh), * 2 M re, 13 M li; ab * fortlfd wdh bis zur letzten M, 1 M re.
16. Reihe: 1 M li abh (Fv), * 13 M re, 2 M li; ab * fortlfd wdh bis zur letzten M, 1 M li.
17. Reihe: Die 15. R wdh.
18. Reihe: 1 M li abh (Fv), li M str bis R-Ende.
19.–72. Reihe: Die 1.–18. R noch 3 x wdh.
73.–89. Reihe: Die 1.–17. R noch 1 x wdh.
90. Reihe: 1 M li abh (Fv), re M str bis zur letzten M, 1 M li.
Alle M re abk.

Fertigstellung
Die Fadenenden vernähen. Das Quadrat auf 30,5 cm x 30,5 cm spannen, anfeuchten und trocknen lassen.

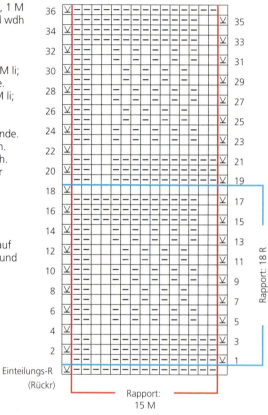

Zeichenerklärung

☐ in Hinr 1 M re; in Rückr 1 M li

─ in Hinr 1 M li; in Rückr 1 M re

⊻ in Hinr 1 M re abh (Fh); in Rückr 1 M li abh (Fv)

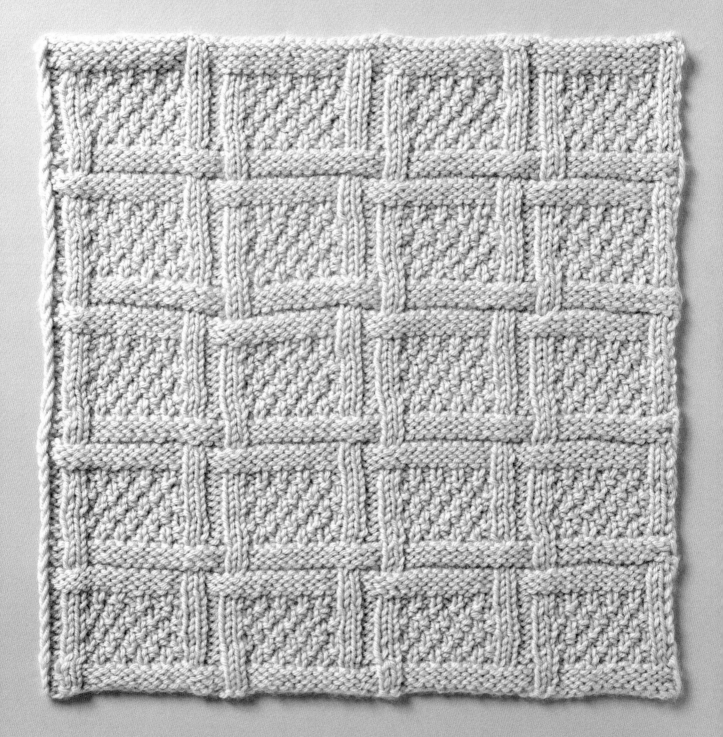

10 Fantasierippen

Dieses breite Rippenmuster punktet mit einer besonders plastischen Struktur zwischen den glatt rechten Rippen.

Fertigmaß
30,5 cm x 30,5 cm

Material
- Cascade 220 Superwash Merino (100 % Merinowolle; LL 200 m/100 g), ca. 70 g (140 m) in Flint Grey (Fb 65)
- Stricknadeln 4,5 mm (oder andere Nadelstärke gemäß Maschenprobe)

Maschenprobe
20 M und 28 R mit Nd 4,5 mm im Muster (M-Zahl teilbar durch 5 + 9 M) gestrickt = 10 cm x 10 cm
Nehmen Sie sich die Zeit, die Maschenprobe zu überprüfen.

Hinweis
Das Muster kann nach dem Anleitungstext oder nach der Strickschrift gearbeitet werden.

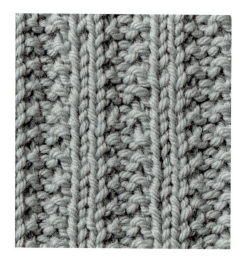

Quadrat
64 M anschl.
1. Reihe (Hinr): 1 M re abh (Fh), 3 M re, * 1 M li, 4 M re; ab * fortlfd wdh bis R-Ende.
2. Reihe: 1 M li abh (Fv), * 2 M li, 3 M re; ab * fortlfd wdh bis zu den letzten 3 M, 3 M li.
Die 1. und 2. R bis zu einer Gesamthöhe von 30,5 cm stets wdh. Alle M abk.

Fertigstellung
Die Fadenenden vernähen. Das Quadrat auf 30,5 cm x 30,5 cm spannen, anfeuchten und trocknen lassen.

Rapport: 5 M

Zeichenerklärung

☐ in Hinr 1 M re; in Rückr 1 M li

— in Hinr 1 M li; in Rückr 1 M re

⌵ in Hinr 1 M re abh (Fh); in Rückr 1 M li abh (Fv)

11 Bambus

Breite Rippen aus glatt rechten Maschen werden durch glatt linke Querreihen unterbrochen, sodass eine verspielte Struktur entsteht, die an Bambus erinnert.

Fertigmaß
30,5 cm x 30,5 cm

Material
- Cascade 220 Superwash Merino (100 % Merinowolle; LL 200 m/100 g), ca. 70 g (140 m) in Forged Iron (Fb 67)
- Stricknadeln 4,5 mm (oder andere Nadelstärke gemäß Maschenprobe)

Maschenprobe
20 M und 31 R mit Nd 4,5 mm im Muster (M-Zahl teilbar durch 12 + 2 M) gestrickt = 10 cm x 10 cm
Nehmen Sie sich die Zeit, die Maschenprobe zu überprüfen.

Hinweis
Das Muster kann nach dem Anleitungstext oder nach der Strickschrift gearbeitet werden.

Quadrat
62 M anschl.
1. Reihe (Hinr): 1 M re abh (Fh), * 2 M li, 4 M re; ab * fortlfd wdh bis zur letzten M, 1 M re.
2. Reihe: 1 M li abh (Fv), * 4 M li, 2 M re; ab * fortlfd wdh bis zur letzten M, 1 M li.
3. und 4. Reihe: Die 1. und 2. R. wdh.
5. Reihe: 1 M re abh (Fh), * 8 M li, 4 M re; ab * fortlfd wdh bis zur letzten M, 1 M re.
6. Reihe: 1 M li abh (Fv), * 4 M li, 8 M re; ab * fortlfd wdh bis zur letzten M, 1 M li.
7.–10. Reihe: Die 1. und 2. R noch 2 x wdh.
11. Reihe: 1 M re abh (Fh), * 2 M li, 4 M re, 6 M li; ab * fortlfd wdh bis zur letzten M, 1 M re.
12. Reihe: 1 M li abh (Fv), * 6 M re, 4 M li, 2 M re; ab * fortlfd wdh bis zur letzten M, 1 M li.
Die 1.–12. R bis zu einer Gesamthöhe von 30,5 cm stets wdh. Alle M abk.

Fertigstellung
Die Fadenenden vernähen. Das Quadrat auf 30,5 cm x 30,5 cm spannen, anfeuchten und trocknen lassen.

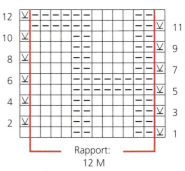

Rapport: 12 M

Zeichenerklärung

☐ in Hinr 1 M re; in Rückr 1 M li

− in Hinr 1 M li; in Rückr 1 M re

⋁ in Hinr 1 M re abh (Fh); in Rückr 1 M li abh (Fv)

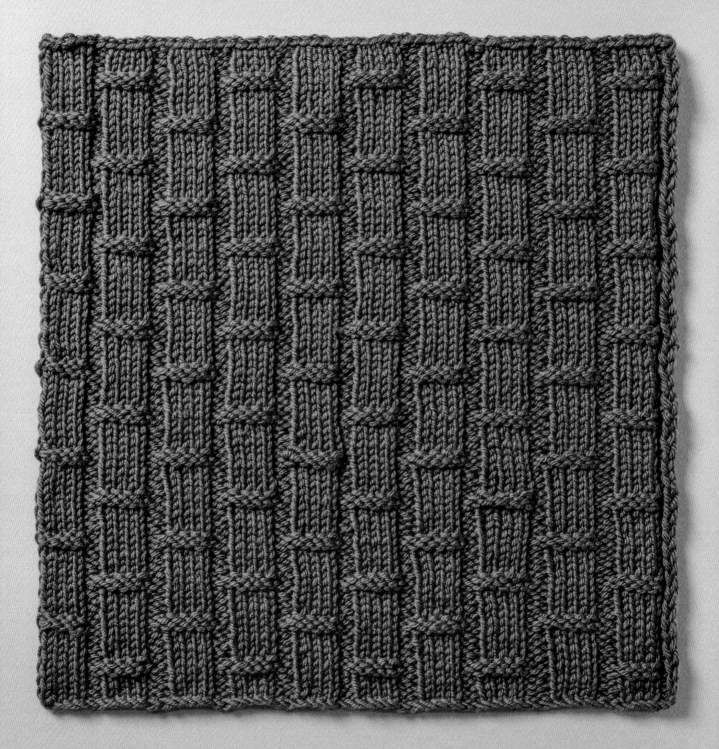

12 Schrägstreifen

Wenn Sie mehrere dieser Quadrate stricken und in unterschiedlicher Orientierung zusammennähen, entsteht ein interessanter grafischer Effekt.

Fertigmaß
30,5 cm x 30,5 cm

Material
- Cascade 220 Superwash Merino (100 % Merinowolle; LL 200 m/100 g), ca. 65 g (130 m) in December Sky (Fb 66)
- Stricknadeln 4,5 mm (oder andere Nadelstärke gemäß Maschenprobe)

Maschenprobe
20 M und 30 R mit Nd 4,5 mm im Muster (M-Zahl teilbar durch 10 + 2 M) gestrickt = 10 cm x 10 cm
Nehmen Sie sich die Zeit, die Maschenprobe zu überprüfen.

Hinweis
Das Muster kann nach dem Anleitungstext oder nach der Strickschrift gearbeitet werden.

Quadrat
62 M anschl.
1. Reihe (Hinr): 1 M re abh (Fh), * 1 M re, 5 M li, 4 M re; ab * fortlfd wdh bis zur letzten M, 1 M re.
2. Reihe: 1 M li abh (Fv), * 3 M li, 5 M re, 2 M li; ab * fortlfd wdh bis zur letzten M, 1 M li.
3. Reihe: 1 M re abh (Fh), * 3 M re, 5 M li, 2 M re; ab * fortlfd wdh bis zur letzten M, 1 M re.
4. Reihe: 1 M li abh (Fv), * 1 M li, 5 M re, 4 M li; ab * fortlfd wdh bis zur letzten M, 1 M li.
5. Reihe: 1 M re abh (Fh), * 5 M re, 5 M li; ab * fortlfd wdh bis zur letzten M, 1 M re.
6. Reihe: 1 M li abh (Fv), * 4 M re, 5 M li, 1 M re; ab * fortlfd wdh bis zur letzten M, 1 M li.
7. Reihe: 1 M re abh (Fh), * 2 M re, 5 M re, 3 M li; ab * fortlfd wdh bis zur letzten M, 1 M re.
8. Reihe: 1 M li abh (Fv), * 2 M re, 5 M li, 3 M re; ab * fortlfd wdh bis zur letzten M, 1 M li.
9. Reihe: 1 M re abh (Fh), * 4 M li, 5 M re, 1 M li; ab * fortlfd wdh bis zur letzten M, 1 M re.
10. Reihe: 1 M li abh (Fv), * 5 M li, 5 M re; ab * fortlfd wdh bis zur letzten M, 1 M li.
Die 1.–10. R bis zu einer Gesamthöhe von 30,5 cm stets wdh. Alle M abk.

Fertigstellung
Die Fadenenden vernähen. Das Quadrat auf 30,5 cm x 30,5 cm spannen, anfeuchten und trocknen lassen.

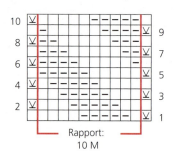

Rapport: 10 M

Zeichenerklärung

☐ in Hinr 1 M re; in Rückr 1 M li

— in Hinr 1 M li; in Rückr 1 M re

∨ in Hinr 1 M re abh (Fh); in Rückr 1 M li abh (Fv)

13 Diagonales Zickzackmuster

Allein aus rechten und linken Maschen entsteht hier ein sehr dynamisches Zackenmuster.

Fertigmaß
30,5 cm x 30,5 cm

Material
- Cascade 220 Superwash Merino (100 % Merinowolle; LL 200 m/100 g), ca. 80 g (160 m) in Glacier Grey (Fb 64)
- Stricknadeln 4,5 mm (oder andere Nadelstärke gemäß Maschenprobe)

Maschenprobe
24 M und 34 R mit Nd 4,5 mm im Muster (M-Zahl teilbar durch 8 + 2 M) gestrickt = 10 cm x 10 cm
Nehmen Sie sich die Zeit, die Maschenprobe zu überprüfen.

Hinweis
Das Muster kann nach dem Anleitungstext oder nach der Strickschrift gearbeitet werden.

Quadrat
74 M anschl.
1. Reihe (Hinr): 1 M re abh (Fh), * 1 M re, 1 M li, 1 M re, 5 M li; ab * fortlfd wdh bis zur letzten M, 1 M re.
2. Reihe: 1 M li abh (Fv), * 5 M re, 1 M li, 1 M re, 1 M li; ab * fortlfd wdh bis zur letzten M, 1 M li.
3. Reihe: 1 M re abh (Fh), * 1 M re, 1 M li, 5 M re, 1 M li; ab * fortlfd wdh bis zur letzten M, 1 M re.
4. Reihe: 1 M li abh (Fv), * 1 M re, 5 M li, 1 M re, 1 M li; ab * fortlfd wdh bis zur letzten M, 1 M li.
5. Reihe: 1 M re abh (Fh), * 1 M re, 5 M li, 1 M re, 1 M li; ab * fortlfd wdh bis zur letzten M, 1 M re.
6. Reihe: 1 M li abh (Fv), * 1 M re, 1 M li, 5 M re, 1 M li; ab * fortlfd wdh bis zur letzten M, 1 M li.
7. Reihe: 1 M re abh (Fh), * 5 M re, 1 M li, 1 M re, 1 M li; ab * fortlfd wdh bis zur letzten M, 1 M re.
8. Reihe: 1 M li abh (Fv), * 1 M re, 1 M li, 1 M re, 5 M li; ab * fortlfd wdh bis zur letzten M, 1 M li.
9. Reihe: 1 M re abh (Fh), * 4 M li, 2 x [1 M re, 1 M li]; ab * fortlfd wdh bis zur letzten M, 1 M re.
10. Reihe: 1 M li abh (Fv), * 2 x [1 M re, 1 M li], 4 M re; ab * fortlfd wdh bis zur letzten M, 1 M li.
11. Reihe: 1 M re abh (Fh), * 3 M re, 1 M li, 1 M re, 1 M li, 2 M re; ab * fortlfd wdh bis zur letzten M, 1 M re.
12. Reihe: 1 M li abh (Fv), * 2 M li, 1 M re, 1 M li, 1 M re, 3 M li; ab * fortlfd wdh bis zur letzten M, 1 M li.
13. Reihe: 1 M re abh (Fh), * 2 M li, 1 M re, 1 M li, 1 M re, 3 M re; ab * fortlfd wdh bis zur letzten M, 1 M re.
14. Reihe: 1 M li abh (Fv), * 3 M re, 1 M li, 1 M re, 1 M li, 2 M re; ab * fortlfd wdh bis zur letzten M, 1 M li.
15. Reihe: 1 M re abh (Fh), * 2 x [1 M re, 1 M li], 4 M re; ab * fortlfd wdh bis zur letzten M, 1 M re.
16. Reihe: 1 M li abh (Fv), * 4 M li, 2 x [1 M re, 1 M li]; ab * fortlfd wdh bis zur letzten M, 1 M li.
Die 1.–16. R bis zu einer Gesamthöhe von 30,5 cm stets wdh. Alle M abk.

Fertigstellung
Die Fadenenden vernähen. Das Quadrat auf 30,5 cm x 30,5 cm spannen, anfeuchten und trocknen lassen.

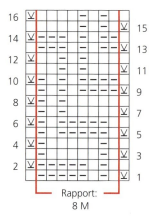

Zeichenerklärung

☐ in Hinr 1 M re; in Rückr 1 M li

− in Hinr 1 M li; in Rückr 1 M re

⩗ in Hinr 1 M re abh (Fh); in Rückr 1 M li abh (Fv)

14 Perlmusterrippen

Ein Rapport von gerade einmal drei Maschen und zwei Reihen ergibt dieses interessante Strukturmuster

Fertigmaß
30,5 cm x 30,5 cm

Material
- Cascade 220 Superwash Merino (100 % Merinowolle; LL 200 m/100 g), ca. 70 g (140 m) in Flint Grey (Fb 65)
- Stricknadeln 4,5 mm (oder andere Nadelstärke gemäß Maschenprobe)

Maschenprobe
20 M und 28 R mit Nd 4,5 mm im Muster (M-Zahl teilbar durch 3 + 3 M) gestrickt = 10 cm x 10 cm
Nehmen Sie sich die Zeit, die Maschenprobe zu überprüfen.

Hinweis
Das Muster kann nach dem Anleitungstext oder nach der Strickschrift gearbeitet werden.

Quadrat
63 M anschl.
1. Reihe (Hinr): 1 M re abh (Fh), 1 M re, * 2 M li, 1 M re; ab * fortlfd wdh bis zur letzten M, 1 M re.
2. Reihe: 1 M li abh (Fv), re M str bis zur letzten M, 1 M li.
Die 1. und 2. R bis zu einer Gesamthöhe von 30,5 cm stets wdh. Alle M abk.

Fertigstellung
Die Fadenenden vernähen. Das Quadrat auf 30,5 cm x 30,5 cm spannen, anfeuchten und trocknen lassen.

Rapport: 3 M

Zeichenerklärung

☐ in Hinr 1 M re; in Rückr 1 M li

− in Hinr 1 M li; in Rückr 1 M re

V in Hinr 1 M re abh (Fh); in Rückr 1 M li abh (Fv)

15 Plastische Dreiecksrippen

Dadurch, dass hier Rechtecke in gleich große glatt rechte und glatt linke Dreiecke aufgeteilt werden, lässt sich eine plastische Wirkung erzielen.

Fertigmaß
30,5 cm x 30,5 cm

Material
- Cascade 220 Superwash Merino (100 % Merinowolle; LL 200 m/100 g), ca. 75 g (150 m) in Forged Iron (Fb 67)
- Stricknadeln 4,5 mm (oder andere Nadelstärke gemäß Maschenprobe)

Maschenprobe
21 M und 32 R mit Nd 4,5 mm im Muster (M-Zahl teilbar durch 7 + 2 M) gestrickt = 10 cm x 10 cm
Nehmen Sie sich die Zeit, die Maschenprobe zu überprüfen.

Hinweis
Das Muster kann nach dem Anleitungstext oder nach der Strickschrift gearbeitet werden.

Quadrat
65 M anschl.
1. Reihe (Hinr): 1 M re abh (Fh), * 6 M li, 1 M re; ab * fortlfd wdh bis zur letzten M, 1 M re.
2. Reihe: 1 M li abh (Fv), * 2 M li, 5 M re; ab * fortlfd wdh bis zur letzten M, 1 M li.
3. Reihe: 1 M re abh (Fh), * 4 M li, 3 M re; ab * fortlfd wdh bis zur letzten M, 1 M re.
4. Reihe: 1 M li abh (Fv), * 4 M li, 3 M re; ab * fortlfd wdh bis zur letzten M, 1 M li.
5. Reihe: 1 M re abh (Fh), * 2 M li, 5 M re; ab * fortlfd wdh bis zur letzten M, 1 M re.
6. Reihe: 1 M li abh (Fv), * 6 M li, 1 M re; ab * fortlfd wdh bis zur letzten M, 1 M li.
Die 1.–6. R bis zu einer Gesamthöhe von 30,5 cm stets wdh. Alle M abk.

Fertigstellung
Die Fadenenden vernähen. Das Quadrat auf 30,5 cm x 30,5 cm spannen, anfeuchten und trocknen lassen.

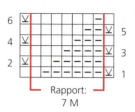

Rapport: 7 M

Zeichenerklärung
- ☐ in Hinr 1 M re; in Rückr 1 M li
- ⊟ in Hinr 1 M li; in Rückr 1 M re
- ⱴ in Hinr 1 M re abh (Fh); in Rückr 1 M li abh (Fv)

Decke „Edles Grau"

Dieses Schachbrettmuster spielt sowohl mit Farben als auch mit Strukturen, denn es wechseln helle und dunkle Grautöne ebenso wie Karo- und Streifenmuster.

Fertigmaß
Ca. 132 cm x 132 cm

Material
- Cascade 220 Superwash Merino (100 % Merinowolle; LL 200 m/100 g):
  A Forged Iron (Fb 67), 600 g
  B Glacier Grey (Fb 64), 800 g
- Stricknadeln 4,5 mm (oder andere Nadelstärke gemäß Maschenprobe)
- Rundstricknadel 4,5 mm, 150 cm lang
- 8 Maschenmarkierer

Decke
In Fb A 8 Quadrate im Muster „Bambus" str (Nr. 11, siehe Seite 44).
In Fb B 8 Quadrate im Muster „Verschachtelt" str (Nr. 9, siehe Seite 40).
Die Quadrate entsprechend der nebenstehenden Grafik anordnen und zusammennähen. Die Fadenenden vernähen.

Rippenblende
Von der rechten Seite der Arbeit aus mit der Rundstricknd und dem Garn in Fb B 247 M gleichmäßig verteilt aus der Oberkante der Decke re herausstr, MM platzieren, 1 M aus der Ecke re herausstr, MM platzieren, 287 M gleichmäßig verteilt aus der Seitenkante re herausstr, MM platzieren, 1 M aus der Ecke re herausstr, MM platzieren, 247 M gleichmäßig verteilt aus der Unterkante re herausstr, MM platzieren, 1 M aus der Ecke re herausstr, MM platzieren, 287 M gleichmäßig verteilt aus der Seitenkante re herausstr, MM platzieren, 1 M aus der Ecke re herausstr (= 1072 M).
Die Arbeit zur Rd schließen und den Rd-Beginn mit 1 MM kennzeichnen.

1. Runde: * 1 M re, 1 M li; ab * fortlfd wdh bis Rd-Ende.
2. Runde (Zunahme-Rd): 4 x [1 M zun, * 1 M re, 1 M li; ab * fortlfd wdh bis MM, 1 M zun, MM abh, 1 M re, MM abh] (= 8 M zugenommen).
3. Runde: Im eingeteilten Rippenmuster 1 M re, 1 M li im Wechsel str und die zugenommenen M ins Muster integrieren.
Die 2. und 3. Rd bis zu einer Blendenhöhe von ca. 5 cm stets wdh. Alle M locker im Rippenmuster abk.
Die Fadenenden vernähen. Die Rippenblende nach Belieben spannen, damit sie leicht gedehnt bleibt und sich nicht zusammenzieht.

9	11	9	11
11	9	11	9
9	11	9	11
11	9	11	9

Farbschlüssel
▨ Fb A
☐ Fb B

56 Plastische Dreiecksrippen

Zopfmuster

Egal, ob klassisch, schlicht, kompliziert oder kombiniert mit zusätzlichen Strukturelementen und Mustern – Zopfmuster zu stricken macht immer Spaß und hat einen hohen Suchtfaktor.

16 Rhombengitter

Leicht wellenförmige Rippen bilden bei diesem hübschen fliederfarbenen Quadrat ein dekoratives Gittermuster.
Design: Linda Medina

Fertigmaß
30,5 cm x 30,5 cm

Material
- Cascade 220 Superwash Merino (100 % Merinowolle; LL 200 m/100 g), ca. 85 g (170 m) in Pale Lilac (Fb 63)
- Stricknadeln 4,5 mm (oder andere Nadelstärke gemäß Maschenprobe)
- Zopfnadel

Maschenprobe
26 M und 30 R mit Nd 4,5 mm im Muster (M-Zahl teilbar durch 6 + 10 M) gestrickt = 10 cm x 10 cm
Nehmen Sie sich die Zeit, die Maschenprobe zu überprüfen.

Hinweis
Das Muster kann nach dem Anleitungstext oder nach der Strickschrift gearbeitet werden.

Besondere Abkürzungen
3 M rdr: 1 M auf einer Zopfnd hinter die Arbeit legen, 2 M re str, dann die M der Zopfnd li str.
3 M ldr: 2 M auf einer Zopfnd vor die Arbeit legen, 1 M li str, dann die 2 M der Zopfnd re str.
4 M lvkr: 2 M auf einer Zopfnd vor die Arbeit legen, 2 M re str, dann die 2 M der Zopfnd re str.

Zeichenerklärung
- ☐ in Hinr 1 M re; in Rückr 1 M li
- — in Hinr 1 M li; in Rückr 1 M re
- 3 M rdr
- 3 M ldr
- 4 M lvkr
- ∨ in Hinr 1 M re abh (Fh); in Rückr 1 M li abh (Fv)

Quadrat
76 M anschl.
1. Reihe (Hinr): 1 M re abh (Fh), 2 M li, * 4 M re, 2 M li; ab * fortlfd wdh bis zur letzten M, 1 M re.
2. Reihe: 1 M li abh (Fv), * 2 M re, 4 M li; ab * fortlfd wdh bis zu den letzten 3 M, 2 M re, 1 M li.
3. Reihe: 1 M re abh (Fh), 2 M li, * 4 M lvkr, 2 M li; ab * fortlfd wdh bis zur letzten M, 1 M re.
4. Reihe: 1 M li abh (Fv), * 2 M re, 4 M li; ab * fortlfd wdh bis zu den letzten 3 M, 2 M re, 1 M li.
5. Reihe: 1 M re abh (Fh), 2 M li, * 4 M re, 2 M li; ab * fortlfd wdh bis zur letzten M, 1 M re.
6. Reihe: Die 4. R wdh.
7. Reihe: 1 M re abh (Fh), 1 M li, * 3 M rdr, 3 M ldr; ab * fortlfd wdh bis zu den letzten 2 M, 1 M li, 1 M re.
8. Reihe: 1 M li abh (Fv), 1 M re, * 2 M li, 2 M re, 2 M li; ab * fortlfd wdh bis zu den letzten 2 M, 1 M re, 1 M li.
9. Reihe: 1 M re abh (Fh), 1 M li, 2 M re, 2 M li, * 4 M lvkr, 2 M li; ab * fortlfd wdh bis zu den letzten 4 M, 2 M re, 1 M li, 1 M re.
10. Reihe: Die 8. R wdh.
11. Reihe: 1 M re abh (Fh), 1 M li, 2 M re, 2 M li, * 4 M re, 2 M li; ab * fortlfd wdh bis zu den letzten 4 M, 2 M re, 1 M li, 1 M re.
12. Reihe: Die 8. R wdh.
13. Reihe: 1 M re abh (Fh), 1 M li, * 3 M ldr, 3 M rdr; ab * fortlfd wdh bis zu den letzten 2 M, 1 M li, 1 M re.
14. Reihe: Die 4. R wdh.
Die 3.–14. R bis zu einer Gesamthöhe von 30,5 cm stets wdh. Alle M abk.

Fertigstellung
Die Fadenenden vernähen. Das Quadrat auf 30,5 cm x 30,5 cm spannen, anfeuchten und trocknen lassen.

17 Zwischen den Zeilen

Das plastische Muster dieses Quadrats passt gut zu einer modernen Tagesdecke.
Design: Mari Lynn Patrick

Fertigmaß
30,5 cm x 30,5 cm

Material
- Cascade 220 Superwash Merino (100 % Merinowolle; LL 200 m/100 g), ca. 70 g (140 m) in Violet Ice (Fb 62)
- Stricknadeln 4,5 mm (oder andere Nadelstärke gemäß Maschenprobe)
- Zopfnadel

Maschenprobe
28 M und 30 R mit Nd 4,5 mm im Muster (M-Zahl teilbar durch 10 + 15 M) gestrickt = 10 cm x 10 cm
Nehmen Sie sich die Zeit, die Maschenprobe zu überprüfen.

Hinweis
Das Muster kann nach dem Anleitungstext oder nach der Strickschrift gearbeitet werden.

Besondere Abkürzungen
3 li M rdr: 1 M auf einer Zopfnd hinter die Arbeit legen, 1 M li str, dann die 2 M der Zopfnd li str.
4 M rdr (in Hinr): 1 M auf einer Zopfnd hinter die Arbeit legen, 3 M re str, dann die M der Zopfnd re str.
4 M rdr (in Rückr): 3 M auf einer Zopfnd hinter die Arbeit legen, 1 M li str, dann die 3 M der Zopfnd li str.
4 M re/li rdr (in Hinr): 1 M auf einer Zopfnd hinter die Arbeit legen, 3 M re str, dann die M der Zopfnd li str.
4 M re/li rdr (in Rückr): 3 M auf einer Zopfnd hinter die Arbeit legen, 1 M re str, dann die 3 M der Zopfnd li str.

Quadrat
85 M anschl.

Einteilungsreihe (Rückr): 1 M li abh (Fv), 1 M re, 1 M li, 3 M re, * 3 M li, 3 M re, 1 M li, 3 M re; ab * fortlfd wdh bis zu den letzten 9 M, 3 M li, 3 M re, 1 M li, 1 M re, 1 M li.
1. Reihe (Hinr): 1 M re abh (Fh), 1 M li, 1 M li abh (Fh), 2 M li, 4 M re/li rdr (in Hinr), * 3 M li, 1 M li abh (Fh), 2 M li, 4 M re/li rdr (in Hinr); ab * fortlfd wdh bis zu den letzten 6 M, 3 M li, 1 M li abh (Fh), 1 M li, 1 M re.
2. Reihe: 1 M li abh (Fv), 1 M re, 1 M li, 3 M re, * 1 M re, 4 M rdr (in Rückr), 1 M re, 1 M li, 3 M re; ab * fortlfd wdh bis zu den letzten 9 M, 1 M re, 4 M rdr (in Rückr), 2 x [1 M re, 1 M li].
3. Reihe: 1 M re abh (Fh), 1 M li, 1 M li abh (Fh), 4 M re/li rdr (in Hinr), 1 M li abh (Fh), 1 M li, * 3 M li, 1 M li abh (Fh), 4 M re/li rdr (in Hinr), 1 M li abh (Fh), 1 M li; ab * fortlfd wdh bis zu den letzten 6 M, 3 M li, 1 M li abh (Fh), 1 M li, 1 M re.
4. Reihe: 1 M li abh (Fv), 1 M re, 1 M li, 3 M re, * 1 M re, 1 M li, 1 M re, 4 M re/li rdr (in Rückr), 3 M re; ab * fortlfd wdh bis zu den letzten 9 M, 1 M re, 1 M li, 1 M re, 4 M re/li rdr (in Rückr), 1 M re, 1 M li.
5. Reihe: 1 M re abh (Fh), 4 M re/li rdr (in Hinr), 2 M li, 1 M li abh (Fh), 1 M li, * 2 M li, 4 M re/li rdr (in Hinr), 2 M li, 1 M li abh (Fh), 1 M li; ab * fortlfd wdh bis zu den letzten 6 M, 2 M li, 2 M re, 1 M li, 1 M re.
6. Reihe: 1 M li abh (Fv), 1 M re, 3 li M rdr, 1 M re, * 1 M re, 1 M li, 3 M re, 4 M re/li rdr (in Rückr), 1 M re; ab * fortlfd wdh bis zu den letzten 9 M, 1 M re, 1 M li, 3 M re, 3 li M rdr, 1 M li.

7. Reihe: 1 M re abh (Fh), 1 M li, 1 M li abh (Fh), 4 M li, 1 M li abh (Fh), 1 M li, * 4 M rdr (in Hinr), 4 M li, 1 M li abh (Fh), 1 M li; ab * fortlfd wdh bis zu den letzten 6 M, 4 M rdr (in Hinr), 1 M li, 1 M re.
8. Reihe: 1 M li abh (Fv), 1 M re, 1 M li, 4 M re/li rdr (in Rückr), * 1 M li, 4 M re, 1 M li, 4 M re/li rdr (in Rückr); ab * fortlfd wdh bis zu den letzten 8 M, 1 M li, 4 M re, 1 M li, 1 M re, 1 M li.
9. Reihe: 1 M re abh (Fh), 1 M li, 1 M li abh (Fh), 4 M li, * 4 M re/li rdr (in Hinr), 1 M li, 1 M li abh (Fh), 4 M li; ab * fortlfd wdh bis zu den letzten 8 M, 4 M re/li rdr (in Hinr), 1 M li abh (Fh), 1 M li, 1 M re.
10. Reihe: 1 M li abh (Fv), 1 M re, 1 M li, 2 M re, 4 M re/li rdr (in Rückr), * 3 M re, 1 M li, 2 M re, 4 M re/li rdr (in Rückr); ab * fortlfd wdh bis zu den letzten 6 M, 3 M re, 1 M li, 1 M re, 1 M li.
Die 1.–10. R bis zu einer Gesamthöhe von 30,5 cm stets wdh; mit einer Rückr enden.
Abkettreihe (Hinr): [1 M re, 1 M li, die 1. M über die 2. M ziehen, um sie abzuketten] (= 1 M abk), 1 M li abh (Fh), 1 M abk, 1 M abk, * 4 x [1 M re, 1 M abk], 2 x [2 M li zusstr, 1 M abk], 1 M li abh (Fh), 1 M abk, 1 M li, 1 M abk; ab * fortlfd wdh bis zur letzten M, 1 M re, 1 M abk, den Faden abschneiden und das Fadenende durch die noch verbliebene M ziehen.

Fertigstellung
Die Fadenenden vernähen. Das Quadrat auf 30,5 cm x 30,5 cm spannen, anfeuchten und trocknen lassen.

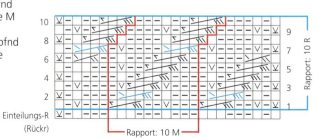

Zeichenerklärung
- ☐ in Hinr 1 M re; in Rückr 1 M li
- − in Hinr 1 M li; in Rückr 1 M re
- 3 li M rdr
- 4 M rdr (in Hin- oder Rückr)
- 4 M re/li rdr (in Hin- oder Rückr)
- V in Hinr 1 M li abh (Fh)
- V in Hinr 1 M re abh (Fh); in Rückr 1 M li abh (Fv)

18 Spalier

Das schräge Gitter aus verzopften Maschen bekommt durch eine Krausrippenblende einen attraktiven Rahmen.
Design: Deborah Newton

Fertigmaß
30,5 cm x 30,5 cm

Material
- Cascade 220 Superwash Merino (100 % Merinowolle; LL 200 m/100 g), ca. 85 g (170 m) in Grapeade (Fb 61)
- Stricknadeln 4 mm und 4,5 mm (oder andere Stärken gemäß Maschenprobe)
- Zopfnadel

Maschenprobe
24 M und 31 R mit den dickeren Nd im Muster (M-Zahl teilbar durch 12 + 14 M) gestrickt = 10 cm x 10 cm
Nehmen Sie sich die Zeit, die Maschenprobe zu überprüfen.

Hinweis
Das Muster kann nach dem Anleitungstext oder nach der Strickschrift gearbeitet werden.

Besondere Abkürzungen
3 M rvkr: 1 M auf einer Zopfnd hinter die Arbeit legen, 2 M re str, dann die M der Zopfnd re str.
3 M lvkr: 2 M auf einer Zopfnd vor die Arbeit legen, 1 M re str, dann die 2 M der Zopfnd re str.
4 M rvkr: 2 M auf einer Zopfnd hinter die Arbeit legen, 2 M re str, dann die 2 M der Zopfnd re str.

Quadrat
Mit den dickeren Nd 62 M anschl.
1 R li M str.

Beginn des Musters
1. Reihe (Hinr): 4 M re, 3 M rvkr, * 3 M lvkr, 6 M re, 3 M rvkr; ab * fortlfd wdh bis zu den letzten 7 M, 3 M lvkr, 4 M re.
2. Reihe und alle folg Rückr: Li M str.
3. Reihe: 3 M re, 3 M rvkr, 1 M re, * 1 M re, 3 M lvkr, 4 M re, 3 M rvkr, 1 M re; ab * fortlfd wdh bis zu den letzten 7 M, 1 M re, 3 M lvkr, 3 M re.
5. Reihe: 2 M re, 3 M rvkr, 2 M re, * 2 M re, 3 M lvkr, 2 M re, 3 M rvkr, 2 M re; ab * fortlfd wdh bis zu den letzten 7 M, 2 M re, 3 M lvkr, 2 M re.
7. Reihe: 1 M re, 3 M rvkr, 3 M re, * 3 M re, 3 M lvkr, 3 M rvkr, 3 M re; ab * fortlfd wdh bis zu den letzten 7 M, 3 M re, 3 M lvkr, 1 M re.
9. Reihe: 7 M re, * 4 M re, 4 M rvkr, 4 M re; ab * fortlfd wdh bis zu den letzten 7 M, 7 M re.
11. Reihe: 1 M re, 3 M lvkr, 3 M re, * 3 M re, 3 M rvkr, 3 M lvkr, 3 M re; ab * fortlfd wdh bis zu den letzten 7 M, 3 M re, 3 M rvkr, 1 M re.
13. Reihe: 2 M re, 3 M lvkr, 2 M re, * 2 M re, 3 M rvkr, 2 M re, 3 M lvkr, 2 M re; ab * fortlfd wdh bis zu den letzten 7 M, 2 M re, 3 M rvkr, 2 M re.
15. Reihe: 3 M re, 3 M lvkr, 1 M re, * 1 M re, 3 M rvkr, 4 M re, 3 M lvkr, 1 M re; ab * fortlfd wdh bis zu den letzten 7 M, 1 M re, 3 M rvkr, 3 M re.
17. Reihe: 4 M re, 3 M lvkr, * 3 M rvkr, 6 M re, 3 M lvkr; ab * fortlfd wdh bis zu den letzten 7 M, 3 M rvkr, 4 M re.
19. Reihe: 5 M re, 4 M rvkr, * 8 M re, 4 M rvkr; ab * fortlfd wdh bis zu den letzten 5 M, 5 M re.
20. Reihe: Li M str.
Die 1.–20. R noch 2 x wdh, dann die 1.–17. R noch 1 x wdh. In der folg Rückr alle M abk.

Fertigstellung

Obere und untere Blende
Von der rechten Seite der Arbeit aus mit den dünneren Nd aus der Anschlagkante gleichmäßig verteilt 46 M re herausstr. 9 R re M str, dann alle M in der folg Hinr abk. Die Blende an der Abkettkante genauso str.

Seitliche Blenden
Von der rechten Seite der Arbeit aus mit den dünneren Nd aus einer Seitenkante einschließlich der Schmalseiten der oberen und unteren Blende gleichmäßig verteilt 56 M re herausstr. 9 R re M str, dann alle M in der folg Hinr abk. Die Blende an der anderen Seitenkante genauso str.

Die Fadenenden vernähen. Das Quadrat auf 30,5 cm x 30,5 cm spannen, anfeuchten und trocknen lassen.

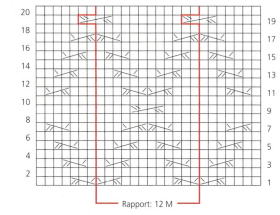

Zeichenerklärung
- in Hinr 1 M re; in Rückr 1 M li
- 3 M rvkr
- 3 M lvkr
- 4 M rvkr

Rapport: 12 M

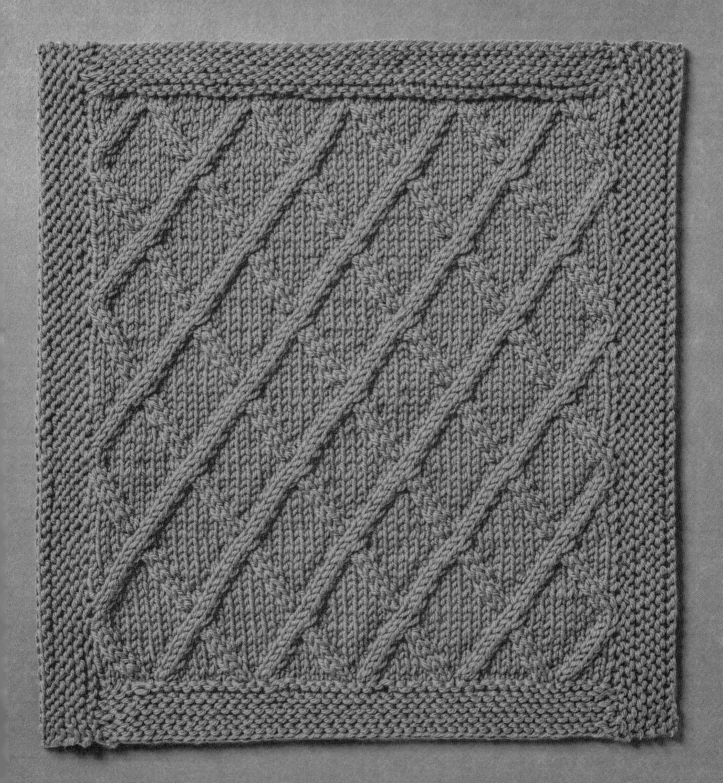

19 Flatterfalter

Wer genau hinsieht, erkennt hier einen Schmetterling zwischen Ranken auf glatt linkem Grund.
Design: Shannon Dunbabin

Fertigmaß
30,5 cm x 30,5 cm

Material
- Cascade 220 Superwash Merino (100 % Merinowolle; LL 200 m/100 g), ca. 75 g (150 m) in Dark Berry (Fb 21)
- Stricknadeln 4,5 mm (oder andere Nadelstärke gemäß Maschenprobe)
- 2 Zopfnadeln

Maschenprobe
22 M und 30 R mit Nd 4,5 mm im Muster gestrickt = 10 cm x 10 cm
Nehmen Sie sich die Zeit, die Maschenprobe zu überprüfen.

Hinweis
Das Muster kann nach dem Anleitungstext oder nach der Strickschrift gearbeitet werden.

Besondere Abkürzungen
2 M rvkr: 1 M auf einer Zopfnd hinter die Arbeit legen, 1 M re str, dann die M der Zopfnd re str.
2 M lvkr: 1 M auf einer Zopfnd vor die Arbeit legen, 1 M re str, dann die M der Zopfnd re str.
2 M rdr: 1 M auf einer Zopfnd hinter die Arbeit legen, 1 M re str, dann die M der Zopfnd li str.
2 M ldr: 1 M auf einer Zopfnd vor die Arbeit legen, 1 M li str, dann die M der Zopfnd re str.
3 M rvkr: 1 M auf einer Zopfnd hinter die Arbeit legen, 2 M re str, dann die M der Zopfnd re str.
3 M lvkr: 2 M auf einer Zopfnd vor die Arbeit legen, 1 M re str, dann die 2 M der Zopfnd re str.
3 M rdr: 1 M auf einer Zopfnd hinter die Arbeit legen, 2 M re str, dann die M der Zopfnd li str.
3 M ldr: 2 M auf einer Zopfnd vor die Arbeit legen, 1 M li str, dann die 2 M der Zopfnd re str.
3 re M vkr: 1 M auf einer Zopfnd vor die Arbeit legen, die nächste M auf einer 2. Zopfnd hinter die Arbeit legen, 1 M re str, erst die M der hinteren Zopfnd re str, dann die M der vorderen Zopfnd re str.
3 re/li/re M vkr: 1 M auf einer Zopfnd vor die Arbeit legen, die nächste M auf einer 2. Zopfnd hinter die Arbeit legen, 1 M re str, erst die M der hinteren Zopfnd li str, dann die M der vorderen Zopfnd re str.
4 M rvkr: 2 M auf einer Zopfnd hinter die Arbeit legen, 2 M re str, dann die 2 M der Zopfnd re str.
4 M lvkr: 2 M auf einer Zopfnd vor die Arbeit legen, 2 M re str, dann die 2 M der Zopfnd re str.
4 M rdr: 2 M auf einer Zopfnd hinter die Arbeit legen, 2 M re str, dann die 2 M der Zopfnd li str.
4 M ldr: 2 M auf einer Zopfnd vor die Arbeit legen, 2 M li str, dann die 2 M der Zopfnd re str.
5 M re/li/re vkr: 2 M auf einer Zopfnd vor die Arbeit legen, die nächste M auf einer 2. Zopfnd hinter die Arbeit legen, 2 M re str, dann die M der hinteren Zopfnd li str, dann die 2 M der vorderen Zopfnd re str.

Quadrat
67 M anschl.
1. Reihe (Hinr): 1 M re abh (Fh), re M str bis R-Ende.
2. Reihe: 1 M li abh (Fv), re M str bis zur letzten M, 1 M li.
3. Reihe: 1 M re abh (Fh), 1 M re, 63 M li, 2 M re.
4. Reihe: 1 M li abh (Fv), re M str bis zur letzten M, 1 M li.
5. Reihe: 1 M re abh (Fh), 1 M re, 6 M li, 3 M ldr, 1 M li, 2 M ldr, 10 M li, 4 M re, 11 M li, 4 M re, 10 M li, 2 M rdr, 1 M li, 3 M rdr, 6 M li, 2 M re.
6. Reihe: 1 M li abh (Fv), 8 M re, 2 M li, 2 M re, 1 M li, 10 M re, 4 M li, 11 M re, 4 M li, 10 M re, 1 M li, 2 M re, 2 M li, 8 M re, 1 M li.
7. Reihe: 1 M re abh (Fh), 1 M re, 7 M li, 3 M ldr, 1 M li, 2 M ldr, 8 M li, 3 M rvkr, 3 M lvkr, 9 M li, 3 M rvkr, 3 M lvkr, 8 M li, 2 M rdr, 1 M li, 3 M rdr, 7 M li, 2 M re.
8. Reihe: 1 M li abh (Fv), 9 M re, 2 M li, 2 M re, 1 M li, 8 M re, 6 M li, 9 M re, 6 M li, 8 M re, 1 M li, 2 M re, 2 M li, 9 M re, 1 M li.
9. Reihe: 1 M re abh (Fh), 1 M re, 6 M li, 2 M rdr, 3 M ldr, 1 M li, 2 M ldr, 5 M li, 4 M rvkr, 2 M re, 4 M lvkr, 5 M li, 4 M rvkr, 2 M re, 4 M lvkr, 5 M li, 2 M rdr, 1 M li, 3 M rdr, 2 M ldr, 6 M li, 2 M re.
10. Reihe: 1 M li abh (Fv), 7 M re, 1 M li, 2 M re, 2 M li, 2 M re, 1 M li, 2 x [5 M re, 10 M li], 5 M re, 1 M li, 2 M re, 2 M li, 2 M re, 1 M li, 7 M re, 1 M li.
11. Reihe: 1 M re abh (Fh), 1 M re, 5 M li, 2 M rdr, 2 M li, 3 M ldr, 1 M li, 2 M ldr, 4 M li, 10 M re, 5 M li, 10 M re, 4 M li, 2 M rdr, 1 M li, 3 M rdr, 2 M li, 2 M ldr, 5 M li, 2 M re.
12. Reihe: 1 M li abh (Fv), 6 M re, 1 M li, 4 M re, 2 M li, 2 M re, 1 M li, 4 M re, 10 M li, 5 M re, 10 M li, 4 M re, 1 M li, 2 M re, 2 M li, 4 M re, 1 M li, 6 M re, 1 M li.
13. Reihe: 1 M re abh (Fh), 1 M re, 4 M li, 2 M rdr, 3 M li, 3 M rdr, 7 M li, 3 M ldr, 4 M re, 3 M ldr, 5 M li, 3 M ldr, 4 M re, 3 M rdr, 7 M li, 3 M rdr, 3 M li, 2 M ldr, 4 M li, 2 M re.
14. Reihe: 1 M li abh (Fv), 5 M re, 1 M li, 4 M re, 2 M li, 9 M re, 8 M li, 7 M re, 8 M li, 9 M re, 2 M li, 4 M re, 1 M li, 5 M re, 1 M li.
15. Reihe: 1 M re abh (Fh), 1 M re, 3 M li, 2 M rdr, 3 M li, 3 M rdr, 9 M li, 3 M ldr, 2 M re, 3 M rdr, 7 M li, 3 M rdr, 2 M re, 3 M ldr, 9 M li, 3 M ldr, 3 M li, 2 M ldr, 3 M li, 2 M re.
16. Reihe: 1 M li abh (Fv), 4 M re, 1 M li, 4 M re, 2 M li, 11 M re, 6 M li, 9 M re, 6 M li, 11 M re, 2 M li, 4 M re, 1 M li, 4 M re, 1 M li.
17. Reihe: 1 M re abh (Fh), 1 M re, 7 M li, 3 M rdr, 2 M ldr, 9 M li, 2 x [3 M ldr, 3 M rdr, 9 M li], 2 M rdr, 3 M ldr, 7 M li, 2 M re.
18. Reihe: 1 M li abh (Fv), 8 M re, 2 M li, 2 M re, 1 M li, 10 M re, 4 M li, 11 M re, 4 M li, 10 M re, 1 M li, 2 M re, 2 M li, 8 M re, 1 M li.
19. Reihe: 1 M re abh (Fh), 1 M re, 6 M li, 3 M rdr, 2 M li, 2 M ldr, 9 M li, 2 M ldr, 2 M rdr,

11 M li, 2 M ldr, 2 M rdr, 9 M li, 2 M rdr, 2 M li, 3 M ldr, 6 M li, 2 M re.

20. Reihe: 1 M li abh (Fv), 7 M re, 2 M li, 4 M re, 1 M li, 37 M re, 1 M li, 4 M re, 2 M li, 7 M re, 1 M li.

21. Reihe: 1 M re abh (Fh), 1 M re, 6 M li, 3 M ldr, 3 M li, 2 M ldr, 6 M li, 2 M re, 1 M li, 2 M re, 13 M li, 2 M re, 1 M li, 2 M re, 6 M li, 2 M rdr, 3 M li, 3 M rdr, 6 M li, 2 M re.

22. Reihe: 1 M li abh (Fv), 8 M re, 2 M li, 4 M re, 1 M li, 6 M re, 2 M li, 1 M re, 2 M li, 13 M re, 2 M li, 1 M re, 2 M li, 6 M re, 1 M li, 4 M re, 2 M li, 8 M re, 1 M li.

23. Reihe: 1 M re abh (Fh), 1 M re, 5 M li, 2 M rdr, 3 M ldr, 3 M li, 2 M ldr, 5 M li, 2 M re, 1 M li, 2 M re, 13 M li, 2 M re, 1 M li, 2 M re, 5 M li, 2 M rdr, 3 M li, 3 M rdr, 2 M ldr, 5 M li, 2 M re.

24. Reihe: 1 M li abh (Fv), 6 M re, 1 M li, 2 M re, 2 M li, 4 M re, 1 M li, 5 M re, 2 M li, 1 M re, 2 M li, 13 M re, 2 M li, 1 M re, 2 M li, 5 M re, 1 M li, 4 M re, 2 M li, 2 M re, 1 M li, 6 M re, 1 M li.

25. Reihe: 1 M re abh (Fh), 1 M re, 4 M li, 2 M rdr, 2 M li, 3 M ldr, 9 M li, 5 M re/li/re vkr, 13 M li, 5 M re/li/re vkr, 9 M li, 3 M rdr, 2 M li, 2 M ldr, 4 M li, 2 M re.

26. Reihe: 1 M li abh (Fv), 5 M re, 1 M li, 4 M re, 2 M li, 8 M re, 3 M li, 1 M re, 3 M li, 11 M re, 3 M li, 1 M re, 3 M li, 8 M re, 2 M li, 4 M re, 1 M li, 5 M re, 1 M li.

27. Reihe: 1 M re abh (Fh), 1 M re, 3 M li, 2 M rdr, 4 M li, 3 M ldr, 7 M li, 3 M rdr, 1 M li, 3 M ldr, 11 M li, 3 M rdr, 1 M li, 3 M ldr, 7 M li, 3 M rdr, 4 M li, 2 M ldr, 3 M li, 2 M re.

28. Reihe: 1 M li abh (Fv), 4 M re, 1 M li, 6 M re, 2 M li, 7 M re, 2 M li, 3 M re, 2 M li, 11 M re, 2 M li, 3 M re, 2 M li, 7 M re, 2 M li, 6 M re, 1 M li, 4 M re, 1 M li.

29. Reihe: 1 M re abh (Fh), 1 M re, 2 M li, 2 M rdr, 5 M li, 3 M rdr, 6 M li, 3 M rdr, 3 M li, 3 M ldr, 9 M li, 3 M rdr, 3 M li, 3 M ldr, 6 M li, 3 M ldr, 5 M li, 2 M ldr, 2 M li, 2 M re.

30. Reihe: 1 M li abh (Fv), 3 M re, 1 M li, 6 M re, 2 M li, 7 M re, 2 M li, 5 M re, 2 M li, 9 M re, 2 M li, 5 M re, 2 M li, 7 M re, 2 M li, 6 M re, 1 M li, 3 M re, 1 M li.

31. Reihe: 1 M re abh (Fh), 1 M re, 8 M li, 3 M rdr, 7 M li, 2 M re, 5 M li, 3 M ldr, 7 M li, 3 M rdr, 5 M li, 2 M re, 7 M li, 3 M ldr, 8 M li, 2 M re.

32. Reihe: 1 M li abh (Fv), 9 M re, 2 M li, 8 M re, 2 M li, 6 M re, 2 M li, 7 M re, 2 M li, 6 M re, 2 M li, 8 M re, 2 M li, 9 M re, 1 M li.

33. Reihe: 1 M re abh (Fh), 1 M re, 7 M li, 3 M rdr, 2 M ldr, 6 M li, 3 M ldr, 5 M li, 3 M ldr, 5 M li, 3 M rdr, 5 M li, 3 M ldr, 6 M li, 2 M rdr, 3 M ldr, 7 M li, 2 M re.

34. Reihe: 1 M li abh (Fv), 8 M re, 2 M li, 2 M re, 1 M li, 7 M re, 2 M li, 6 M re, 2 M li, 5 M re, 2 M li, 6 M re, 2 M li, 7 M re, 1 M li, 2 M re, 2 M li, 8 M re, 1 M li.

35. Reihe: 1 M re abh (Fh), 1 M re, 6 M li, 3 M rdr, 2 M li, 2 M ldr, 6 M li, 3 M ldr, 5 M li, 3 M ldr, 3 M li, 3 M rdr, 5 M li, 3 M rdr, 6 M li, 2 M rdr, 2 M ldr, 3 M ldr, 6 M li, 2 M re.

36. Reihe: 1 M li abh (Fv), 7 M re, 2 M li, 4 M re, 1 M li, 7 M re, 2 M li, 6 M re, 2 M li, 3 M re, 2 M li, 6 M re, 2 M li, 7 M re, 1 M li, 4 M re, 2 M li, 7 M re, 1 M li.

37. Reihe: 1 M re abh (Fh), 1 M re, 6 M li, 3 M ldr, 3 M li, 2 M ldr, 6 M li, 3 M ldr, 5 M li, 3 M li, 1 M li, 3 M rdr, 5 M li, 3 M rdr, 6 M li, 2 M rdr, 3 M li, 3 M rdr, 6 M li, 2 M re.

38. Reihe: 1 M li abh (Fv), 8 M re, 2 M li, 4 M re, 1 M li, 7 M re, 2 M li, 6 M re, 2 M li, 1 M re, 2 M li, 6 M re, 2 M li, 7 M re, 1 M li, 4 M re, 2 M li, 8 M re, 1 M li.

39. Reihe: 1 M re abh (Fh), 1 M re, 7 M li, 3 M ldr, 3 M li, 2 M ldr, 6 M li, 3 M ldr, 5 M li, 2 M re, 1 M li, 2 M re, 5 M li, 3 M rdr, 6 M li, 2 M rdr, 3 M li, 3 M rdr, 7 M li, 2 M re.

40. Reihe: 1 M li abh (Fv), 9 M re, 2 M li, 4 M re, 1 M li, 7 M re, 2 M li, 5 M re, 2 M li, 1 M re, 2 M li, 5 M re, 2 M li, 7 M re, 1 M li, 4 M re, 2 M li, 9 M re, 1 M li.

41. Reihe: 1 M re abh (Fh), 1 M re, 6 M li, 2 M rdr, 3 M ldr, 11 M li, 2 M re, 5 M li, 2 M re, 1 M li, 2 M re, 5 M li, 2 M re, 11 M li, 3 M rdr, 2 M ldr, 6 M li, 2 M re.

42. Reihe: 1 M li abh (Fv), 7 M re, 1 M li, 2 M re, 2 M li, 11 M re, 2 M li, 5 M re, 2 M li, 1 M re, 2 M li, 5 M re, 2 M li, 11 M re, 2 M li, 2 M re, 1 M li, 7 M re, 1 M li.

43. Reihe: 1 M re abh (Fh), 1 M re, 5 M li, 2 M rdr, 3 M ldr, 9 M li, 3 M rdr, 5 M li, 5 M re/li/re vkr, 5 M li, 3 M ldr, 9 M li, 3 M rdr, 2 M ldr, 5 M li, 2 M re.

44. Reihe: 1 M li abh (Fv), 6 M re, 1 M li, 4 M re, 2 M li, 9 M re, 2 M li, 6 M re, 2 M li, 1 M re, 2 M li, 6 M re, 2 M li, 9 M re, 2 M li, 4 M re, 1 M li, 6 M re, 1 M li.

45. Reihe: 1 M re abh (Fh), 1 M re, 4 M li, 2 M rdr, 3 M li, 3 M rdr, 8 M li, 3 M rdr, 6 M li, 2 M re, 1 M li, 2 M re, 6 M li, 3 M ldr, 8 M li, 3 M ldr, 3 M li, 2 M ldr, 4 M li, 2 M re.

46. Reihe: 1 M li abh (Fv), 5 M re, 1 M li, 4 M re, 2 M li, 9 M re, 2 M li, 7 M re, 2 M li, 1 M re, 2 M li, 7 M re, 2 M li, 9 M re, 2 M li, 4 M re, 1 M li, 5 M re, 1 M li.

47. Reihe: 1 M re abh (Fh), 1 M re, 3 M li, 2 M rdr, 3 M li, 3 M rdr, 8 M li, 3 M rdr, 7 M li, 5 M re/li/re vkr, 7 M li, 3 M ldr, 8 M li, 3 M ldr, 3 M li, 2 M ldr, 3 M li, 2 M re.

48. Reihe: 1 M li abh (Fv), 4 M re, 1 M li, 4 M re, 2 M li, 9 M re, 2 M li, 8 M re, 2 M li, 1 M re, 2 M li, 8 M re, 2 M li, 9 M re, 2 M li, 4 M re, 1 M li, 4 M re, 1 M li.

49. Reihe: 1 M re abh (Fh), 1 M re, 7 M li, 3 M re, 8 M li, 3 M rdr, 8 M li, 2 M re, 1 M li, 2 M re, 8 M li, 3 M ldr, 8 M li, 3 M ldr, 7 M li, 2 M re.

50. Reihe: 1 M li abh (Fv), 8 M re, 2 x [2 M li, 9 M re], 2 M li, 1 M re, 2 x [2 M li, 9 M re], 2 M li, 8 M re, 1 M li.

51. Reihe: 1 M re abh (Fh), 1 M re, 6 M li, 3 M rdr, 8 M li, 3 M rdr, 9 M li, 5 M re/li/re vkr, 9 M li, 3 M ldr, 8 M li, 3 M ldr, 6 M li, 2 M re.

52. Reihe: 1 M li abh (Fv), 7 M re, 2 M li, 9 M re, 2 M li, 10 M re, 2 M li, 1 M re, 2 M li, 10 M re, 2 M li, 9 M re, 2 M li, 7 M re, 1 M li.

53. Reihe: 1 M re abh (Fh), 1 M re, 6 M li, 3 M ldr, 7 M li, 3 M rdr, 9 M li, 3 M rdr, 1 M li, 3 M ldr, 9 M li, 3 M ldr, 7 M li, 3 M rdr, 6 M li, 2 M re.

54. Reihe: 1 M li abh (Fv), 8 M re, 2 M li, 7 M re, 2 M li, 10 M re, 2 M li, 3 M re, 2 M li, 10 M re, 2 M li, 7 M re, 2 M li, 8 M re, 1 M li.

55. Reihe: 1 M re abh (Fh), 1 M re, 5 M li, 2 M re, 3 M ldr, 6 M li, 2 M re, 9 M li, 3 M rdr, 2 M li, 3 M ldr, 9 M li, 2 M re, 6 M li, 3 M rdr, 2 M ldr, 5 M li, 2 M re.

56. Reihe: 1 M li abh (Fv), 6 M re, 1 M li, 2 M re, 2 M li, 6 M re, 2 M li, 9 M re, 2 M li, 5 M re, 2 M li, 9 M re, 2 M li, 6 M re, 2 M li, 2 M re, 1 M li, 6 M re, 1 M li.

57. Reihe: 1 M re abh (Fh), 1 M re, 4 M li, 2 M rdr, 2 M li, 3 M ldr, 5 M li, 3 M ldr, 7 M li, 3 M rdr, 5 M li, 3 M ldr, 7 M li, 3 M rdr, 5 M li, 3 M rdr, 2 M li, 2 M ldr, 4 M li, 2 M re.

58. Reihe: 1 M li abh (Fv), 5 M re, 1 M li, 4 M re, 2 M li, 6 M re, 3 x [2 M li, 7 M re], 2 M li, 6 M re, 2 M li, 4 M re, 1 M li, 5 M re, 1 M li.

59. Reihe: 1 M re abh (Fh), 1 M re, 3 M li, 2 M rdr, 4 M li, 3 M ldr, 5 M li, 3 M ldr, 5 M li, 3 M rdr, 2 M li, 3 re M vkr, 2 M li, 3 M ldr, 5 M li, 3 M rdr, 5 M li, 3 M rdr, 4 M li, 2 M ldr, 3 M li, 2 M re.

60. Reihe: 1 M li abh (Fv), 4 M re, 1 M li, 2 x [6 M re, 2 M li], 5 M re, 2 M li, 3 M re, 3 M li, 3 M re, 2 M li, 5 M re, 2 x [2 M li, 6 M re], 1 M li, 4 M re, 1 M li.

61. Reihe: 1 M re abh (Fh), 1 M re, 2 M li, 2 M rdr, 5 M li, 3 M rdr, 6 M li, 3 M ldr, 3 M li, 3 M rdr, 3 M li, 3 M re, 3 M li, 3 M ldr, 3 M li, 3 M rdr, 6 M li, 3 M ldr, 5 M li, 2 M ldr, 2 M li, 2 M re.
62. Reihe: 1 M li abh (Fv), 3 M re, 1 M li, 6 M re, 2 M li, 8 M re, 2 M li, 3 M re, 2 M li, 4 M re, 3 M li, 4 M re, 2 M li, 3 M re, 2 M li, 8 M re, 2 M li, 6 M re, 1 M li, 3 M re, 1 M li.
63. Reihe: 1 M re abh (Fh), 1 M re, 8 M li, 3 M rdr, 2 M li, 6 M li, 3 M ldr, 1 M li, 3 M rdr, 4 M li, 3 re/li/re M vkr, 4 M li, 3 M ldr, 1 M li, 3 M rdr, 6 M li, 2 M rdr, 3 M ldr, 8 M li, 2 M re.
64. Reihe: 1 M li abh (Fv), 9 M re, 2 M li, 2 M re, 1 M li, 7 M re, 2 M li, 1 M re, 2 M li, 5 M re, 1 M li, 1 M re, 1 M li, 5 M re, 2 M li, 1 M re, 2 M li, 7 M re, 1 M li, 2 M re, 2 M li, 9 M re, 1 M li.
65. Reihe: 1 M re abh (Fh), 1 M re, 7 M li, 3 M rdr, 2 M li, 2 M ldr, 6 M li, 5 M re/li/re vkr, 4 M li, 2 M rdr, 1 M li, 2 M ldr, 4 M li, 5 M re/li/re vkr, 6 M li, 2 M rdr, 3 M ldr, 7 M li, 2 M re.
66. Reihe: 1 M li abh (Fv), 8 M re, 2 M li, 4 M re, 1 M li, 6 M re, 1 M li, 4 M re, 1 M li, 3 M re, 1 M li, 4 M re, 2 M li, 1 M re, 2 M li, 6 M re, 1 M li, 4 M re, 2 M li, 8 M re, 1 M li.
67. Reihe: 1 M re abh (Fh), 1 M re, 6 M li, 3 M rdr, 4 M li, 2 M ldr, 5 M li, 2 M re, 1 M li, 2 M re, 3 M li, 2 M rdr, 3 M li, 2 M ldr, 3 M li, 2 M re, 2 M ldr, 5 M li, 2 M rdr, 4 M li, 3 M ldr, 6 M li, 2 M re.
68. Reihe: 1 M li abh (Fv), 7 M re, 2 M li, 6 M re, 1 M li, 5 M re, 2 M li, 1 M re, 2 M li, 3 M re, 1 M li, 5 M re, 1 M li, 3 M re, 2 M li, 1 M re, 2 M li, 5 M re, 1 M li, 6 M re, 2 M li, 7 M re, 1 M li.
69. Reihe: 1 M re abh (Fh), 1 M re, 6 M li, 3 M ldr, 5 M li, 2 M ldr, 4 M li, 2 M re, 1 M li, 2 M re, 2 M li, 2 M rdr, 5 M li, 2 M ldr, 2 M li, 2 M re, 1 M li, 2 M re, 4 M li, 2 M rdr, 5 M li, 3 M ldr, 6 M li, 2 M re.
70. Reihe: 1 M li abh (Fv), 8 M re, 2 M li, 6 M re, 1 M li, 11 M re, 1 M li, 7 M re, 1 M li, 11 M re, 1 M li, 6 M re, 2 M li, 8 M re, 1 M li.
71. Reihe: 1 M re abh (Fh), 1 M re, 7 M li, 3 M ldr, 12 M li, 2 M rvkr, 2 M lvkr, 11 M li, 2 M rvkr, 2 M lvkr, 12 M li, 3 M rdr, 7 M li, 2 M re.
72. Reihe: 1 M li abh (Fv), 9 M re, 2 M li, 12 M re, 4 M li, 11 M re, 4 M li, 12 M re, 2 M li, 9 M re, 1 M li.
73. Reihe: 1 M re abh (Fh), 1 M re, 6 M li, 3 M rdr, 3 M ldr, 10 M li, 3 M rvkr, 3 M lvkr, 9 M li,

3 M rvkr, 3 M lvkr, 10 M li, 3 M rdr, 2 M ldr, 6 M li, 2 M re.
74. Reihe: 1 M li abh (Fv), 7 M re, 1 M li, 2 M re, 2 M li, 10 M re, 6 M li, 9 M re, 6 M li, 10 M re, 2 M li, 2 M re, 1 M li, 7 M re, 1 M li.
75. Reihe: 1 M re abh (Fh), 1 M re, 5 M li, 2 M rdr, 2 M li, 3 M ldr, 8 M li, 3 M rvkr, 2 M re, 3 M lvkr, 7 M li, 3 M rvkr, 2 M re, 3 M lvkr, 8 M li, 3 M rdr, 2 M li, 2 M ldr, 5 M li, 2 M re.
76. Reihe: 1 M li abh (Fv), 6 M re, 1 M li, 4 M re, 2 M li, 8 M re, 8 M li, 7 M re, 8 M li, 8 M re, 2 M li, 4 M re, 1 M li, 6 M re, 1 M li.
77. Reihe: 1 M re abh (Fh), 1 M re, 4 M li, 2 M rdr, 3 M li, 3 M rdr, 7 M li, 3 M rvkr, 4 M re, 3 M lvkr, 5 M li, 3 M rvkr, 4 M re, 3 M lvkr, 7 M li, 3 M ldr, 3 M li, 2 M ldr, 4 M li, 2 M re.
78. Reihe: 1 M li abh (Fv), 5 M re, 1 M li, 4 M re, 2 M li, 8 M re, 10 M li, 5 M re, 10 M li, 8 M re, 2 M li, 4 M re, 1 M li, 5 M re, 1 M li.
79. Reihe: 1 M re abh (Fh), 1 M re, 3 M li, 2 M rdr, 3 M li, 3 M rdr, 8 M li, 10 M re, 5 M li, 10 M re, 8 M li, 3 M ldr, 3 M li, 2 M ldr, 3 M li, 2 M re.
80. Reihe: 1 M li abh (Fv), 9 M re, 2 M li, 9 M re, 10 M li, 5 M re, 10 M li, 9 M re, 2 M li, 9 M re, 1 M li.
81. Reihe: 1 M re abh (Fh), 1 M re, 7 M li, 3 M rdr, 9 M li, 4 M ldr, 2 M re, 4 M rdr, 5 M li, 4 M ldr, 2 M re, 4 M rdr, 9 M li, 3 M ldr, 7 M li, 2 M re.
82. Reihe: 1 M li abh (Fv), 8 M re, 2 M li, 12 M re, 6 M li, 9 M re, 6 M li, 12 M re, 2 M li, 8 M re, 1 M li.
83. Reihe: 1 M re abh (Fh), 1 M re, 6 M li, 3 M rdr, 12 M li, 3 M ldr, 3 M rdr, 9 M li, 3 M ldr, 3 M rdr, 12 M li, 3 M ldr, 6 M li, 2 M re.
84. Reihe: 1 M li abh (Fv), 7 M re, 2 M li, 14 M re, 4 M li, 11 M re, 4 M li, 14 M re, 2 M li, 7 M re, 1 M li.
85. Reihe: 1 M re abh (Fh), 1 M re, 22 M li, 4 M re, 11 M li, 4 M re, 22 M li, 2 M re.
86. Reihe: 1 M li abh (Fv), 23 M re, 4 M li, 11 M re, 4 M li, 23 M re, 1 M li.
87. Reihe: 1 M re abh (Fh), 1 M re, 63 M li, 2 M re.
88. Reihe: 1 M li abh (Fv), re M str bis zur letzten M, 1 M li.
89. Reihe: 1 M re abh (Fh), re M str bis R-Ende.
90. Reihe: 1 M li abh (Fv), re M str bis zur letzten M, 1 M li.
Alle M abk.

Fertigstellung

Die Fadenenden vernähen. Das Quadrat auf 30,5 cm x 30,5 cm spannen, anfeuchten und trocknen lassen.

Strickschrift 1 (1.–60. Reihe)

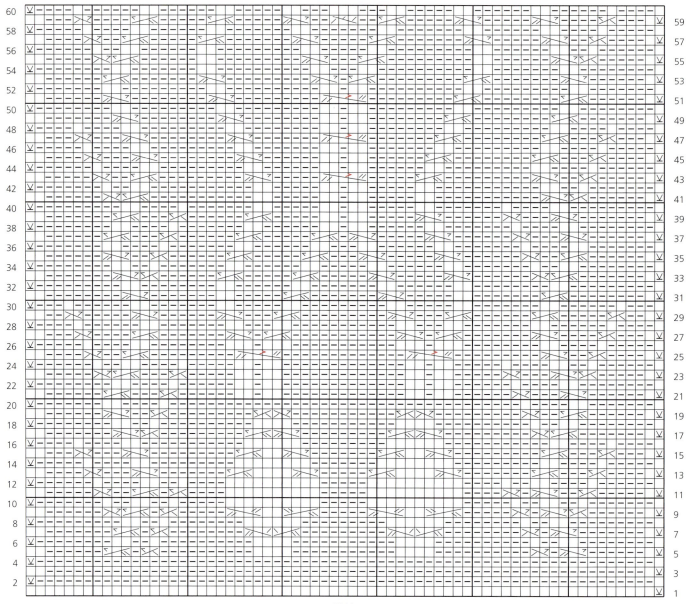

67 M

Strickschrift 2 (61.–90. Reihe)

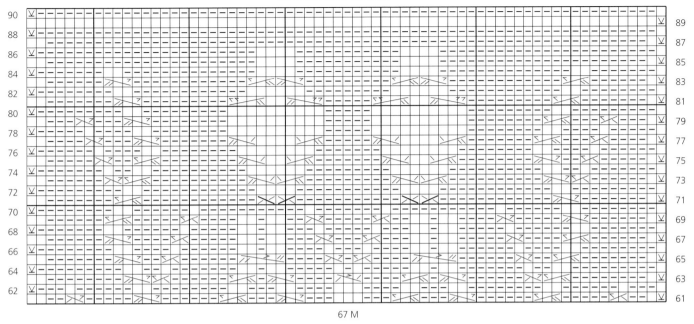

67 M

Zeichenerklärung

- □ in Hinr 1 M re; in Rückr 1 M li
- − in Hinr 1 M li; in Rückr 1 M re
- ⋈ 2 M rvkr
- 2 M lvkr
- 2 M rdr
- 2 M ldr
- 3 M rvkr
- 3 M lvkr
- 3 rdr
- 3 M ldr
- 3 re M vkr
- 3 re/li/re M vkr
- 4 M rvkr
- 4 M lvkr
- 4 M rdr
- 4 M ldr
- 5 M re/li/re vkr
- V in Hinr 1 M re abh (Fh); in Rückr 1 M li abh (Fv)

Flatterfalter

20 Schleifchen

Perlmuster-Rhomben und glatt linke Flächen wechseln bei diesem dynamischen Muster mit glatt rechts gestrickten Zopfdetails ab.

Design: Sandi Prosser

Fertigmaß
30,5 cm x 30,5 cm

Material
- Cascade 220 Superwash Merino (100 % Merinowolle; LL 200 m/100 g), ca. 80 g (160 m) in Pale Lilac (Fb 63)
- Stricknadeln 4,5 mm (oder andere Nadelstärke gemäß Maschenprobe)
- Zopfnadel

Maschenprobe
24 M und 32 R mit Nd 4,5 mm im Muster (M-Zahl teilbar durch 14 + 17 M) gestrickt = 10 cm x 10 cm
Nehmen Sie sich die Zeit, die Maschenprobe zu überprüfen.

Hinweis
Das Muster kann nach dem Anleitungstext oder nach der Strickschrift gearbeitet werden.

Besondere Abkürzungen
7 M lvkr: 3 M auf einer Zopfnd vor die Arbeit legen, 4 M re str, dann die 3 M der Zopfnd re str.

Quadrat
73 M anschl.
1. Reihe (Rückr): 1 M li abh (Fv), 2 x [1 M re, 1 M li], 3 x [1 M li, 1 M re], 1 M li, * 1 M re, 1 M li; ab * fortlfd wdh bis zu den letzten 5 M, 2 x [1 M re, 1 M li], 1 M li.
2. Reihe: 1 M re abh (Fh), 2 x [1 M li, 1 M re], * 2 M re, 5 x [1 M li, 1 M re], 2 M li; ab * fortlfd wdh bis zu den letzten 12 M, 2 M re, 2 x [1 M li, 1 M re], 2 M li, 1 M re, 1 M li, 2 M re.
3. Reihe: 1 M li abh (Fv), 2 x [1 M li, 1 M re], 3 x [1 M re, 1 M li], 1 M li, * 2 M re, 5 x [1 M li, 1 M re], 2 M li; ab * fortlfd wdh bis zu den letzten 5 M, 2 x [1 M re, 1 M li], 1 M li.
4. Reihe: 1 M re abh (Fh), 2 x [1 M re, 1 M li], * 3 M re, 4 x [1 M li, 1 M re], 3 M li; ab * fortlfd wdh bis zu den letzten 12 M, 3 M re, 2 x [1 M li, 1 M re], 2 x [1 M re, 1 M li], 1 M re.
5. Reihe: 1 M li abh (Fv), 2 x [1 M re, 1 M li], 2 x [1 M li, 1 M re], 3 M li, * 3 M re, 4 x [1 M li, 1 M re], 3 M li; ab * fortlfd wdh bis zu den letzten 5 M, 2 x [1 M re, 1 M li], 1 M li.
6. Reihe: 1 M re abh (Fh), 2 x [1 M li, 1 M re], * 4 M re, 3 x [1 M li, 1 M re], 4 M li; ab * fortlfd wdh bis zu den letzten 12 M, 4 M re, 1 M li, 1 M re, 1 M li, 2 x [1 M li, 1 M re], 1 M re.
7. Reihe: 1 M li abh (Fv), 2 x [1 M li, 1 M re], 2 x [1 M re, 1 M li], 3 M li, * 4 M re, 3 x [1 M li, 1 M re], 4 M li; ab * fortlfd wdh bis zu den letzten 5 M, 2 x [1 M re, 1 M li], 1 M li.
8. Reihe: 1 M re abh (Fh), 2 x [1 M re, 1 M li], * 5 M re, 2 x [1 M li, 1 M re], 5 M li; ab * fortlfd wdh bis zu den letzten 12 M, 5 M re, 1 M li, 1 M re, 2 x [1 M re, 1 M li], 1 M re.
9. Reihe: 1 M li abh (Fv), 2 x [1 M re, 1 M li], 1 M li, 1 M re, 5 M li, * 5 M re, 2 x [1 M li, 1 M re], 5 M li; ab * fortlfd wdh bis zu den letzten 5 M, 2 x [1 M re, 1 M li], 1 M li.
10. Reihe: 1 M re abh (Fh), 2 x [1 M li, 1 M re], * 6 M re, 1 M li, 1 M re, 6 M li; ab * fortlfd wdh bis zu den letzten 12 M, 6 M re, 1 M li, 2 x [1 M li, 1 M re], 1 M re.
11. Reihe: 1 M li abh (Fv), 2 x [1 M li, 1 M re], 1 M re, 6 M li, * 6 M re, 1 M li, 1 M re, 6 M li; ab * fortlfd wdh bis zu den letzten 5 M, 2 x [1 M li, 1 M re], 1 M li.
12. Reihe: 1 M re abh (Fh), 2 x [1 M li, 1 M re], * 7 M re, 7 M li; ab * fortlfd wdh bis zu den letzten 12 M, 7 M re, 2 x [1 M re, 1 M li], 1 M re.
13. Reihe: 1 M li abh (Fv), 2 x [1 M li, 1 M re], 7 M li, * 7 M re, 7 M li; ab * fortlfd wdh bis zu den letzten 5 M, 2 x [1 M re, 1 M li], 1 M li.
14. Reihe: 1 M re abh (Fh), 2 x [1 M li, 1 M re], * 7 M lvkr, 7 M li; ab * fortlfd wdh bis zu den letzten 12 M, 7 M lvkr, 2 x [1 M li, 1 M re], 1 M re.
15. Reihe: 1 M li abh (Fv), 2 x [1 M li, 1 M re], 7 M li, * 7 M re, 7 M li; ab * fortlfd wdh bis zu den letzten 5 M, 2 x [1 M re, 1 M li], 1 M li.
16. Reihe: 1 M re abh (Fh), 2 x [1 M li, 1 M re], * 7 M re, 7 M li; ab * fortlfd wdh bis zu den letzten 12 M, 7 M re, 2 x [1 M re, 1 M li], 1 M re.
17. Reihe: 1 M li abh (Fv), 2 x [1 M re, 1 M li], 7 M li, * 7 M re, 7 M li; ab * fortlfd wdh bis zu den letzten 5 M, 2 x [1 M re, 1 M li], 1 M li.
18. Reihe: 1 M re abh (Fh), 2 x [1 M li, 1 M re], * 7 M re, 7 M li; ab * fortlfd wdh bis zu den letzten 12 M, 7 M re, 2 x [1 M re, 1 M li], 1 M re.
19. Reihe: 1 M li abh (Fv), 2 x [1 M li, 1 M re], 7 M li, * 7 M re, 7 M li; ab * fortlfd wdh bis zu den letzten 5 M, 2 x [1 M li, 1 M re], 1 M li.
20. Reihe: 1 M re abh (Fh), 2 x [1 M re, 1 M li], * 1 M li, 6 M re, 6 M li, 1 M re; ab * fortlfd wdh bis zu den letzten 12 M, 1 M li, 6 M re, 2 x [1 M re, 1 M li], 1 M re.
21. Reihe: 1 M li abh (Fv), 2 x [1 M re, 1 M li], 6 M li, 1 M re, * 1 M li, 6 M re, 6 M li, 1 M re; ab * fortlfd wdh bis zu den letzten 5 M, 2 x [1 M re, 1 M li], 1 M li.

22. Reihe: 1 M re abh (Fh), 2 x [1 M li, 1 M re], * 1 M re, 1 M li, 5 M re, 5 M li, 1 M re, 1 M li; ab * fortlfd wdh bis zu den letzten 12 M, 1 M re, 1 M li, 5 M re, 2 x [1 M li, 1 M re], 1 M re.
23. Reihe: 1 M li abh (Fv), 2 x [1 M li, 1 M re], 5 M li, 1 M re, 1 M li, * 1 M li, 1 M re, 5 M re, 5 M li, 1 M re, 1 M li; ab * fortlfd wdh bis zu den letzten 5 M, 2 x [1 M li, 1 M re], 1 M li.
24. Reihe: 1 M re abh (Fh), 2 x [1 M li, 1 M re], * 1 M li, 1 M re, 1 M li, 4 M re, 4 M li, 1 M re, 1 M li, 1 M re; ab * fortlfd wdh bis zu den letzten 12 M, 1 M li, 1 M re, 1 M li, 4 M re, 2 x [1 M re, 1 M li], 1 M re.
25. Reihe: 1 M li abh (Fv), 2 x [1 M re, 1 M li], 4 M li, 1 M re, 1 M li, 1 M re, * 2 x [1 M li, 1 M re], 3 M re, 3 M li, 2 x [1 M re, 1 M li]; ab * fortlfd wdh bis zu den letzten 5 M, 2 x [1 M re, 1 M li], 1 M li.
26. Reihe: 1 M re abh (Fh), 2 x [1 M li, 1 M re], * 2 x [1 M re, 1 M li], 3 M re, 3 M li, 2 x [1 M re, 1 M li]; ab * fortlfd wdh bis zu den letzten 12 M, 2 x [1 M re, 1 M li], 3 M re, 2 x [1 M re, 1 M li], 1 M re], 1 M re.
27. Reihe: 1 M li abh (Fv), 2 x [1 M li, 1 M re], 3 M li, 2 x [1 M re, 1 M li], * 2 x [1 M re, 1 M li], 3 M re, 3 M li, 2 x [1 M re, 1 M li]; ab * fortlfd wdh bis zu den letzten 5 M, 2 x [1 M re, 1 M li], 1 M li.
28. Reihe: 1 M re abh (Fh), 2 x [1 M li, 1 M re], * 2 x [1 M li, 1 M re], 1 M li, 2 M re, 2 M li, 2 x [1 M re, 1 M li], 1 M re; ab * fortlfd wdh bis zu den letzten 12 M, 2 x [1 M li, 1 M re], 1 M li, 2 M re, 2 x [1 M re, 1 M li], 1 M re.
29. Reihe: 1 M li abh (Fv), 2 x [1 M re, 1 M li], 1 M li, 3 x [1 M li, 1 M re], * 3 x [1 M re, 1 M li], 1 M re, 1 M li, 3 x [1 M li, 1 M re]; ab * fortlfd wdh bis zu den letzten 5 M, 2 x [1 M re, 1 M li], 1 M li.
30. Reihe: 1 M re abh (Fh), 2 x [1 M li, 1 M re], * 1 M re, 1 M li; ab * fortlfd wdh bis zu den letzten 12 M, 5 x [1 M re, 1 M li], 2 M re.
31. Reihe: 1 M li abh (Fv), 5 x [1 M li, 1 M re], 1 M li, * 1 M re, 1 M li; ab * fortlfd wdh bis zu den letzten 5 M, 2 x [1 M li, 1 M re], 1 M li.
32. Reihe: 1 M re abh (Fh), 2 x [1 M re, 1 M li], * 1 M li, 1 M re; ab * fortlfd wdh bis R-Ende.
33. Reihe: 1 M li abh (Fv), 5 x [1 M li, 1 M re], 1 M re, * 1 M li, 1 M re; ab * fortlfd wdh bis zu den letzten 5 M, 2 x [1 M re, 1 M li], 1 M li.
34. Reihe: 1 M re abh (Fh), 2 x [1 M li, 1 M re], * 2 x [1 M li, 1 M re], 1 M li, 2 M re, 2 M li, 2 x [1 M re, 1 M li], 1 M li; ab * fortlfd wdh bis zu den letzten 12 M, 2 x [1 M li, 1 M re], 1 M re, 2 M li, 2 x [1 M re, 1 M li], 1 M re.

35. Reihe: 1 M li abh (Fv), 2 x [1 M li, 1 M re], 1 M re, 3 x [1 M re, 1 M li], * 3 x [1 M re, 1 M li], 1 M re, 3 x [1 M re, 1 M li]; ab * fortlfd wdh bis zu den letzten 5 M, 2 x [1 M re], 1 M li.
36. Reihe: 1 M re abh (Fh), 2 x [1 M re, 1 M li], * 2 x [1 M li, 1 M re], 3 M li, 3 M re, 2 x [1 M re]; ab * fortlfd wdh bis zu den letzten 12 M, 2 x [1 M re, 1 M li], 3 M li, 2 x [1 M re, 1 M li], 1 M re.
37. Reihe: 1 M li abh (Fv), 2 x [1 M li, 1 M re], 3 M re, 2 x [1 M re, 1 M li], * 2 x [1 M li, 1 M re], 3 M li, 3 M re, 2 x [1 M re, 1 M li]; ab * fortlfd wdh bis zu den letzten 5 M, 2 x [1 M li], 1 M li.
38. Reihe: 1 M re abh (Fh), 2 x [1 M re, 1 M li], * 1 M re, 1 M li, 1 M re, 4 M li, 4 M re, 1 M li, 1 M re, 1 M li; ab * fortlfd wdh bis zu den letzten 12 M, 1 M re, 1 M li, 1 M re, 4 M li, 2 x [1 M re, 1 M li], 1 M li.
39. Reihe: 1 M li abh (Fv), 2 x [1 M re, 1 M li], 3 M re, 2 x [1 M re, 1 M li], * 2 x [1 M li, 1 M re], 1 M li, 3 M li, 3 M re, 2 x [1 M re, 1 M li]; ab * fortlfd wdh bis zu den letzten 5 M, 2 x [1 M re, 1 M li], 1 M li.
40. Reihe: 1 M re abh (Fh), 2 x [1 M re, 1 M li], * 1 M li, 1 M re, 5 M li, 5 M re, 1 M li, 1 M re; ab * fortlfd wdh bis zu den letzten 12 M, 1 M li, 1 M re, 5 M li, 2 x [1 M re, 1 M li], 1 M re.
41. Reihe: 1 M li abh (Fv), 2 x [1 M re, 1 M li], 5 M re, 1 M li, 1 M re, * 1 M li, 1 M re, 5 M li, 5 M re, 1 M li, 1 M re; ab * fortlfd wdh bis zu den letzten 5 M, 2 x [1 M re, 1 M li], 1 M li.
42. Reihe: 1 M re abh (Fh), 2 x [1 M re, 1 M li], * 1 M re, 6 M li, 6 M re, 1 M li; ab * fortlfd wdh bis zu den letzten 12 M, 1 M re, 6 M li, 2 x [1 M re, 1 M li], 1 M re.
43. Reihe: 1 M li abh (Fv), 2 x [1 M li, 1 M re], 6 M re, 1 M li, * 1 M re, 6 M li, 6 M re, 1 M li; ab * fortlfd wdh bis zu den letzten 5 M, 2 x [1 M li, 1 M re], 1 M li.
44. Reihe: 1 M re abh (Fh), 2 x [1 M re, 1 M li], * 7 M li, 7 M re; ab * fortlfd wdh bis zu den letzten 12 M, 7 M li, 2 x [1 M re, 1 M li], 1 M re.
45. Reihe: 1 M li abh (Fv), 2 x [1 M re, 1 M li], 7 M re, * 7 M li, 7 M re; ab * fortlfd wdh bis zu den letzten 5 M, 2 x [1 M re, 1 M li], 1 M li.
46. Reihe: 1 M re abh (Fh), 2 x [1 M re, 1 M re], * 7 M li, 7 M lvkr; ab * fortlfd wdh bis zu den letzten 12 M, 7 M li, 2 x [1 M li, 1 M re], 1 M re.

47. Reihe: 1 M li abh (Fv), 2 x [1 M li, 1 M re], 7 M re, * 7 M li, 7 M re; ab * fortlfd wdh bis zu den letzten 5 M, 2 x [1 M li, 1 M re], 1 M li.
48. Reihe: 1 M re abh (Fh), 2 x [1 M re, 1 M li], * 7 M li, 7 M re; ab * fortlfd wdh bis zu den letzten 12 M, 7 M li, 2 x [1 M re, 1 M li], 1 M re.
49. Reihe: 1 M li abh (Fv), 2 x [1 M re, 1 M li], 7 M re, * 7 M li, 7 M re; ab * fortlfd wdh bis zu den letzten 5 M, 2 x [1 M re, 1 M li], 1 M li.
50. Reihe: 1 M re abh (Fh), 2 x [1 M re, 1 M li], * 7 M li, 7 M re; ab * fortlfd wdh bis zu den letzten 12 M, 7 M li, 2 x [1 M re, 1 M li], 1 M re.
51. Reihe: 1 M li abh (Fv), 2 x [1 M li, 1 M re], 7 M re, * 7 M li, 7 M re; ab * fortlfd wdh bis zu den letzten 5 M, 2 x [1 M li, 1 M re], 1 M li.
52. Reihe: 1 M re abh (Fh), 2 x [1 M li, 1 M re], * 6 M li, 1 M re, 1 M li, 6 M re; ab * fortlfd wdh bis zu den letzten 12 M, 6 M li, 1 M re, 2 x [1 M li, 1 M re], 1 M re.
53. Reihe: 1 M li abh (Fv), 2 x [1 M li, 1 M re], 1 M li, 6 M re, * 5 M li, 2 x [1 M re, 1 M re], 5 M re; ab * fortlfd wdh bis zu den letzten 5 M, 2 x [1 M li, 1 M re], 1 M li.
54. Reihe: 1 M re abh (Fh), 2 x [1 M li, 1 M re], * 5 M li, 2 x [1 M re, 1 M li], 5 M re; ab * fortlfd wdh bis zu den letzten 12 M, 5 M li, 1 M re, 1 M li, 2 x [1 M re, 1 M li], 1 M re.
55. Reihe: 1 M li abh (Fv), 2 x [1 M li, 1 M re], 1 M re, 1 M li, 5 M re, * 4 M li, 3 x [1 M re, 1 M li], 4 M re; ab * fortlfd wdh bis zu den letzten 5 M, 2 x [1 M li, 1 M re], 1 M li.
56. Reihe: 1 M re abh (Fh), 2 x [1 M re, 1 M li], * 4 M li, 3 x [1 M re, 1 M li], 4 M re; ab * fortlfd wdh bis zu den letzten 12 M, 4 M li, 1 M re, 1 M li, 1 M re, 2 x [1 M re, 1 M li], 1 M re.
57. Reihe: 1 M li abh (Fv), 2 x [1 M re, 1 M li], 2 x [1 M li, 1 M re], 3 M re, * 3 M li, 4 x [1 M li, 1 M re], 3 M re; ab * fortlfd wdh bis zu den letzten 5 M, 2 x [1 M li, 1 M re], 1 M li.
58. Reihe: 1 M re abh (Fh), 2 x [1 M li, 1 M re], * 3 M li, 4 x [1 M re, 1 M li], 3 M re; ab * fortlfd wdh bis zu den letzten 12 M, 3 M li, 2 x [1 M re, 1 M li], 2 x [1 M re, 1 M re], 1 M re.
59. Reihe: 1 M li abh (Fv), 2 x [1 M li, 1 M re], 2 x [1 M re, 1 M li], 3 M re, * 2 M li, 5 x [1 M li, 1 M re], 2 M re; ab * fortlfd wdh bis zu den letzten 5 M, 2 x [1 M li, 1 M re], 1 M li.
60. Reihe: 1 M re abh (Fh), 2 x [1 M re, 1 M li], * 2 M li, 5 x [1 M re, 1 M li], 2 M re; ab * fortlfd wdh bis zu den letzten 12 M, 2 M li, 2 x

[1 M re, 1 M li], 1 M re, 2 x [1 M re, 1 M li], 1 M re.
61. Reihe: 1 M li abh (Fv), 2 x [1 M re, 1 M li], 3 x [1 M li, 1 M re], 1 M re, * 1 M li, 6 x [1 M li, 1 M re], 1 M re; ab * fortlfd wdh bis zu den letzten 5 M, 2 x [1 M re, 1 M li], 1 M li.
62. Reihe: 1 M re abh (Fh), 2 x [1 M li, 1 M re], * 1 M li, 1 M re; ab * fortlfd wdh bis zu den letzten 12 M, 3 x [1 M li, 1 M re], 1 M li, 2 x [1 M li, 1 M re], 1 M re.
63. Reihe: 1 M li abh (Fv), 2 x [1 M li, 1 M re], 3 x [1 M re, 1 M li], 1 M re, * 1 M li, 1 M re; ab * fortlfd wdh bis zur letzten M, 1 M li.
64. Reihe: 1 M re abh (Fh), 2 x [1 M re, 1 M li], * 1 M re, 1 M li; ab * fortlfd wdh bis zu den letzten 12 M, 3 x [1 M re, 1 M li], 1 M re, 2 x [1 M re, 1 M li], 1 M re.
Die 1.–31. R noch 1 x wdh.
Alle M abk.

Fertigstellung

Die Fadenenden vernähen. Das Quadrat auf 30,5 cm x 30,5 cm spannen, anfeuchten und trocknen lassen.

Zeichenerklärung

☐ in Hinr 1 M re; in Rückr 1 M li

− in Hinr 1 M li; in Rückr 1 M re

▨ 7 M lvkr

⋁ in Hinr 1 M re abh (Fh); in Rückr 1 M li abh (Fv)

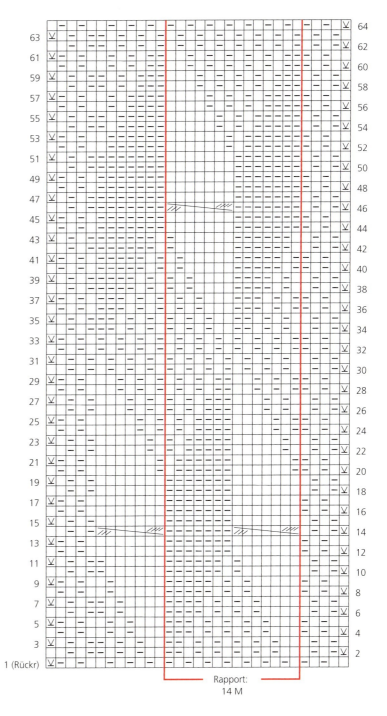

Rapport: 14 M

Schleifchen

21 Zöpfe & Perlmuster

Peppen Sie Ihr Zopfmuster durch einen plastisch strukturierten Hintergrund auf. Hier entsteht beispielsweise durch das Perlmuster ein interessanter optischer Effekt.

Design: Amy Herzog

Fertigmaß
30,5 cm x 30,5 cm

Material
- Cascade 220 Superwash Merino (100 % Merinowolle; LL 200 m/100 g), ca. 100 g (200 m) in Violet Ice (Fb 62)
- Stricknadeln 4,5 mm (oder andere Nadelstärke gemäß Maschenprobe)
- Zopfnadel
- Maschenmarkierer

Maschenprobe
23 M und 33 R mit Nd 4,5 mm im Muster (M-Zahl teilbar durch 18 + 16 M) gestrickt = 10 cm x 10 cm
Nehmen Sie sich die Zeit, die Maschenprobe zu überprüfen.

Hinweis
Das Muster kann nach dem Anleitungstext oder nach der Strickschrift gearbeitet werden.

Besondere Abkürzungen
1 li M zun: Die linke Nd von hinten nach vorne unter dem Querfaden zwischen der zuletzt gestrickten und der nächsten M einstechen und die M li str (= 1 M zugenommen).
8 M lvkr: 4 M auf einer Zopfnd vor die Arbeit legen, 4 M re str, dann die 4 M der Zopfnd re str.

Quadrat
68 M anschl.
Vor dem Weiterstr MM platzieren wie folgt: 4 M abzählen, MM platzieren, 4 x [4 M abzählen, MM platzieren, 10 M abzählen, MM platzieren], 4 M abzählen, MM platzieren, 4 M abzählen.
Einteilungsreihe (Rückr): 1 M li abh (Fv), 1 M re, 1 M li, 1 M re, MM abh, * 4 x [1 M li, 1 li M zun], MM abh, 5 x [1 M re, 1 M li], MM abh; ab * noch 3 x wdh, MM abh, 4 x [1 M li, 1 li M zun], MM abh, 2 x [1 M re, 1 M li] (= 88 M).

Beginn des Musters
1. Reihe (Hinr): 1 M re abh (Fh), 1 M re, 1 M li, 1 M re, * MM abh, 8 M lvkr, MM abh, 5 x [1 M li, 1 M re]; ab * fortlfd wdh bis zu den letzten 12 M, MM abh, 8 M lvkr, MM abh, 1 M re, 1 M li, 2 M re.
2. Reihe und alle folg Rückr: 1 M li abh (Fv), 1 M re, 1 M li, 1 M re, MM abh, 8 M li, * MM abh, 5 x [1 M re, 1 M li], MM abh, 8 M li; ab * fortlfd wdh bis zu den letzten 4 M, MM abh, 2 x [1 M re, 1 M li].
3., 5., 7., 9. und 11. Reihe: 1 M re abh (Fh), 1 M re, 1 M li, 1 M re, * MM abh, 8 M re, MM abh, 5 x [1 M li, 1 M re]; ab * fortlfd wdh bis zu den letzten 12 M, MM abh, 8 M re, MM abh, 1 M re, 1 M li, 2 M re.
12. Reihe: 1 M li abh (Fv), 1 M re, 1 M li, 1 M re, MM abh, 8 M li, * MM abh, 5 x [1 M re, 1 M li], MM abh, 8 M li; ab * fortlfd wdh bis zu den letzten 4 M, MM abh, 2 x [1 M re, 1 M li].
Die 1.–12. R noch 7 x wdh.
Die 1.–3. R noch 1 x wdh.

Letzte Reihe (Rückr): 1 M li abh (Fv), 1 M re, 1 M li, 1 M re, * MM abh, 4 x [2 M li zusstr], MM abh, 5 x [1 M re, 1 M li]; ab * fortlfd wdh bis zu den letzten 12 M, MM abh, 4 x [2 M li zusstr], MM abh, 2 x [1 M re, 1 M li] (= 68 M).
Alle M mustergemäß abk.

Fertigstellung
Die Fadenenden vernähen. Das Quadrat auf 30,5 cm x 30,5 cm spannen, anfeuchten und trocknen lassen.

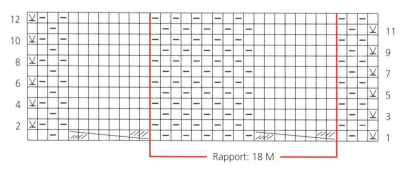

22 Keltischer Zopf

Auf glatt linkem Grund rahmen zwei schmalere Zöpfe einen raffiniert verflochtenen breiten Zopf ein.
Design: Matthew Schrank

Fertigmaß
30,5 cm x 30,5 cm

Material
- Cascade 220 Superwash Merino (100 % Merinowolle; LL 200 m/100 g), ca. 85 g (170 m) in Grapeade (Fb 61)
- Stricknadeln 4,5 mm (oder andere Nadelstärke gemäß Maschenprobe)
- Zopfnadel

Maschenprobe
20 M und 28 R mit Nd 4,5 mm glatt re gestrickt = 10 cm x 10 cm
Nehmen Sie sich die Zeit, die Maschenprobe zu überprüfen.

Hinweis
Das Muster kann nach dem Anleitungstext oder nach der Strickschrift gearbeitet werden.

Besondere Abkürzungen
3 M rdr: 1 M auf einer Zopfnd hinter die Arbeit legen, 2 M re str, dann die M der Zopfnd li str.
3 M ldr: 2 M auf einer Zopfnd vor die Arbeit legen, 1 M li str, dann die 2 M der Zopfnd re str.
4 M rvkr: 2 M auf einer Zopfnd hinter die Arbeit legen, 2 M re str, dann die 2 M der Zopfnd re str.
4 M lvkr: 2 M auf einer Zopfnd vor die Arbeit legen, 2 M re str, dann die 2 M der Zopfnd re str.
4 M rdr: 2 M auf einer Zopfnd hinter die Arbeit legen, 2 M re str, dann die 2 M der Zopfnd li str.
4 M ldr: 2 M auf einer Zopfnd vor die Arbeit legen, 2 M li str, dann die 2 M der Zopfnd re str.

Quadrat
78 M anschl.
1. Einteilungsreihe (Rückr): 1 M li abh (Fv), 7 M re, 4 M li, 4 M re, 4 M li, 9 M re, 2 x [4 M li, 4 M re], 4 M li, 9 M re, 4 M li, 4 M re, 4 M li, 7 M re, 1 M li.
2. Einteilungsreihe: 1 M re abh (Fh), 7 M li, 4 M re, 4 M li, 4 M re, 9 M li, 2 x [4 M re, 4 M li], 4 M re, 9 M li, 4 M re, 4 M li, 4 M re, 7 M li, 1 M re.
3. Einteilungsreihe: Die 1. Einteilungs-R wdh.

Beginn des Musters
1. Reihe (Hinr): 1 M re abh (Fh), 6 M li, 3 M rdr, 4 M ldr, 4 M rdr, 3 M ldr, 7 M li, 3 M rdr, 2 x [4 M ldr, 4 M rdr], 3 M ldr, 7 M li, 3 M rdr, 4 M ldr, 4 M rdr, 3 M ldr, 6 M li, 1 M re.
2. Reihe: 1 M li abh (Fv), 6 M re, 2 M li, 3 M re, 4 M li, 3 M re, 2 M li, 7 M re, 2 M li, 3 M re, 4 M li, 4 M re, 4 M li, 3 M re, 2 M li, 7 M re, 2 M li, 3 M re, 4 M li, 3 M re, 2 M li, 6 M re, 1 M li.
3. Reihe: 1 M re abh (Fh), 6 M li, 2 M re, 3 M li, 4 M lvkr, 3 M li, 2 M re, 6 M li, 3 M rdr, 3 M li, 4 M lvkr, 4 M li, 4 M lvkr, 3 M li, 3 M ldr, 6 M li, 2 M re, 3 M li, 4 M lvkr, 3 M li, 2 M re, 6 M li, 1 M re.
4. Reihe: 1 M li abh (Fv), 6 M re, 2 M li, 3 M re, 4 M li, 3 M re, 2 M li, 6 M re, 2 M li, 2 x [4 M re, 4 M li], 4 M re, 2 M li, 6 M re, 2 M li, 3 M re, 4 M li, 3 M re, 2 M li, 6 M re, 1 M li.
5. Reihe: 1 M re abh (Fh), 6 M li, 3 M ldr, 4 M rdr, 4 M ldr, 3 M rdr, 6 M li, 2 M re, 2 M li, 2 x [4 M rdr, 4 M ldr], 2 M li, 2 M re, 6 M li, 3 M ldr, 4 M rdr, 4 M ldr, 3 M rdr, 6 M li, 1 M re.
6. Reihe: 1 M li abh (Fv), 7 M re, 4 M li, 4 M re, 4 M li, 7 M re, 2 M li, 2 M re, 2 M li, 4 M re, 4 M li, 4 M re, 2 M li, 2 M re, 2 M li, 7 M re, 4 M li, 4 M re, 4 M li, 7 M re, 1 M li.
7. Reihe: 1 M re abh (Fh), 7 M li, 4 M lvkr, 4 M li, 4 M rvkr, 7 M li, 2 M re, 2 M li, 2 M re, 4 M li, 4 M rvkr, 4 M li, 4 M lvkr, 4 M li, 2 M re, 2 M li, 2 M re, 7 M li, 4 M lvkr, 4 M li, 4 M rvkr, 7 M li, 1 M re.
8. Reihe: Die 6. R wdh.
9. Reihe: 1 M re abh (Fh), 6 M li, 3 M rdr, 4 M ldr, 4 M rdr, 3 M ldr, 6 M li, 2 M re, 2 M li, 2 x [4 M ldr, 4 M rdr], 2 M li, 2 M re, 6 M li, 3 M rdr, 4 M ldr, 4 M rdr, 3 M ldr, 6 M li, 1 M re.
10. Reihe: Die 4. R wdh.
11. Reihe: 1 M re abh (Fh), 6 M li, 2 M re, 3 M li, 4 M lvkr, 3 M li, 2 M re, 6 M li, 3 M rdr, 3 M li, 4 M lvkr, 4 M li, 4 M lvkr, 3 M li, 3 M ldr, 6 M li, 2 M re, 3 M li, 4 M lvkr, 3 M li, 2 M re, 6 M li, 1 M re.
12. Reihe: Die 2. R wdh.
13. Reihe: 1 M re abh (Fh), 6 M li, 3 M ldr, 4 M rdr, 4 M ldr, 3 M rdr, 7 M li, 3 M ldr, 2 x [4 M rdr, 4 M ldr], 3 M rdr, 7 M li, 3 M ldr, 4 M rdr, 4 M ldr, 3 M rdr, 6 M li, 1 M re.
14. Reihe: 1 M li abh (Fv), 7 M re, 4 M li, 4 M re, 4 M li, 9 M re, 2 x [4 M li, 4 M re], 4 M li, 9 M re, 4 M li, 4 M re, 4 M li, 7 M re, 1 M li.

Zeichenerklärung

☐ in Hin 1 M re; in Rückr 1 M li

| in Hinr 1 M li; in Rückr 1 M re

◣◥ 3 M rdr
◤◢ 3 M ldr

◣◣◥ 4 M rvkr
◤◢◢ 4 M lvkr

◣◥◥ 4 M rdr
◤◤◢ 4 M ldr

K in Hinr 1 M re abh (Fh); in Rückr 1 M li abh (Fv)

15. Reihe: 1 M re abh (Fh), 7 M li, 4 M rvkr, 4 M li, 4 M rvkr, 9 M li, 2 x [4 M rvkr, 4 M li], 4 M rvkr, 9 M li, 4 M rvkr, 4 M li, 4 M rvkr, 7 M li, 1 M re.
16. Reihe: Die 14. R wdh.
Die 1.–16 R noch 4 x wdh.

Nächste Reihe (Hinr): 1 M re abh (Fh), 7 M li, 4 M re, 4 M li, 4 M re, 9 M li, 2 x [4 M re, 4 M li], 4 M re, 9 M li, 4 M re, 4 M li, 4 M re, 7 M li, 1 M re.
Nächste Reihe: 1 M li abh (Fv), 7 M re, 4 M li, 4 M re, 4 M li, 9 M re, 2 x [4 M li, 4 M re], 4 M li, 9 M re, 4 M li, 4 M re, 4 M li, 7 M re, 1 M li. Alle M abk.

Fertigstellung

Die Fadenenden vernähen. Das Quadrat auf 30,5 cm x 30,5 cm spannen, anfeuchten und trocknen lassen.

23 Umwege

Dieses außergewöhnliche Zopfmuster bewegt sich ganz unerwartet mal in die eine, mal in die andere Richtung.
Design: Mari Lynn Patrick

Fertigmaß
30,5 cm x 30,5 cm

Material
- Cascade 220 Superwash Merino (100 % Merinowolle; LL 200 m/100 g), ca. 80 g (160 m) in Dark Berry (Fb 21)
- Stricknadeln 4,5 mm (oder andere Nadelstärke gemäß Maschenprobe)
- Zopfnadel

Maschenprobe
24 M und 29 R mit Nd 4,5 mm im Muster (M-Zahl teilbar durch 21 + 11 M) gestrickt = 10 cm x 10 cm
Nehmen Sie sich die Zeit, die Maschenprobe zu überprüfen.

Hinweis
Das Muster kann nach dem Anleitungstext oder nach der Strickschrift gearbeitet werden.

Besondere Abkürzungen
4 M re/li rdr: 1 M auf einer Zopfnd hinter die Arbeit legen, 3 M re str, dann die M der Zopfnd li str.
4 M li/re rdr: 3 M auf einer Zopfnd vor die Arbeit legen, 1 M li str, dann die 3 M der Zopfnd re str.
3/1 M rvkr: 1 M auf einer Zopfnd hinter die Arbeit legen, 3 M re str, dann die M der Zopfnd re str.
1/3 M lvkr: 3 M auf einer Zopfnd vor die Arbeit legen, 1 M re str, dann die 3 M der Zopfnd re str.
5 M re/li rdr: 2 M auf einer Zopfnd hinter die Arbeit legen, 3 M re str, dann die 2 M der Zopfnd li str.
5 M li/re rdr: 3 M auf einer Zopfnd vor die Arbeit legen, 2 M li str, dann die 3 M der Zopfnd re str.

3/2 M rvkr: 2 M auf einer Zopfnd hinter die Arbeit legen, 3 M re str, dann die 2 M der Zopfnd re str.
2/3 M lvkr: 3 M auf einer Zopfnd vor die Arbeit legen, 2 M re str, dann die 3 M der Zopfnd re str.
6 M rvkr: 3 M auf einer Zopfnd hinter die Arbeit legen, 3 M re str, dann die 3 M der Zopfnd re str.
6 M lvkr: 3 M auf einer Zopfnd vor die Arbeit legen, 3 M re str, dann die 3 M der Zopfnd re str.

Quadrat
74 M anschl.
1 R re M str.
Einteilungsreihe (Rückr): 1 M li abh (Fv), 3 M li, * 3 M re, 3 M li, 3 M re, 6 M li, 2 M re, 3 M li, 1 M re; ab * fortlfd wdh bis zu den letzten 7 M, 3 M re, 4 M li.
1. Reihe (Hinr): 1 M re abh (Fh), 3 M re, 3 M li, * 4 M re/li rdr, 11 M li, 3 M re, 3 M li; ab * fortlfd wdh bis zu den letzten 4 M, 4 M re.
2. Reihe: 1 M li abh (Fv), 3 M li, * 3 M re, 3 M li, 3 M re, 6 M li, 3 M re, 3 M li; ab * fortlfd wdh bis zu den letzten 7 M, 3 M re, 4 M li.
3. Reihe: 1 M re abh (Fh), 3 M re, 3 M li, * 3 M re, 11 M li, 4 M re/li rdr, 3 M li; ab * fortlfd wdh bis zu den letzten 4 M, 4 M re.
4. Reihe: 1 M li abh (Fv), 3 M li, * 4 M re, 11 M li, 3 M re, 3 M li; ab * fortlfd wdh bis zu den letzten 7 M, 3 M re, 4 M li.
5. Reihe: 1 M re abh (Fh), 3 M re, 3 M li, * 3 M re, 3 M li, 6 M re, 5 M re/li rdr, 4 M li; ab * fortlfd wdh bis zu den letzten 4 M, 4 M re.
6. Reihe: 1 M li abh (Fv), 3 M li, * 6 M re, 9 M li, 3 M re, 3 M li; ab * fortlfd wdh bis zu den letzten 7 M, 3 M re, 4 M li.
7. Reihe: 1 M re abh (Fh), 3 M re, 3 M li, * 3 M re, 3 M li, 4 M re, 5 M re/li rdr, 6 M li; ab * fortlfd wdh bis zu den letzten 4 M, 4 M re.
8. Reihe: 1 M li abh (Fv), 3 M li, * 8 M re, 7 M li, 3 M re, 3 M li; ab * fortlfd wdh bis zu den letzten 7 M, 3 M re, 4 M li.
9. Reihe: 1 M re abh (Fh), 3 M re, 3 M li, * 3 M re, 3 M li, 3 M re, 4 M re/li rdr, 8 M li; ab * fortlfd wdh bis zu den letzten 4 M, 4 M re.
10. Reihe: 1 M li abh (Fv), 3 M li, * 9 M re, 6 M li, 3 M re, 3 M li; ab * fortlfd wdh bis zu den letzten 7 M, 3 M re, 4 M li.
11. Reihe: 1 M re abh (Fh), 3 M re, 3 M li, * 3 M re, 3 M li, 6 M lvkr, 9 M li; ab * fortlfd wdh bis zu den letzten 4 M, 4 M re.
12. Reihe: 1 M li abh (Fv), 3 M li, * 9 M re, 6 M li, 3 M re, 3 M li; ab * fortlfd wdh bis zu den letzten 7 M, 3 M re, 4 M li.
13. Reihe: 1 M re abh (Fh), 3 M re, 3 M li, * 3 M re, 3 M li, 3 M re, 1/3 M lvkr, 8 M li; ab * fortlfd wdh bis zu den letzten 4 M, 4 M re.
14. Reihe: 1 M li abh (Fv), 3 M li, * 8 M re, 7 M li, 3 M re, 3 M li; ab * fortlfd wdh bis zu den letzten 7 M, 3 M re, 4 M li.
15. Reihe: 1 M re abh (Fh), 3 M re, 3 M li, * 3 M re, 3 M li, 4 M re, 2/3 M lvkr, 6 M li; ab * fortlfd wdh bis zu den letzten 4 M, 4 M re.
16. Reihe: 1 M li abh (Fv), 3 M li, * 6 M re, 9 M li, 3 M re, 3 M li; ab * fortlfd wdh bis zu den letzten 7 M, 3 M re, 4 M li.
17. Reihe: 1 M re abh (Fh), 3 M re, 3 M li, * 3 M re, 3 M li, 6 M re, 5 M li/re rdr, 4 M li; ab * fortlfd wdh bis zu den letzten 4 M, 4 M re.

18. Reihe: 1 M li abh (Fv), 3 M li, * 4 M re, 3 M li, 2 M re, 6 M li, 3 M re, 3 M li; ab * fortlfd wdh bis zu den letzten 7 M, 3 M re, 4 M li.
19. Reihe: 1 M re abh (Fh), 3 M re, 3 M li, * 3 M re, 11 M li, 4 M li/re ldr, 3 M li; ab * fortlfd wdh bis zu den letzten 4 M, 4 M re.
20. Reihe: 1 M li abh (Fv), 3 M li, * 3 M re, 3 M li, 3 M re, 6 M li, 3 M re, 3 M li; ab * fortlfd wdh bis zu den letzten 7 M, 3 M re, 4 M li.
21. Reihe: 1 M re abh (Fh), 3 M re, 3 M li, * 4 M li/re ldr, 11 M li, 3 M re, 3 M li; ab * fortlfd wdh bis zu den letzten 4 M, 4 M re.
22. Reihe: 1 M li abh (Fv), 3 M li, * 3 M re, 3 M li, 3 M re, 11 M li, 1 M re; ab * fortlfd wdh bis zu den letzten 7 M, 3 M re, 4 M li.
23. Reihe: 1 M re abh (Fh), 3 M re, 3 M li, * 1 M li, 5 M li/re ldr, 6 M re, 3 M li, 3 M re, 3 M li; ab * fortlfd wdh bis zu den letzten 4 M, 4 M re.

24. Reihe: 1 M li abh (Fv), 3 M li, * 3 M re, 3 M li, 3 M re, 9 M li, 3 M re; ab * fortlfd wdh bis zu den letzten 7 M, 3 M re, 4 M li.
25. Reihe: 1 M re abh (Fh), 3 M re, 3 M li, * 3 M li, 5 M li/re ldr, 4 M re, 3 M li, 3 M re, 3 M li; ab * fortlfd wdh bis zu den letzten 4 M, 4 M re.
26. Reihe: 1 M li abh (Fv), 3 M li, * 3 M re, 3 M li, 3 M re, 7 M li, 5 M re; ab * fortlfd wdh bis zu den letzten 7 M, 3 M re, 4 M li.
27. Reihe: 1 M re abh (Fh), 3 M re, 3 M li, * 5 M li, 4 M li/re ldr, 2 x [3 M re, 3 M li]; ab * fortlfd wdh bis zu den letzten 4 M, 4 M re.
28. Reihe: 1 M li abh (Fv), 3 M li, * 3 M re, 3 M li, 3 M re, 6 M li, 6 M re; ab * fortlfd wdh bis zu den letzten 7 M, 3 M re, 4 M li.
29. Reihe: 1 M re abh (Fh), 3 M re, 3 M li, * 6 M li, 6 M rvkr, 3 M li, 3 M re, 3 M li; ab * fortlfd wdh bis zu den letzten 4 M, 4 M re.
30. Reihe: 1 M li abh (Fv), 3 M li, * 3 M re, 3 M li, 3 M re, 6 M li, 6 M re; ab * fortlfd wdh bis zu den letzten 7 M, 3 M re, 4 M li.

31. Reihe: 1 M re abh (Fh), 3 M re, 3 M li, * 5 M li, 3/1 M rvkr, 2 x [3 M re, 3 M li]; ab * fortlfd wdh bis zu den letzten 4 M, 4 M re.
32. Reihe: 1 M li abh (Fv), 3 M li, * 3 M re, 3 M li, 3 M re, 7 M li, 5 M re; ab * fortlfd wdh bis zu den letzten 7 M, 3 M re, 4 M li.
33. Reihe: 1 M re abh (Fh), 3 M re, 3 M li, * 3 M li, 3/2 M rvkr, 4 M re, 3 M li, 3 M re, 3 M li; ab * fortlfd wdh bis zu den letzten 4 M, 4 M re.
34. Reihe: 1 M li abh (Fv), 3 M li, * 3 M re, 3 M li, 3 M re, 9 M li, 3 M re; ab * fortlfd wdh bis zu den letzten 7 M, 3 M re, 4 M li.
35. Reihe: 1 M re abh (Fh), 3 M re, 3 M li, * 1 M li, 5 M re/li rdr, 6 M re, 3 M li, 3 M re, 3 M li; ab * fortlfd wdh bis zu den letzten 4 M, 4 M re.
36. Reihe: 1 M li abh (Fv), 3 M li, * 3 M re, 3 M li, 3 M re, 6 M li, 2 M re, 3 M li, 1 M re; ab * fortlfd wdh bis zu den letzten 7 M, 3 M re, 4 M li.
Die 1.–36. R noch 1 x wdh, dann die 1.–15. R noch 1 x wdh.
In der folg Rückr alle M li abk.

Fertigstellung

Die Fadenenden vernähen. Das Quadrat auf 30,5 cm x 30,5 cm spannen, anfeuchten und trocknen lassen.

Zeichenerklärung

☐ in Hinr 1 M re; in Rückr 1 M li
― in Hinr 1 M li; in Rückr 1 M re
 4 M re/li rdr
4 M li/re ldr
3/1 M rvkr
1/3 M lvkr
5 M re/li rdr
5 M li/re ldr
3/2 M rvkr
2/3 M lvkr
6 M rvkr
6 M lvkr
Ⅴ in Hinr 1 M re abh (Fh); in Rückr 1 M li abh (Fv)

24 Wellengang

Dieses Quadrat zeigt ein raffiniertes Zacken- und Rhombenmuster aus Verzopfungen und Zugmaschen.
Design: Mari Tobita

Fertigmaß
30,5 cm x 30,5 cm

Material
- Cascade 220 Superwash Merino (100 % Merinowolle; LL 200 m/100 g), ca. 75 g (150 m) in Pale Lilac (Fb 63)
- Stricknadeln 4,5 mm (oder andere Nadelstärke gemäß Maschenprobe)
- Zopfnadel
- Maschenmarkierer

Maschenprobe
24 M und 28,5 R mit Nd 4,5 mm im Muster (M-Zahl teilbar durch 24 + 24 M) gestrickt = 10 cm x 10 cm
Nehmen Sie sich die Zeit, die Maschenprobe zu überprüfen.

Hinweis
Das Muster kann nach dem Anleitungstext oder nach der Strickschrift gearbeitet werden.

Besondere Abkürzungen
2 M rvkr: 1 M auf einer Zopfnd hinter die Arbeit legen, 1 M re str, dann die M der Zopfnd re str.
2 M lvkr: 1 M auf einer Zopfnd vor die Arbeit legen, 1 M re str, dann die M der Zopfnd re str.
2 M rdr: 1 M auf einer Zopfnd hinter die Arbeit legen, 1 M re str, dann die M der Zopfnd li str.
2 M ldr: 1 M auf einer Zopfnd vor die Arbeit legen, 1 M li str, dann die M der Zopfnd re str.
2 re verschr M rvkr: 1 M auf einer Zopfnd hinter die Arbeit legen, 1 M re verschr str, dann die M der Zopfnd re verschr str.
2 re verschr M lvkr: 1 M auf einer Zopfnd vor die Arbeit legen, 1 M re verschr str, dann die M der Zopfnd re verschr str.
2 M re verschr/li rdr: 1 M auf einer Zopfnd hinter die Arbeit legen, 1 M re verschr str, dann die M der Zopfnd li str.
2 M li/re verschr ldr: 1 M auf einer Zopfnd vor die Arbeit legen, 1 M li str, dann die M der Zopfnd re verschr str.
3 M re/li rdr: 1 M auf einer Zopfnd hinter die Arbeit legen, 2 M re str, dann die M der Zopfnd li str.
3 M li/re ldr: 2 M auf einer Zopfnd vor die Arbeit legen, 1 M li str, dann die 2 M der Zopfnd re str.

Quadrat
66 M anschl.
Einteilungsreihe (Hinr): 1 M re abh (Fh), li M str bis zur letzten M, 1 M re.
Zunahmereihe: 1 M li abh (Fv), 1 M re, 2 M li, 2 x [1 M re, 1 M li], 1 M re, [1 M li, 1 M li verschr] in die nächste M str, 1 M re, * 2 M li, 3 M re, 1 M li, 1 M re, [1 M li, 1 M li verschr] in die nächste M str, 1 M re, 6 M li, 2 M re, [1 M li, 1 M li verschr] in die nächste M str, 3 M re, 1 M li; ab * fortlfd wdh bis zu den letzten 11 M, 1 M li, 3 M re, [1 M li, 1 M li verschr] in die nächste M str, 1 M li, 1 M re, 2 M li, 1 M re, 1 M li (= 72 M).

Beginn des Musters
1. Reihe (Hinr): 1 M re abh (Fh), 1 M li, 2 M rvkr, 1 M li, 2 x 2 M li/re verschr ldr, 2 M li, 1 M re verschr, MM platzieren, * 1 M re verschr, 2 M li, 2 x 2 M re verschr/li rdr, 1 M li, 3 M re/li rdr, 2 M lvkr, 3 M li/re ldr, 1 M li, 2 x 2 M li/re verschr ldr, 2 M li, 1 M re verschr, MM platzieren; ab * fortlfd wdh bis zu den letzten 12 M, 1 M re verschr, 2 M li, 2 x 2 M re verschr/li rdr, 1 M li, 2 M lvkr, 1 M li, 1 M re.
2. Reihe: 1 M li abh (Fv), 1 M re, 2 M li, 2 M re, 1 M li verschr, 1 M re, 1 M li verschr, 2 M re, 1 M li verschr, MM abh, * 1 M li verschr, 2 M re, 1 M li verschr, 1 M re, 1 M li verschr, 2 M re, 2 x [2 M li, 1 M re], 2 M li, 2 M re, 1 M li verschr, 2 M re, 1 M li verschr, MM abh; ab * fortlfd wdh bis zu den letzten 12 M, 1 M li verschr, 2 M re, 1 M li verschr, 1 M re, 2 M li, 1 M re, 1 M li.
3. Reihe: 1 M re abh (Fh), 1 M li, 2 M rvkr, 2 M li, 2 x 2 M li/re verschr ldr, 2 M re verschr/li rdr, MM abh, * 2 M li/re verschr ldr, 2 M re, 2 x 2 M re verschr/li rdr, 1 M li, 3 M re/li rdr, 1 M lvkr, 1 M li, 3 M li/re ldr, 1 M li, 2 x 2 M li/re verschr ldr, 2 M re verschr/li rdr, MM abh; ab * fortlfd wdh bis zu den letzten 12 M, 2 M li/re verschr ldr, 2 x 2 M re verschr/li rdr, 2 M li, 2 M lvkr, 1 M li, 1 M re.
4. Reihe: 1 M li abh (Fv), 1 M re, 2 M li, 3 M re, 1 M li verschr, 1 M re, 2 M li verschr, 1 M re, MM abh, * 1 M re, 2 M li verschr, 1 M re, 1 M li verschr, 3 x [2 M re, 2 M li], 2 M re, 1 M li verschr, 1 M re, 1 M li verschr, MM abh; ab * fortlfd wdh bis zu den letzten 12 M, 1 M re, 2 M li verschr, 1 M re, 1 M li verschr, 3 M re, 2 M li, 1 M re, 1 M li.
5. Reihe: 1 M re abh (Fh), 1 M li, 2 M rvkr, 3 M li, 2 x 2 M li/re verschr ldr, 1 M li, MM abh, * 1 M li, 2 x 2 M re verschr/li rdr, 1 M li, 3 M re/li rdr, 1 M li, 2 M rvkr, 2 M lvkr, 1 M li, 3 M li/re ldr, 1 M li, 2 x 2 M li/re verschr ldr, 1 M li, MM abh; ab * fortlfd wdh bis zu den letzten 12 M, 1 M li, 2 x 2 M re verschr/li rdr, 3 M li, 2 M lvkr, 1 M li, 1 M re.
6. Reihe: 1 M li abh (Fv), 1 M re, 2 M li, 4 M re, 2 x [1 M li verschr, 1 M re], MM abh, * 2 x [1 M re, 1 M li verschr], 2 M re, 2 M li, 2 M re, 4 M li, 2 M re, 2 M li, 2 M re, 2 x [1 M li verschr, 1 M re], MM abh; ab * fortlfd wdh bis zu den letzten 12 M, 2 x [1 M re, 1 M li verschr], 4 M re, 2 M li, 1 M re, 1 M li.
7. Reihe: 1 M re abh (Fh), 1 M li, 2 M rvkr, 4 M li, 2 x 2 M li/re verschr ldr, MM abh, * 2 x 2 M re verschr/li rdr, 1 M li, 3 M re/li rdr, 1 M rvkr, 2 M re, 2 M lvkr, 1 M li, 3 M li/re ldr, 1 M li, 2 x 2 M li/re verschr ldr, MM abh; ab * fortlfd wdh bis zu den letzten 12 M, 2 x 2 M re verschr/li rdr, 4 M li, 2 M lvkr, 1 M li, 1 M re.
8. Reihe: 1 M li abh (Fv), 1 M re, 2 M li, 5 M re, 1 M li verschr, 1 M re, 1 M li verschr, MM abh, * 1 M li verschr, 1 M re, 1 M li verschr, 2 M re, 2 M li, 2 M re, 6 M li, 2 M re, 2 M li, 2 M re, 1 M li verschr, 1 M re, 1 M li verschr, MM abh; ab * fortlfd wdh bis zu den letzten

12 M, 1 M li verschr, 1 M re, 1 M li verschr, 5 M re, 2 M li, 1 M re, 1 M li.
9. Reihe: 1 M re abh (Fh), 1 M li, 2 M rvkr, 4 M li, 2 x 2 M re verschr/li rdr, MM abh, * 2 x 2 M li/re verschr ldr, 1 M li, 3 M li/re ldr, 1 M li, 2 M ldr, 2 M re, 2 M rdr, 1 M li, 3 M re/li rdr, 1 M li, 2 x 2 M re verschr/li rdr, MM abh; ab * fortlfd wdh bis zu den letzten 12 M, 2 x 2 M li/re verschr ldr, 4 M li, 2 M lvkr, 1 M li, 1 M re.
10. Reihe: 1 M li abh (Fv), 1 M re, 2 M li, 4 M re, 2 x [1 M li verschr, 1 M re], MM abh, * 2 x [1 M re, 1 M li verschr], 2 M re, 2 M li, 2 M re, 4 M li, 2 M re, 2 M li, 2 M re, 2 x [1 M li verschr, 1 M re], MM abh; ab * fortlfd wdh bis zu den letzten 12 M, 2 x [1 M re, 1 M li verschr], 4 M re, 2 M li, 1 M re, 1 M li.
11. Reihe: 1 M re abh (Fh), 1 M li, 2 M rvkr, 3 M li, 2 M re verschr/li rdr, 2 re verschr M rvkr, 1 M li, MM abh, * 1 M li, 2 re verschr M lvkr, 2 M li/re verschr, 1 M li, 3 M li/re ldr, 1 M li, 2 M ldr, 2 M rdr, 1 M li, 3 M re/li rdr, 1 M li, 2 M re verschr/li rdr, 2 re verschr M rvkr, 1 M li, MM abh; ab * fortlfd wdh bis zu den letzten 12 M, 1 M li, 2 re verschr M lvkr, 2 M li/re verschr ldr, 3 M li, 2 M lvkr, 1 M li, 1 M re.
12. Reihe: 1 M li abh (Fv), 1 M re, 2 M li, 3 M re, 1 M li verschr, 1 M re, 2 M li verschr, 1 M re, MM abh, * 1 M re, 2 M li verschr, 1 M re, 1 M li verschr, 3 x [2 M re, 2 M li], 2 M re, 1 M li verschr, 1 M re, 2 M li verschr, 1 M re, MM abh; ab * fortlfd wdh bis zu den letzten 12 M, 1 M re, 2 M li verschr, 1 M re, 1 M li verschr, 3 M re, 2 M li, 1 M re, 1 M li.
13. Reihe: 1 M re abh (Fh), 1 M li, 2 M rvkr, 2 M li, 2 x 2 M re verschr/li rdr, 2 M li/re verschr ldr, MM abh, * 2 M re verschr/li rdr, 2 x 2 M li/re verschr ldr, 1 M li, 3 M li/re ldr, 1 M li, 2 M lvkr, 1 M li, 3 M re/li rdr, 1 M li, 2 x 2 M re verschr/li rdr, 2 M li/re verschr ldr, MM abh; ab * fortlfd wdh bis zu den letzten 12 M, 2 M re verschr/li rdr, 2 x 2 M li/re verschr ldr, 2 M li, 2 M lvkr, 1 M re, 1 M re.
14. Reihe: 1 M li abh (Fv), 1 M re, 2 M li, 1 M re, 1 M li verschr, 1 M re, 1 M li verschr, 2 M re, 1 M li verschr, MM abh, * 1 M li verschr, 2 M re, 1 M li verschr, 1 M re, 1 M li verschr, 2 M re, 2 x [2 M li, 1 M re], 2 M li, 2 M re, 1 M li verschr, 1 M re, 1 M li verschr, 2 M re, 1 M li verschr, MM abh; ab * fortlfd wdh bis zu den letzten 12 M, 1 M li verschr, 2 M re, 1 M li verschr, 1 M re, 2 M li, 1 M re, 1 M li.
15. Reihe: 1 M re abh (Fh), 1 M li, 2 M rvkr, 1 M li, 2 x 2 M re verschr/li rdr, 2 M li, 1 M re verschr, MM abh, * 1 M re verschr, 2 M li, 2 M li/re verschr ldr, 1 M li, 3 M li/re ldr, 2 M lvkr, 3 M re/li rdr, 1 M li, 2 x 2 M re verschr/li rdr, 2 M li, 1 M re verschr, MM abh; ab * fortlfd wdh bis zu den letzten 12 M, 1 M re verschr, 2 M li, 2 x 2 M li/re verschr ldr, 1 M li, 2 M lvkr, 1 M li, 1 M re.
16. Reihe: 1 M li abh (Fv), 1 M re, 2 M li, 2 x [1 M re, 1 M li verschr], 3 M re, 1 M li verschr, MM abh, * 1 M li verschr, 3 M re, 1 M li verschr, 1 M re, 1 M li verschr, 2 M re, 6 M li, 2 M re, 1 M li verschr, 1 M re, 1 M li verschr, 3 M re, 1 M li verschr, MM abh; ab * fortlfd wdh bis zu den letzten 12 M, 1 M li verschr, 3 M re, 2 x [1 M re, 1 M li verschr], 2 M li, 1 M re, 1 M li.
Die 1.–16. R noch 3 x wdh, dann die 1.–15. noch 1 x wdh.
Abnahmereihe (Rückr): 1 M li abh (Fv), 7 M re, 2 M re zusstr, 2 M re, MM abh, * 6 M re, 2 M re zusstr, 9 M re, 2 M re zusstr, 5 M re, MM abh; ab * fortlfd wdh bis zu den letzten 12 M, 3 M re, 2 M re zusstr, 6 M re, 1 M li (= 66 M).
Alle M li abk.

Fertigstellung

Die Fadenenden vernähen. Das Quadrat auf 30,5 cm x 30,5 cm spannen, anfeuchten und trocknen lassen.

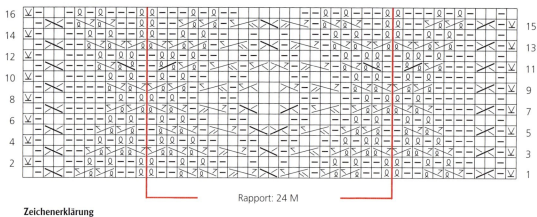

25 Gerippte Rhomben

Schräg verzopfte Streifen aus drei Maschen bilden hier Rhombenformen.
Design: Sandi Prosser

Fertigmaß
30,5 cm x 30,5 cm

Material
- Cascade 220 Superwash Merino (100 % Merinowolle; LL 200 m/100 g), ca. 95 g (190 m) in Violet Ice (Fb 62)
- Stricknadeln 4,5 mm (oder andere Nadelstärke gemäß Maschenprobe)
- Zopfnadel

Maschenprobe
28 M und 32 R mit Nd 4,5 mm im Muster (M-Zahl teilbar durch 16 + 21 M) gestrickt = 10 cm x 10 cm
Nehmen Sie sich die Zeit, die Maschenprobe zu überprüfen.

Hinweis
Das Muster kann nach dem Anleitungstext oder nach der Strickschrift gearbeitet werden.

Besondere Abkürzungen
3 M rvkr: 1 M auf einer Zopfnd hinter die Arbeit legen, 2 M re str, dann die M der Zopfnd re str.
3 M lvkr: 2 M auf einer Zopfnd vor die Arbeit legen, 1 M re str, dann die 2 M der Zopfnd re str.

Quadrat
85 M anschl. 1 R li M str.

Beginn des Musters
1. Reihe (Hinr): 1 M re abh (Fh), 4 M re, * 2 x [3 M lvkr, 1 M re], 3 M lvkr, 3 M rvkr, 2 M re; ab * fortlfd wdh bis R-Ende.
2. Reihe und alle folg Rückr: 1 M li abh (Fv), li M str bis R-Ende.
3. Reihe: 1 M re abh (Fh), 1 M re, 3 M lvkr, * 2 x [1 M re, 3 M lvkr], 2 M re, 3 M rvkr, 3 M lvkr; ab * fortlfd wdh bis zu den letzten 16 M, 2 x [1 M re, 3 M lvkr], 2 M re, 3 M rvkr, 3 M re.
5. Reihe: 1 M re abh (Fh), 2 M re, 3 M lvkr, 1 M re, * 3 M lvkr, 1 M re, 3 M lvkr, 3 M rvkr, 2 M re, 3 M lvkr, 1 M re; ab * fortlfd wdh bis zu den letzten 14 M, 3 M lvkr, 1 M re, 3 M lvkr, 3 M rvkr, 4 M re.
7. Reihe: 1 M re abh (Fh), 3 M rvkr, 3 M lvkr, * 1 M re, 3 M lvkr, 2 M re, 3 M rvkr, 1 M re, 3 M rvkr, 3 M lvkr; ab * fortlfd wdh bis zu den letzten 14 M, 1 M re, 3 M lvkr, 2 M re, 2 x [3 M rvkr, 1 M re].
9. Reihe: 1 M re abh (Fh), 2 M re, * 2 M re, 3 M lvkr, 1 M re, 3 M lvkr, 3 M rvkr, 1 M re, 3 M rvkr; ab * fortlfd wdh bis zu den letzten 2 M, 2 M re.
11. Reihe: 1 M re abh (Fh), 2 M re, * 3 M rvkr, 3 M lvkr, 2 M re, 2 x [3 M rvkr, 1 M re]; ab * fortlfd wdh bis zu den letzten 2 M, 2 M re.
13. Reihe: 1 M re abh (Fh), 1 M re, 3 M rvkr, * 2 M re, 3 M lvkr, 2 x [3 M rvkr, 1 M re], 3 M rvkr; ab * fortlfd wdh bis zu den letzten 16 M, 2 M re, 3 M lvkr, 3 M rvkr, 1 M re, 3 M rvkr, 4 M re.
15. Reihe: 1 M re abh (Fh), 3 M rvkr, 1 M re, * 3 M rvkr, 3 M lvkr, 2 M re, 2 x [3 M rvkr, 1 M re]; ab * fortlfd wdh bis R-Ende.
17. Reihe: 1 M re abh (Fh), 3 M rvkr, 3 M rvkr, * 2 M re, 3 M lvkr, 2 x [3 M rvkr, 1 M re], 3 M rvkr; ab * fortlfd wdh bis zu den letzten 14 M, 2 M re, 3 M lvkr, 3 M rvkr, 1 M re, 3 M rvkr, 2 M re.
19. Reihe: 1 M re abh (Fh), 2 M re, 3 M rvkr, 1 M re, * 3 M rvkr, 3 M lvkr, 2 M re, 2 x [3 M rvkr, 1 M re]; ab * fortlfd wdh bis zu den letzten 14 M, 3 M rvkr, 3 M lvkr, 2 M re, 3 M rvkr, 3 M re.
21. Reihe: 1 M re abh (Fh), 1 M re, 3 M rvkr, * 1 M re, 2 M re, 3 M lvkr, 3 M rvkr, 1 M re, 3 M rvkr; ab * fortlfd wdh bis zu den letzten 16 M, 3 M rvkr, 2 M re, 3 M rvkr, 3 M lvkr, 3 M rvkr, 4 M re.
23. Reihe: 1 M re abh (Fh), 3 M rvkr, 1 M re, * 3 M rvkr, 3 M lvkr, 1 M re, 3 M rvkr, 3 M lvkr, 3 M rvkr, 1 M re; ab * fortlfd wdh bis R-Ende.
25. Reihe: 1 M re abh (Fh), 3 M rvkr, 3 M rvkr, * 2 M re, 3 M lvkr, 1 M re, 3 M lvkr, 3 M rvkr, 1 M re, 3 M rvkr; ab * fortlfd wdh bis zu den letzten 14 M, 2 M re, 3 M lvkr, 1 M re, 3 M lvkr, 3 M rvkr, 2 M re.
27. Reihe: 1 M re abh (Fh), 2 M re, * 3 M rvkr, 2 x [3 M lvkr, 1 M re], 3 M lvkr, 2 M re; ab * fortlfd wdh bis zu den letzten 2 M, 2 M re.
29. Reihe: 1 M re abh (Fh), 1 M re, 3 M rvkr, 2 M re, * 2 x [3 M lvkr, 1 M re], 3 M lvkr, 3 M rvkr, 2 M re; ab * fortlfd wdh bis zu den letzten 14 M, 2 x [3 M lvkr, 1 M re], 3 M lvkr, 3 M re.

31. Reihe: 1 M re abh (Fh), 3 M rvkr, 3 M lvkr, * 2 x [1 M re, 3 M lvkr], 2 M re, 3 M rvkr, 3 M lvkr; ab * fortlfd wdh bis zu den letzten 14 M, 3 x [1 M re, 3 M lvkr], 2 M re.
32. Reihe: 1 M li abh (Fv), li M str bis R-Ende.
Die 1.–32. R noch 1 x wdh, dann die 1.–31. R noch 1 x wdh.
In der folg Rückr alle M li abk.

Fertigstellung

Die Fadenenden vernähen. Das Quadrat auf 30,5 cm x 30,5 cm spannen, anfeuchten und trocknen lassen.

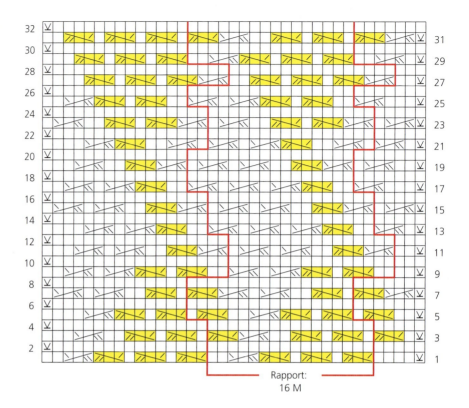

Rapport: 16 M

Zeichenerklärung

☐ in Hinr 1 M re; in Rückr 1 M li

▨ 3 M rvkr

▨ 3 M lvkr

⊻ in Hinr 1 M re abh (Fh); in Rückr 1 M li abh (Fv)

Gerippte Rhomben **87**

26 Raffiniert verflochten

Der breite Zopf in der Mitte wird bei diesem Quadrat von schmaleren Zöpfen flankiert.
Design: Alexandra Davidoff

Fertigmaß
30,5 cm x 30,5 cm

Material
- Cascade 220 Superwash Merino (100 % Merinowolle; LL 200 m/100 g), ca. 75 g (150 m) in Grapeade (Fb 61)
- Stricknadeln 4,5 mm (oder andere Nadelstärke gemäß Maschenprobe)
- Zopfnadel
- Maschenmarkierer

Maschenprobe
20 M und 28 R mit Nd 4,5 mm glatt re gestrickt = 10 cm x 10 cm
Nehmen Sie sich die Zeit, die Maschenprobe zu überprüfen.

Hinweis
Das Muster kann nach dem Anleitungstext oder nach der Strickschrift gearbeitet werden.

Besondere Abkürzungen
2 M rdr: 1 M auf einer Zopfnd hinter die Arbeit legen, 1 M re str, dann die M der Zopfnd li str.
2 M ldr: 1 M auf einer Zopfnd vor die Arbeit legen, 1 M li str, dann die M der Zopfnd re str.
3 M lvkr: 1 M auf einer Zopfnd vor die Arbeit legen, 2 M re str, dann die M der Zopfnd re str.
3 M rdr: 1 M auf einer Zopfnd hinter die Arbeit legen, 2 M re str, dann die M der Zopfnd li str.
3 M ldr: 2 M auf einer Zopfnd vor die Arbeit legen, 1 M li str, dann die 2 M der Zopfnd re str.
4 M rvkr: 2 M auf einer Zopfnd hinter die Arbeit legen, 2 M re str, dann die 2 M der Zopfnd re str.
4 M lvkr: 2 M auf einer Zopfnd vor die Arbeit legen, 2 M re str, dann die 2 M der Zopfnd re str.

Quadrat
70 M anschl.

Einteilungsreihe (Rückr): 1 M li abh (Fv), 1 M re, 3 M li, 1 M re, 2 x [3 M li, 4 M re], 3 M li, 1 M re, 2 M li, 3 M re, 4 M li, 4 M re, 4 M li, 3 M re, 2 M li, 1 M re, 2 x [3 M li, 4 M re], 3 M li, 1 M re, 3 M li, 1 M re, 1 M li.

Beginn des Musters
1. Reihe (Hinr): 1 M re abh (Fh), 2 x [1 M li, 3 M lvkr], 3 M li, 2 M rdr, 1 M re, 2 M ldr, 3 M li, 3 M lvkr, 1 M li, 2 M re, 3 M li, 4 M lvkr, 4 M li, 4 M lvkr, 3 M li, 2 M re, 1 M li, 3 M lvkr, 3 M li, 2 M rdr, 1 M re, 2 M ldr, 3 M li, 2 x [3 M lvkr, 1 M li], 1 M re.
2. Reihe und alle folg Rückr: 1 M li abh (Fv), alle M str, wie sie erscheinen, bis zur letzten M, 1 M li.
3. Reihe: 1 M re abh (Fh), 2 x [1 M li, 3 M re], 2 M li, 2 M rdr, 1 M li, 1 M re, 2 M ldr, 2 M li, 3 M re, 1 M li, 2 M re, 2 x [3 M rdr, 3 M ldr, 2 M li], 2 M re, 1 M li, 3 M re, 2 M li, 2 M rdr, 1 M li, 1 M re, 1 M li, 2 M ldr, 2 M li, 2 x [3 M re, 1 M li], 1 M re.
5. Reihe: 1 M re abh (Fh), 1 M li, 2 x [3 M lvkr, 1 M li], 2 M rdr, 2 M re, 2 M li, 2 M ldr, 1 M li, 3 M lvkr, 3 x [1 M li, 3 M ldr, 3 M rdr, 1 M li], 3 M lvkr, 1 M li, 2 M rdr, 2 M li, 1 M re, 2 M li, 2 M ldr, 1 M li, 2 x [3 M lvkr, 1 M li], 1 M re.
7. Reihe: 1 M re abh (Fh), 2 x [1 M li, 3 M re], 3 M li, 2 M rdr, 1 M re, 2 M ldr, 3 M li, 3 M re, 3 x [2 M li, 4 M rvkr, 2 M li], 3 M re, 3 M li, 2 M rdr, 1 M re, 2 M ldr, 3 M li, 2 x [3 M re, 1 M li], 1 M re.
9. Reihe: 1 M re abh (Fh), 2 x [1 M li, 3 M lvkr], 2 M li, 2 M rdr, 1 M li, 1 M re, 1 M li, 2 M ldr, 2 M li, 3 M lvkr, 3 x [1 M li, 3 M rdr, 3 M ldr, 1 M li], 3 M lvkr, 2 M li, 2 M rdr, 1 M li, 1 M re, 1 M li, 2 M ldr, 2 M li, 2 x [3 M lvkr, 1 M li], 1 M re.
11. Reihe: 1 M re abh (Fh), 2 x [1 M li, 3 M re], 1 M li, 2 M rdr, 2 M li, 1 M re, 2 M li, 2 M ldr, 1 M li, 3 M re, 1 M li, 2 M re, 2 M li, 2 x [3 M ldr, 3 M rdr, 2 M li], 2 M re, 1 M li, 3 M re, 1 M li, 2 M rdr, 2 M li, 1 M re, 2 M li, 2 M ldr, 1 M li, 2 x [3 M re, 1 M li], 1 M re.
13. Reihe: 1 M re abh (Fh), 2 x [1 M li, 3 M lvkr], 3 M li, 2 M rdr, 1 M re, 2 M ldr, 3 M li, 3 M lvkr, 1 M li, 2 M re, 3 M li, 4 M lvkr, 4 M li, 4 M lvkr, 3 M li, 2 M re, 1 M li, 3 M lvkr, 3 M li, 2 M rdr, 1 M re, 2 M ldr, 3 M li, 2 x [3 M lvkr, 1 M li], 1 M re.
15. Reihe: 1 M re abh (Fh), 2 x [1 M li, 3 M re], 2 M li, 2 M rdr, 1 M li, 1 M re, 1 M li, 2 M ldr, 2 M li, 3 M re, 1 M li, 2 M re, 1 M li, 2 x [3 M rdr, 3 M ldr, 2 M li], 2 M re, 1 M li, 3 M re, 1 M li, 2 M rdr, 1 M li, 1 M re, 1 M li, 2 M ldr, 2 M li, 2 x [3 M re, 1 M li], 1 M re.
17. Reihe: 1 M re abh (Fh), 2 x [1 M li, 3 M lvkr], 1 M li, 2 M rdr, 2 M li, 1 M re, 2 M li, 2 M ldr, 1 M li, 3 M lvkr, 1 M li, 2 x [2 M re, 2 M li], 3 M ldr, 3 M rdr, 2 x [2 M li, 2 M re], 1 M li, 3 M lvkr, 1 M li, 2 M rdr, 2 M li, 1 M re, 2 M li, 2 M ldr, 1 M li, 2 x [3 M lvkr, 1 M li], 1 M re.

19. Reihe: 1 M re abh (Fh), 2 x [1 M li, 3 M re], 3 M li, 2 M rdr, 1 M re, 2 M ldr, 3 M li, 3 M re, 1 M li, 2 M re, 2 M li, 2 M re, 3 M li, 4 M rvkr, 3 M li, 2 M re, 2 M li, 2 M re, 1 M li, 3 M re, 3 M li, 2 M rdr, 1 M re, 2 M ldr, 3 M li, 2 x [3 M re, 1 M li], 1 M re.
21. Reihe: 1 M re abh (Fh), 2 x [1 M li, 3 M lvkr], 2 M li, 2 M rdr, 1 M li, 1 M re, 1 M li, 2 M ldr, 2 M li, 3 M lvkr, 1 M li, 2 x [2 M re, 2 M li], 3 M rdr, 3 M ldr, 2 x [2 M li, 2 M re], 1 M li, 3 M lvkr, 2 M li, 2 M rdr, 1 M li, 1 M re, 1 M li, 2 M ldr, 2 M li, 2 x [3 M lvkr, 1 M li], 1 M re.
23. Reihe: 1 M re abh (Fh), 2 x [1 M li, 3 M re], 1 M li, 2 M rdr, 2 M li, 1 M re, 2 M li, 2 M ldr, 1 M li, 3 M re, 1 M li, 2 M re, 2 M li, 2 x [3 M ldr, 3 M rdr, 2 M li], 2 M re, 1 M li, 3 M re, 1 M li, 2 M rdr, 2 M li, 1 M re, 2 M li, 2 M ldr, 1 M li, 2 x [3 M re, 1 M li], 1 M re.
24. Reihe: 1 M li abh (Fv), alle M str, wie sie erscheinen, bis zur letzten M, 1 M li.
Die 1.–24. R noch 2 x wdh.
Die 1.–13. R noch 1 x wdh.
Alle M abk.

Fertigstellung

Die Fadenenden vernähen. Das Quadrat auf 30,5 cm x 30,5 cm spannen, anfeuchten und trocknen lassen.

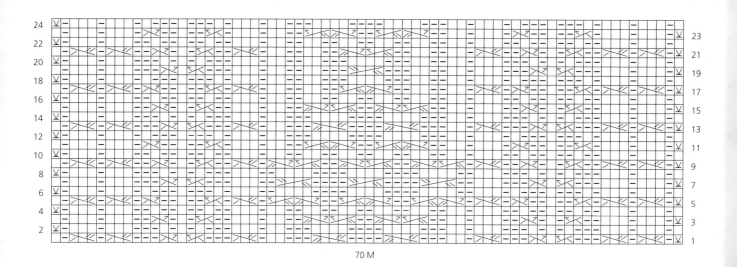

Zeichenerklärung

- ☐ in Hinr 1 M re; in Rückr 1 M li
- ⊟ in Hinr 1 M li; in Rückr 1 M re
- ⊻ in Hinr 1 M re abh (Fh); in Rückr 1 M li abh (Fv)
- 2 M rdr
- 2 M ldr
- 3 M lvkr
- 3 M rdr
- 3 M ldr
- 4 M rvkr
- 4 M lvkr

Raffiniert verflochten

27 Kordeln & Kreise

Vertikale Rippen aus Kreisformen mit glatt linken Blöcken dazwischen werden hier von schmalen Kordelzöpfen eingerahmt.

Design: Nicky Epstein

Fertigmaß
30,5 cm x 30,5 cm

Material
- Cascade 220 Superwash Merino (100 % Merinowolle; LL 200 m/100 g), ca. 75 g (150 m) in Dark Berry (Fb 21)
- Stricknadeln 4,5 mm (oder andere Nadelstärke gemäß Maschenprobe)
- Zopfnadel

Maschenprobe
22 M und 29 R mit Nd 4,5 mm im Muster (M-Zahl teilbar durch 22 + 4 M) gestrickt = 10 cm x 10 cm
Nehmen Sie sich die Zeit, die Maschenprobe zu überprüfen.

Hinweis
Das Muster kann nach dem Anleitungstext oder nach der Strickschrift gearbeitet werden.

Besondere Abkürzungen
4 M rvkr: 2 M auf einer Zopfnd hinter die Arbeit legen, 2 M re str, dann die 2 M der Zopfnd re str.
4 M lvkr: 2 M auf einer Zopfnd vor die Arbeit legen, 2 M re str, dann die 2 M der Zopfnd re str.

Quadrat
70 M anschl.
1. Einteilungsreihe (Rückr): 1 M li abh (Fv), 2 M re, * 4 M li, 2 M re, 8 M li, 2 M re, 4 M li, 2 M re; ab * fortlfd wdh bis zur letzten M, 1 M li.
2. Einteilungsreihe: 1 M re abh (Fh), * 2 M li, 4 M re, 12 M li, 4 M re; ab * fortlfd wdh bis zu den letzten 3 M, 2 M li, 1 M re.

Beginn des Musters
1. Reihe (Rückr): 1 M li abh (Fv), 2 M re, * 4 M li, 12 M re, 4 M li, 2 M re; ab * fortlfd wdh bis zur letzten M, 1 M li.
2. Reihe: 1 M re abh (Fh), * 2 M li, 4 M re, 2 M li, 8 M re, 2 M li, 4 M re; ab * fortlfd wdh bis zu den letzten 3 M, 2 M li, 1 M re.
3. Reihe: 1 M li abh (Fv), 2 M re, * 4 M li, 2 M re, 8 M li, 2 M re, 4 M li, 2 M re; ab * fortlfd wdh bis zur letzten M, 1 M li.
4. Reihe: 1 M re abh (Fh), * 2 M li, 4 M rvkr, 2 M li, 4 M rvkr, 4 M lvkr, 2 M li, 4 M lvkr; ab * fortlfd wdh bis zu den letzten 3 M, 2 M li, 1 M re.
5. Reihe: 1 M li abh (Fv), 2 M re, * 4 M li, 2 M re, 8 M li, 2 M re, 4 M li, 2 M re; ab * fortlfd wdh bis zur letzten M, 1 M li.
6. Reihe: 1 M re abh (Fh), * 2 M li, 4 M re, 2 M li, 8 M re, 2 M li, 4 M re; ab * fortlfd wdh bis zu den letzten 3 M, 2 M li, 1 M re.
7. Reihe: 1 M li abh (Fv), 2 M re, * 4 M li, 2 M re, 8 M li, 2 M re, 4 M li, 2 M re; ab * fortlfd wdh bis zur letzten M, 1 M li.
8. Reihe: 1 M re abh (Fh), * 2 M li, 4 M rvkr, 2 M li, 4 M lvkr, 4 M rvkr, 2 M li, 4 M lvkr; ab * fortlfd wdh bis zu den letzten 3 M, 2 M li, 1 M re.
9. Reihe: 1 M li abh (Fv), 2 M re, * 4 M li, 2 M re, 8 M li, 2 M re, 4 M li, 2 M re; ab * fortlfd wdh bis zur letzten M, 1 M li.
10. Reihe: 1 M re abh (Fh), * 2 M li, 4 M re, 12 M li, 4 M re; ab * fortlfd wdh bis zu den letzten 3 M, 2 M li, 1 M re.
11. Reihe: 1 M li abh (Fv), 2 M re, * 4 M li, 12 M re, 4 M li, 2 M re; ab * fortlfd wdh bis zur letzten M, 1 M li.
12. Reihe: 1 M re abh (Fh), * 2 M li, 4 M rvkr, 12 M li, 4 M lvkr; ab * fortlfd wdh bis zu den letzten 3 M, 2 M li, 1 M re.
Die 1.–12. R noch 6 x wdh.
Dann weiterstr wie folgt:
Nächste Reihe (Rückr): 1 M li abh (Fv), 2 M re, * 4 M li, 2 M re, 8 M li, 2 M re, 4 M li, 2 M re; ab * fortlfd wdh bis zur letzten M, 1 M li.
Nächste Reihe (Hinr): 1 M re abh (Fh), * 2 M li, 4 M re, 2 M li, 8 M re, 2 M li, 4 M re; ab * fortlfd wdh bis zu den letzten 3 M, 2 M li, 1 M re.
Alle M li abk.

Fertigstellung
Die Fadenenden vernähen. Das Quadrat auf 30,5 cm x 30,5 cm spannen, anfeuchten und trocknen lassen.

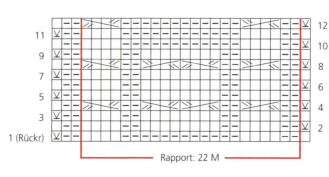

28 Hufeisen

Vertikale Reihen aus Hufeisenzöpfen sehen nicht nur hübsch aus, sondern bringen auch ganz bestimmt Glück.

Fertigmaß
30,5 cm x 30,5 cm

Material
- Cascade 220 Superwash Merino (100 % Merinowolle; LL 200 m/100 g), ca. 85 g (170 m) in Pale Lilac (Fb 63)
- Stricknadeln 4,5 mm (oder andere Nadelstärke gemäß Maschenprobe)
- Zopfnadel

Maschenprobe
24 M und 32 R mit Nd 4,5 mm im Muster (M-Zahl teilbar durch 14 + 4 M) gestrickt = 10 cm x 10 cm
Nehmen Sie sich die Zeit, die Maschenprobe zu überprüfen.

Hinweis
Das Muster kann nach dem Anleitungstext oder nach der Strickschrift gearbeitet werden.

Besondere Abkürzungen
6 M rvkr: 3 M auf einer Zopfnd hinter die Arbeit legen, 3 M re str, dann die 3 M der Zopfnd re str.
6 M lvkr: 3 M auf einer Zopfnd vor die Arbeit legen, 3 M re str, dann die 3 M der Zopfnd re str.

Quadrat
74 M anschl.
1. Reihe (Hinr): 1 M re abh (Fh), 2 M li, * 12 M re, 2 M li; ab * fortlfd wdh bis zur letzten M, 1 M re.
2. Reihe und alle folg Rückr: 1 M li abh (Fv), * 2 M re, 12 M li; ab * fortlfd wdh bis zu den letzten 3 M, 2 M re, 1 M li.
3. Reihe: 1 M re abh (Fh), 2 M li, * 6 M rvkr, 6 M lvkr, 2 M li; ab * fortlfd wdh bis zur letzten M, 1 M re.
5. und 7. Reihe: 1 M re abh (Fh), 2 M li, * 12 M re, 2 M li; ab * fortlfd wdh bis zur letzten M, 1 M re.
8. Reihe: 1 M li abh (Fv), * 2 M re, 12 M li; ab * fortlfd wdh bis zu den letzten 3 M, 2 M re, 1 M li.
Die 1.–8. R bis zu einer Gesamthöhe von 30,5 cm stets wdh. Alle M abk.

Fertigstellung
Die Fadenenden vernähen. Das Quadrat auf 30,5 cm x 30,5 cm spannen, anfeuchten und trocknen lassen.

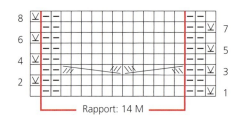

29 Kreuze & Kringel

Im englischen Sprachraum ist dieses dekorative Muster aus X- und O-Formen als „Hugs & Kisses" (dt.: Umarmungen & Küsse) bekannt.

Fertigmaß
30,5 cm x 30,5 cm

Material
- Cascade 220 Superwash Merino (100 % Merinowolle; LL 200 m/100 g), ca. 90 g (180 m) in Violet Ice (Fb 62)
- Stricknadeln 4,5 mm (oder andere Nadelstärke gemäß Maschenprobe)
- Zopfnadel

Maschenprobe
26 M und 32 R mit Nd 4,5 mm im Muster (M-Zahl teilbar durch 20 + 2 M) gestrickt = 10 cm x 10 cm
Nehmen Sie sich die Zeit, die Maschenprobe zu überprüfen.

Hinweis
Das Muster kann nach dem Anleitungstext oder nach der Strickschrift gearbeitet werden.

Besondere Abkürzungen
4 M rvkr: 2 M auf einer Zopfnd hinter die Arbeit legen, 2 M re str, dann die 2 M der Zopfnd re str.
4 M lvkr: 2 M auf einer Zopfnd vor die Arbeit legen, 2 M re str, dann die 2 M der Zopfnd re str.

Quadrat
82 M anschl.
1. Reihe (Hinr): 1 M re abh (Fh), * 1 M li, 8 M re, 1 M li; ab * fortlfd wdh bis zur letzten M, 1 M re.
2. Reihe und alle folg Rückr: 1 M li abh (Fv), * 1 M re, 8 M li, 1 M re; ab * fortlfd wdh bis zur letzten M, 1 M li.
3. Reihe: 1 M re abh (Fh), * 1 M li, 4 M rvkr, 4 M lvkr, 2 M li, 4 M lvkr, 4 M rvkr, 1 M li; ab * fortlfd wdh bis zur letzten M, 1 M re.
5. Reihe: Die 1. R wdh.
7. Reihe: Die 3. R wdh.
9. Reihe: Die 1. R wdh.
11. Reihe: 1 M re abh (Fh), * 1 M li, 4 M lvkr, 4 M rvkr, 2 M li, 4 M rvkr, 4 M lvkr, 1 M li; ab * fortlfd wdh bis zur letzten M, 1 M re.
13. Reihe: Die 1. R wdh.
15. Reihe: Die 11. R wdh.
16. Reihe: 1 M li abh (Fv), * 1 M re, 8 M li, 1 M re; ab * fortlfd wdh bis zur letzten M, 1 M li.
Die 1.–16. R bis zu einer Gesamthöhe von 30,5 cm stets wdh. Alle M abk.

Fertigstellung
Die Fadenenden vernähen. Das Quadrat auf 30,5 cm x 30,5 cm spannen, anfeuchten und trocknen lassen.

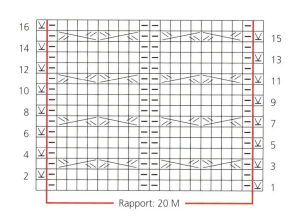

30 Bonbons

Versetzte Verzopfungen sind eine beliebte Methode, ein Muster einfach und doch interessant zu gestalten.

Fertigmaß
30,5 cm x 30,5 cm

Material
- Cascade 220 Superwash Merino (100 % Merinowolle; LL 200 m/100 g), ca. 70 g (140 m) in Grapeade (Fb 61)
- Stricknadeln 4,5 mm (oder andere Nadelstärke gemäß Maschenprobe)

Maschenprobe
22 M und 28 R mit Nd 4,5 mm im Muster (M-Zahl teilbar durch 24 + 18 M) gestrickt = 10 cm x 10 cm
Nehmen Sie sich die Zeit, die Maschenprobe zu überprüfen.

Hinweis
Das Muster kann nach dem Anleitungstext oder nach der Strickschrift gearbeitet werden.

Besondere Abkürzungen
4 M rvkr: 2 M auf einer Zopfnd hinter die Arbeit legen, 2 M re str, dann die 2 M der Zopfnd re str.

Quadrat
66 M anschl.
1. Reihe (Hinr): 1 M re abh (Fh), 4 M li, * 8 M re, 4 M li; ab * fortlfd wdh bis zur letzten M, 1 M re.
2. Reihe und alle folg Rückr: 1 M li abh (Fv), * 4 M re, 8 M li; ab * fortlfd wdh bis zu den letzten 5 M, 4 M re, 1 M li.
3. Reihe: 1 M re abh (Fh), 4 M li, * 2 x 4 M rvkr, 4 M li, 8 M re, 4 M li; ab * fortlfd wdh bis zu den letzten 13 M, 2 x 4 M rvkr, 4 M li, 1 M re.
5. Reihe: 1 M re abh (Fh), 4 M li, * 8 M re, 4 M li; ab * fortlfd wdh bis zur letzten M, 1 M re.
7.–14. Reihe: Die 3.–6. R noch 2 x wdh.
15. Reihe: 1 M re abh (Fh), 4 M li, * 8 M re, 4 M li, 2 x 4 M rvkr, 4 M li; ab * fortlfd wdh bis zu den letzten 13 M, 8 M re, 4 M li, 1 M re.
17. Reihe: 1 M re abh (Fh), 4 M li, * 8 M re, 4 M li; ab * fortlfd wdh bis zur letzten M, 1 M re.
19.–22. Reihe: Die 15.–18. R wdh.
23. Reihe: Die 15. R wdh.
24. Reihe: 1 M li abh (Fv), * 4 M re, 8 M li; ab * fortlfd wdh bis zu den letzten 5 M, 4 M re, 1 M li.
Die 1.–24. R bis zu einer Gesamthöhe von 30,5 cm stets wdh. Alle M abk.

Fertigstellung
Die Fadenenden vernähen. Das Quadrat auf 30,5 cm x 30,5 cm spannen, anfeuchten und trocknen lassen.

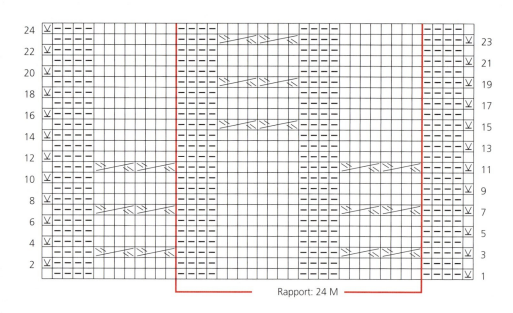

Decke „Kreuz & quer"

Hier neigen sich die Muster mal nach links, mal nach rechts und mal in beide Richtungen. Das Farbschema unterstreicht die Orientierung der plastischen Strukturen zusätzlich.

Fertigmaß

Ca. 132 cm x 132 cm

Material

- Cascade 220 Superwash Merino (100 % Merinowolle; LL 200 m/100 g):
  - **A** Grapeade (Fb 61), 400 g
  - **B** Violet Ice (Fb 62), 300 g
  - **C** Pale Lilac (Fb 63), 900 g
- Stricknadeln 4 mm und 4,5 mm (oder andere Nadelstärken gemäß Maschenprobe)
- Rundstricknadel 4,5 mm, 100 cm lang
- Zopfnadel

Hinweis

Die Rundstricknadel wird nur wegen der großen Maschenzahl benötigt. Die Arbeit nicht zur Runde schließen.

Decke

In Fb A 4 Quadrate im Muster „Rhombengitter" (Nr. 16, Seite 58) str.
In Fb B 4 Quadrate im Muster „Zwischen den Zeilen" (Nr. 17, Seite 60) str.
In Fb C 8 Quadrate im Muster „Spalier" (Nr. 18, Seite 62) str.
Die Quadrate gemäß der nebenstehenden Grafik anordnen und zusammennähen. Alle Fadenenden vernähen.

Perlmusterblenden

Von der rechten Seite der Arbeit aus mit der Rundstricknd und dem Faden in Fb C gleichmäßig verteilt 218 M aus der Oberkante re herausstr.
1. Reihe (Rückr): * 1 M re, 1 M li; ab * fortlfd wdh bis R-Ende.
2. Reihe: * 1 M li, 1 M re; ab * fortlfd wdh bis R-Ende.
Die 1. und 2. R bis zu einer Blendenhöhe von 5 cm stets wdh. Alle M mustergemäß abk.
Die Blende an der Unterkante genauso str.

Von der rechten Seite der Arbeit mit der Rundstricknd und dem Faden in Fb C gleichmäßig verteilt 234 M aus einer Seitenkante einschließlich der Schmalseiten der oberen und unteren Blende re herausstr.
1. Reihe (Rückr): * 1 M re, 1 M li; ab * fortlfd wdh bis R-Ende.
2. Reihe: * 1 M li, 1 M re; ab * fortlfd wdh bis R-Ende.
Die 1. und 2. R bis zu einer Blendenhöhe von 5 cm stets wdh. Alle M mustergemäß abk.
Die Blende an der anderen Seitenkante genauso str.
Die Fadenenden vernähen.

18	17	18	16
16	18	17	18
18	16	18	17
17	18	16	18

Farbschlüssel

- ■ Fb A
- ■ Fb B
- □ Fb C

Lochmuster

Im Grunde bestehen Lochmuster aus nichts anderem als einer Reihe von Umschlägen und Abnahmen, doch die Möglichkeiten, die sich daraus ergeben, sind grenzenlos.

31 Höcker & Grübchen

Dieses hübsche Lochmuster zu stricken macht viel Spaß. In einem kraus rechts gestrickten Rahmen kommt es perfekt zur Geltung.

Design: Susan B. Anderson

Fertigmaß
30,5 cm x 30,5 cm

Material
- Cascade 220 Superwash Merino (100 % Merinowolle; LL 200 m/100 g), ca. 70 g (140 m) in Aqua Haze (Fb 89)
- Stricknadeln 4,5 mm (oder andere Nadelstärke gemäß Maschenprobe)

Maschenprobe
20 M und 32 R mit Nd 4,5 mm im Muster (M-Zahl teilbar durch 3 + 8 M) gestrickt = 10 cm x 10 cm
Nehmen Sie sich die Zeit, die Maschenprobe zu überprüfen.

Hinweis
Das Muster kann nach dem Anleitungstext oder nach der Strickschrift gearbeitet werden.

Quadrat
59 M anschl.
6 R re M str.

Beginn des Musters
Hinweis: In der 3. und 7. R werden in jedem Rapport 2 M zugenommen, die dann in der folg R wieder abgenommen werden.
1. Reihe (Hinr): 1 M re abh (Fh), re M str bis R-Ende.
2. Reihe: 1 M li abh (Fv), 3 M re, li M str bis zu den letzten 4 M, 3 M re, 1 M li.
3. Reihe: 1 M re abh (Fh), 3 M re, * 3 M re, 2 U; ab * fortlfd wdh bis zu den letzten 4 M, 4 M re.
4. Reihe: 1 M li abh (Fv), 3 M re, * 1 M li in den 1. U, 1 M re verschr in den 2. U, 3 M li zusstr; ab * fortlfd wdh bis zu den letzten 4 M, 3 M re, 1 M li.
5. Reihe: 1 M re abh (Fh), re M str bis R-Ende.
6. Reihe: 1 M li abh (Fv), 3 M re, li M str bis zu den letzten 4 M, 3 M re, 1 M li.
7. Reihe: 1 M re abh (Fh), 3 M re, * 2 U, 3 M re; ab * fortlfd wdh bis zu den letzten 4 M, 4 M re.
8. Reihe: 1 M li abh (Fv), 3 M re, * 3 M li zusstr, 1 M li in den 1. U, 1 M re verschr in den 2. U; ab * fortlfd wdh bis zu den letzten 4 M, 3 M re, 1 M li.
Die 1.–8. R noch 8 x wdh, dann die 1.–6. R noch 1 x wdh.
6 R re M str.
Alle M abk.

Fertigstellung
Die Fadenenden vernähen. Das Quadrat auf 30,5 cm x 30,5 cm spannen, anfeuchten und trocknen lassen.

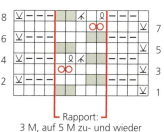

Rapport:
3 M, auf 5 M zu- und wieder auf 3 M abgenommen

Zeichenerklärung

☐ in Hinr 1 M re; in Rückr 1 M li
— in Hinr 1 M li; in Rückr 1 M re
Ω 1 M re verschr
⅄ 3 M li zusstr
OO 2 U
▨ keine M
⊻ in Hinr 1 M re abh (Fh); in Rückr 1 M li abh (Fv)

32 Verbundene Rhomben

Säulen aus miteinander verbundenen Rhomben ergeben ein kleinformatiges Muster, das trotzdem ins Auge fällt.
Design: Ethel Weinberg

Fertigmaß
30,5 cm x 30,5 cm

Material
- Cascade 220 Superwash Merino (100 % Merinowolle; LL 200 m/100 g), ca. 60 g (120 m) in Pastel Turquoise (Fb 90)
- Stricknadeln 4,5 mm (oder andere Nadelstärke gemäß Maschenprobe)

Maschenprobe
19 M und 26 R mit Nd 4,5 mm im Muster (M-Zahl teilbar durch 8 + 2 M) gestrickt = 10 cm x 10 cm
Nehmen Sie sich die Zeit, die Maschenprobe zu überprüfen.

Hinweis
Das Muster kann nach dem Anleitungstext oder nach der Strickschrift gearbeitet werden.

Quadrat
58 M anschl.
Hinweis: In der 1. R wird in jedem Rapport 1 M zugenommen, die dann in der 3. R wieder abgenommen wird.
Zunahmereihe (Hinr): 1 M re abh (Fh), * 3 M re, 1 U, 1 M abh, 2 M re str und die abgehobene M über die 2 re gestrickten M ziehen, 1 U, 2 M re; ab * fortlfd wdh bis zur letzten M, 1 M re.
2. Reihe und alle folg Rückr: 1 M li abh (Fv), li M str bis R-Ende.
3. Reihe (Abnahme-R): 1 M re abh (Fh), * 3 M re, 2 M re zusstr, 1 U, 2 M re abgeh zusstr, 2 M re; ab * fortlfd wdh bis zur letzten M, 1 M re.
5. Reihe: 1 M re abh (Fh), * 2 M re, 2 M re zusstr, 1 U, 1 M re, 1 U, 2 M re abgeh zusstr, 1 M re; ab * fortlfd wdh bis zur letzten M, 1 M re.
7. Reihe: 1 M re abh (Fh), * 1 M re, 2 M re zusstr, 1 U, 3 M re, 1 U, 2 M re abgeh zusstr; ab * fortlfd wdh bis zur letzten M, 1 M re.
8. Reihe: 1 M li abh (Fv), li M str bis R-Ende.
Die 1.–8. R bis zu einer Gesamthöhe von 30,5 cm stets wdh. Alle M abk.

Fertigstellung
Die Fadenenden vernähen. Das Quadrat auf 30,5 cm x 30,5 cm spannen, anfeuchten und trocknen lassen.

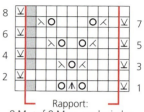

Rapport:
8 M, auf 9 M zu- und wieder auf 8 M abgenommen

Zeichenerklärung

☐ in Hinr 1 M re; in Rückr 1 M li

⊟ in Hinr 1 M li; in Rückr 1 M re

O 1 U

⧄ 2 M re zusstr

⧅ 2 M re abgeh zusstr

⋀ 1 M abh, 2 M re str und die abgehobene M über die 2 re gestrickten M ziehen

▨ keine M

⩔ in Hinr 1 M re abh (Fh); in Rückr 1 M li abh (Fv)

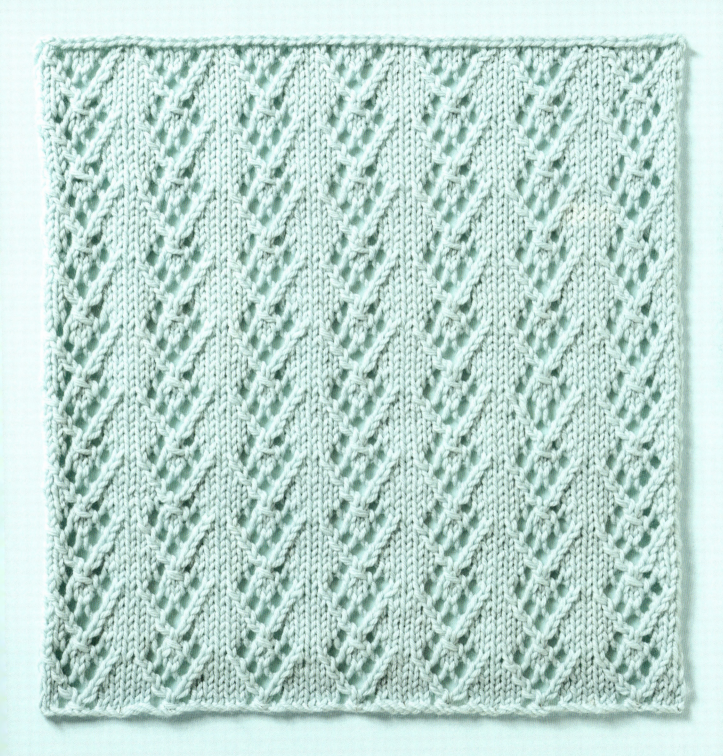

33 Ranken

In regelmäßigem Zickzack wandern Linien aus Löchlein über einen glatt rechts gestrickten Grund wie Ranken, die der Sonne entgegenwachsen.

Fertigmaß
30,5 cm x 30,5 cm

Material
- Cascade 220 Superwash Merino (100 % Merinowolle; LL 200 m/100 g), ca. 65 g (130 m) in Ice Green (Fb 37)
- Stricknadeln 4,5 mm (oder andere Nadelstärke gemäß Maschenprobe)

Maschenprobe
20 M und 28 R mit Nd 4,5 mm im Muster (M-Zahl teilbar durch 7 + 6 M) gestrickt = 10 cm x 10 cm
Nehmen Sie sich die Zeit, die Maschenprobe zu überprüfen.

Hinweis
Das Muster kann nach dem Anleitungstext oder nach der Strickschrift gearbeitet werden.

Quadrat
62 M anschl.
1. Reihe (Hinr): 1 M re abh (Fh), 2 M re, * 2 M re, 2 M re zusstr, 1 U, 3 M re; ab * fortlfd wdh bis zu den letzten 3 M, 3 M re.
2. Reihe und alle folg Rückr: 1 M li abh (Fv), li M str bis R-Ende.
3. Reihe: 1 M re abh (Fh), 2 M re, * 1 M re, 2 M re zusstr, 1 U, 4 M re; ab * fortlfd wdh bis zu den letzten 3 M, 3 M re.
5. Reihe: 1 M re abh (Fh), re M str bis R-Ende.
7. Reihe: 1 M re abh (Fh), 2 M re, * 3 M re, 1 U, 2 M re übz zusstr, 2 M re; ab * fortlfd wdh bis zu den letzten 3 M, 3 M re.
9. Reihe: 1 M re abh (Fh), 2 M re, * 4 M re, 1 U, 2 M re übz zusstr, 1 M re; ab * fortlfd wdh bis zu den letzten 3 M, 3 M re.
11. Reihe: 1 M re abh (Fh), re M str bis R-Ende.
12. Reihe: 1 M li abh (Fv), li M str bis R-Ende.
Die 1.–12. R bis zu einer Gesamthöhe von 30,5 cm stets wdh. Alle M abk.

Fertigstellung
Die Fadenenden vernähen. Das Quadrat auf 30,5 cm x 30,5 cm spannen, anfeuchten und trocknen lassen.

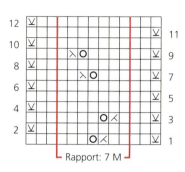

Zeichenerklärung

☐ in Hinr 1 M re; in Rückr 1 M li

O 1 U

⧄ 2 M re zusstr

⧅ 2 M re übz zusstr

⌵ in Hinr 1 M re abh (Fh); in Rückr 1 M li abh (Fv)

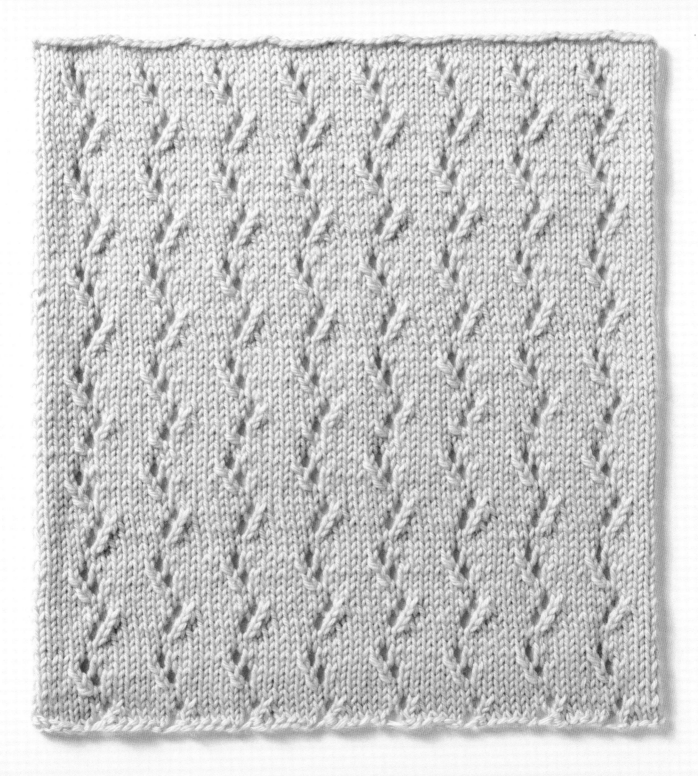

34 Eicheln

Schräge Lochmusterlinien und Krausrippen, die von vertikalen, glatt rechten Bändern unterbrochen werden, ergeben eine verspielte, an Eicheln erinnernde Struktur.

Design: Barb Brown

Fertigmaß
30,5 cm x 30,5 cm

Material
- Cascade 220 Superwash Merino (100 % Merinowolle; LL 200 m/100 g), ca. 65 g (130 m) in Aqua (Fb 36)
- Stricknadeln 4,5 mm (oder andere Nadelstärke gemäß Maschenprobe)

Maschenprobe
20 M und 30 R mit Nd 4,5 mm im Muster (M-Zahl teilbar durch 10 + 2 M) gestrickt = 10 cm x 10 cm
Nehmen Sie sich die Zeit, die Maschenprobe zu überprüfen.

Hinweis
Das Muster kann nach dem Anleitungstext oder nach der Strickschrift gearbeitet werden.

Quadrat
62 M anschl.
Einteilungsreihe (Rückr): 1 M li abh (Fv), re M str bis zur letzten M, 1 M li.
1. Reihe (Hinr): 1 M re abh (Fh), re M str bis R-Ende.
2. Reihe: 1 M li abh (Fv), * 4 M re, 2 M li, 4 M re; ab * fortlfd wdh bis zur letzten M, 1 M li.
3.–6. Reihe: Die 1. und 2. R noch 2 x wdh.
7. Reihe: 1 M re abh (Fh), * 2 M re, 2 M re abgeh zusstr, 1 U, 2 M re, 1 U, 2 M re zusstr, 2 M re; ab * fortlfd wdh bis zur letzten M, 1 M re.
8. Reihe: 1 M li abh (Fv), li M str bis R-Ende.
9. Reihe: 1 M re abh (Fh), * 1 M re, 2 M re abgeh zusstr, 1 U, 4 M re, 1 U, 2 M re zusstr, 1 M re; ab * fortlfd wdh bis zur letzten M, 1 M re.
10. Reihe: 1 M li abh (Fv), li M str bis R-Ende.
11. Reihe: 1 M re abh (Fh), * 2 M re abgeh zusstr, 1 U, 6 M re, 1 U, 2 M re zusstr; ab * fortlfd wdh bis zur letzten M, 1 M re.
12. Reihe: 1 M li abh (Fv), * 1 M li, 8 M re, 1 M li; ab * fortlfd wdh bis zur letzten M, 1 M li.
13. Reihe: 1 M re abh (Fh), re M str bis R-Ende.
14.–17. Reihe: Die 12. und 13. R noch 2 x wdh.
18. Reihe: 1 M li abh (Fv), li M str bis R-Ende.
19. Reihe: 1 M re abh (Fh), * 1 M re, 1 U, 2 M re zusstr, 4 M re, 2 M re abgeh zusstr, 1 U, 1 M re; ab * fortlfd wdh bis zur letzten M, 1 M re.
20. Reihe: 1 M li abh (Fv), li M str bis R-Ende.
21. Reihe: 1 M re abh (Fh), * 2 M re, 1 U, 2 M re zusstr, 2 M re, 2 M re abgeh zusstr, 1 U, 2 M re; ab * fortlfd wdh bis zur letzten M, 1 M re.
22. Reihe: 1 M li abh (Fv), li M str bis R-Ende.
23. Reihe: 1 M re abh (Fh), * 3 M re, 1 U, 2 M re zusstr, 2 M re abgeh zusstr, 1 U, 3 M re; ab * fortlfd wdh bis zur letzten M, 1 M re.
24. Reihe: 1 M li abh (Fv), li M str bis R-Ende.
Die 1.–24. R noch 2 x wdh, dann die 1.–16. R noch 1 x wdh.
Letzte Reihe (Hinr): 1 M re abh (Fh), li M str bis zur letzten M, 1 M re.
Alle M abk.

Fertigstellung
Die Fadenenden vernähen. Das Quadrat auf 30,5 cm x 30,5 cm spannen, anfeuchten und trocknen lassen.

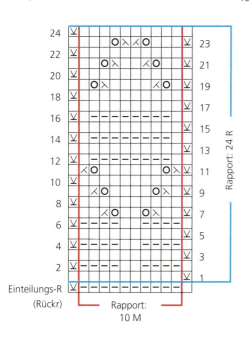

Zeichenerklärung
☐ in Hinr 1 M re; in Rückr 1 M li
− in Hinr 1 M li; in Rückr 1 M re
╱ 2 M re zusstr
╲ 2 M re abgeh zusstr
○ 1 U
⌵ in Hinr 1 M re abh (Fh); in Rückr 1 M li abh (Fv)

35 Luftig verwebt

Dieses Muster ist eine transparent-luftige Variante des einfachen Flechtmusters von Seite 38.

Fertigmaß
30,5 cm x 30,5 cm

Material
- Cascade 220 Superwash Merino (100 % Merinowolle; LL 200 m/100 g), ca. 60 g (120 m) in Aqua Haze (Fb 89)
- Stricknadeln 4,5 mm (oder andere Nadelstärke gemäß Maschenprobe)

Maschenprobe
20 M und 27 R mit Nd 4,5 mm im Muster (M-Zahl teilbar durch 4 + 9 M) gestrickt = 10 cm x 10 cm
Nehmen Sie sich die Zeit, die Maschenprobe zu überprüfen.

Hinweis
Das Muster kann nach dem Anleitungstext oder nach der Strickschrift gearbeitet werden.

Quadrat
61 M anschl.
1. Reihe (Hinr): 1 M re abh (Fh), 1 M re, 1 M li, 1 M re, * 3 M li, 1 M re; ab * fortlfd wdh bis zur letzten M, 1 M re.
2. Reihe: 1 M li abh (Fv), 4 M re, * 1 M li, 3 M re; ab * fortlfd wdh bis zu den letzten 4 M, 1 M li, 2 M re, 1 M li.
3. Reihe: 1 M re abh (Fh), 1 M re, 1 M li, 1 M re, * 1 U, 3 M re abgeh zusstr, 1 U, 1 M re; ab * fortlfd wdh bis zur letzten M, 1 M re.
4. und 6. Reihe: 1 M li abh (Fv), * 2 M re, 1 M li, 1 M re; ab * fortlfd wdh bis zu den letzten 4 M, 3 M re, 1 M li.
5. Reihe: 1 M re abh (Fh), 1 M re, 2 M li, * 1 M li, 1 M re, 2 M li; ab * fortlfd wdh bis zu den letzten 5 M, 1 M li, 1 M re, 1 M li, 2 M re.
7. Reihe: 1 M re abh (Fh), * 1 M re, 1 U, 3 M re abgeh zusstr, 1 U; ab * fortlfd wdh bis zu den letzten 4 M, 1 M re, 1 M li, 2 M re.
8. Reihe: 1 M li abh (Fv), 3 M re, * 1 M re, 1 M li, 2 M re; ab * fortlfd wdh bis zur letzten M, 1 M li.
Die 1.–8. R bis zu einer Gesamthöhe von 30,5 cm stets wdh. Alle M abk.

Fertigstellung
Die Fadenenden vernähen. Das Quadrat auf 30,5 cm x 30,5 cm spannen, anfeuchten und trocknen lassen.

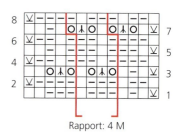

Rapport: 4 M

Zeichenerklärung

☐ in Hinr 1 M re; in Rückr 1 M li

— in Hinr 1 M li; in Rückr 1 M re

O 1 U

⊼ 3 M re abgeh zusstr

⋁ in Hinr 1 M re abh (Fh); in Rückr 1 M li abh (Fv)

36 Blättergirlanden

Durch Umschläge und Abnahmen bilden sich diese regelmäßigen Blätterformen.

Fertigmaß
30,5 cm x 30,5 cm

Material
- Cascade 220 Superwash Merino (100 % Merinowolle; LL 200 m/100 g), ca. 60 g (120 m) in Pastel Turquoise (Fb 90)
- Stricknadeln 4,5 mm (oder andere Nadelstärke gemäß Maschenprobe)

Maschenprobe
18 M und 26 R mit Nd 4,5 mm im Muster (M-Zahl teilbar durch 18 + 3 M) gestrickt = 10 cm x 10 cm
Nehmen Sie sich die Zeit, die Maschenprobe zu überprüfen.

Hinweis
Das Muster kann nach dem Anleitungstext oder nach der Strickschrift gearbeitet werden.

Quadrat
57 M anschl.
1. Reihe (Hinr): 1 M re abh (Fh), * 1 M li, 4 M re, 2 M re zusstr, 2 M re, 1 U, 1 M li, 1 U, 2 M re, 2 M re abgeh zusstr, 4 M re; ab * fortlfd wdh bis zu den letzten 2 M, 1 M li, 1 M re.
2. Reihe und alle folg Rückr: 1 M li abh (Fv), 1 M re, * 8 M li, 1 M re; ab * fortlfd wdh bis zur letzten M, 1 M li.
3. Reihe: 1 M re abh (Fh), * 1 M li, 3 M re, 2 M re zusstr, 2 M re, 1 U, 1 M re, 1 M li, 1 M re, 1 U, 2 M re, 2 M re abgeh zusstr, 3 M re; ab * fortlfd wdh bis zu den letzten 2 M, 1 M li, 1 M re.
5. Reihe: 1 M re abh (Fh), * 1 M li, 2 M re, 2 M re zusstr, 2 M re, 1 U, 2 M re, 1 M li, 2 M re, 1 U, 2 M re, 2 M re abgeh zusstr, 2 M re; ab * fortlfd wdh bis zu den letzten 2 M, 1 M li, 1 M re.
7. Reihe: 1 M re abh (Fh), * 1 M li, 1 M re, 2 M re zusstr, 2 M re, 1 U, 3 M re, 1 M li, 3 M re, 1 U, 2 M re, 2 M re abgeh zusstr, 1 M re; ab * fortlfd wdh bis zu den letzten 2 M, 1 M li, 1 M re.
9. Reihe: 1 M re abh (Fh), * 1 M li, 2 M re zusstr, 2 M re, 1 U, 4 M re, 1 M li, 4 M re, 1 U, 2 M re, 2 M re abgeh zusstr; ab * fortlfd wdh bis zu den letzten 2 M, 1 M li, 1 M re.
10. Reihe: 1 M li abh (Fv), 1 M re, * 8 M li, 1 M re; ab * fortlfd wdh bis zur letzten M, 1 M li.
Die 1.–10. R bis zu einer Gesamthöhe von 30,5 cm stets wdh. Alle M abk.

Fertigstellung
Die Fadenenden vernähen. Das Quadrat auf 30,5 cm x 30,5 cm spannen, anfeuchten und trocknen lassen.

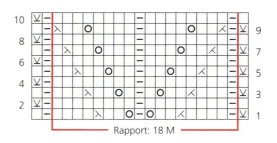

Zeichenerklärung
- ☐ in Hinr 1 M re; in Rückr 1 M li
- — in Hinr 1 M li; in Rückr 1 M re
- O 1 U
- ⌿ 2 M re zusstr
- ⟋ 2 M re abgeh zusstr
- ⋁ in Hinr 1 M re abh (Fh); in Rückr 1 M li abh (Fv)

37 Durchbrochener Brokat

Löchlein lockern die Blöcke aus drei verschiedenen Strukturen auf.

Fertigmaß
30,5 cm x 30,5 cm

Material
- Cascade 220 Superwash Merino (100 % Merinowolle; LL 200 m/100 g), ca. 75 g (150 m) in Ice Green (Fb 37)
- Stricknadeln 4,5 mm (oder andere Nadelstärke gemäß Maschenprobe)
- Maschenprobe
22 M und 32 R mit Nd 4,5 mm im Muster (M-Zahl teilbar durch 16 + 3 M) gestrickt = 10 cm x 10 cm
- Nehmen Sie sich die Zeit, die Maschenprobe zu überprüfen.

Hinweis
Das Muster kann nach dem Anleitungstext oder nach der Strickschrift gearbeitet werden.

Quadrat
67 M anschl.
1. Reihe (Hinr): 1 M re abh (Fh), * 3 M li, 2 M re abgeh zusstr, 3 M re, 1 U, 1 M re, 1 U, 3 M re, 2 M re zusstr, 2 M li; ab * fortlfd wdh bis zu den letzten 2 M, 1 M li, 1 M re.
2., 4., 6. und 8. Reihe: 1 M li abh (Fv), 1 M re, * 2 M re, 11 M li, 3 M re; ab * fortlfd wdh bis zur letzten M, 1 M li.
3. Reihe: 1 M re abh (Fh), * 3 M li, 2 M re abgeh zusstr, 2 M re, 1 U, 3 M re, 1 U, 2 M re, 2 M re zusstr, 2 M li; ab * fortlfd wdh bis zu den letzten 2 M, 1 M li, 1 M re.
5. Reihe: 1 M re abh (Fh), * 3 M li, 2 M re abgeh zusstr, 1 M re, 1 U, 5 M re, 1 U, 1 M re, 2 M re zusstr, 2 M li; ab * fortlfd wdh bis zu den letzten 2 M, 1 M li, 1 M re.
7. Reihe: 1 M re abh (Fh), * 3 M li, 2 M re abgeh zusstr, 1 U, 7 M re, 1 U, 2 M re zusstr, 2 M li; ab * fortlfd wdh bis zu den letzten 2 M, 1 M li, 1 M re.
9. Reihe: 1 M re abh (Fh), * 1 M re, 1 U, 3 M re, 2 M re zusstr, 2 x [1 M re, 1 M li], 1 M re, 2 M re abgeh zusstr, 3 M re, 1 U; ab * fortlfd wdh bis zu den letzten 2 M, 2 M re.
10., 12. und 14. Reihe: 1 M li abh (Fv), 1 M li, * 5 M li, 2 x [1 M re, 1 M li], 1 M re, 6 M li; ab * fortlfd wdh bis zur letzten M, 1 M li.
11. Reihe: 1 M re abh (Fh), * 2 M re, 1 U, 2 M re, 2 M re zusstr, 2 x [1 M re, 1 M li], 1 M re, 2 M re abgeh zusstr, 2 M re, 1 U, 1 M re; ab * fortlfd wdh bis zu den letzten 2 M, 2 M re.
13. Reihe: 1 M re abh (Fh), * 3 M re, 1 U, 1 M re, 2 M re zusstr, 2 x [1 M re, 1 M li], 1 M re, 2 M re abgeh zusstr, 1 M re, 1 U, 2 M re; ab * fortlfd wdh bis zu den letzten 2 M, 2 M re.
15. Reihe: 1 M re abh (Fh), * 4 M re, 1 U, 2 M re zusstr, 2 x [1 M re, 1 M li], 1 M re, 2 M re abgeh zusstr, 1 U, 3 M re; ab * fortlfd wdh bis zu den letzten 2 M, 2 M re.
16. Reihe: 1 M li abh (Fv), 1 M li, * 5 M li, 2 x [1 M re, 1 M li], 1 M re, 6 M li; ab * fortlfd wdh bis zur letzten M, 1 M li.
Die 1.–16. R bis zu einer Gesamthöhe von 30,5 cm stets wdh. Alle M abk.

Fertigstellung
Die Fadenenden vernähen. Das Quadrat auf 30,5 cm x 30,5 cm spannen, anfeuchten und trocknen lassen.

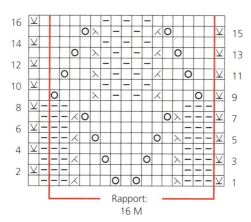

Rapport: 16 M

Zeichenerklärung

☐	in Hinr 1 M re; in Rückr 1 M li
−	in Hinr 1 M li; in Rückr 1 M re
⁄	2 M re zusstr
\	2 M re abgeh zusstr
O	1 U
V	in Hinr 1 M re abh (Fh); in Rückr 1 M li abh (Fv)

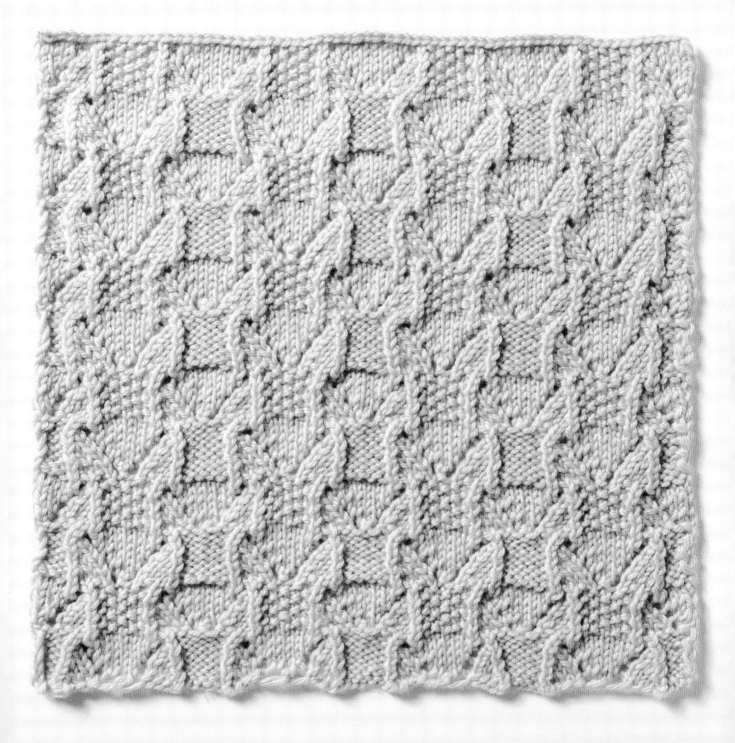

38 Vom Winde verweht

Man hört die Sommerbrise geradezu zwischen den Maschen dieses luftigen Musters wispern.

Fertigmaß
30,5 cm x 30,5 cm

Material
- Cascade 220 Superwash Merino (100 % Merinowolle; LL 200 m/100 g), ca. 60 g (120 m) in Aqua (Fb 36)
- Stricknadeln 4,5 mm (oder andere Nadelstärke gemäß Maschenprobe)

Maschenprobe
20 M und 24 R mit Nd 4,5 mm im Muster (M-Zahl teilbar durch 8 + 4 M) gestrickt = 10 cm x 10 cm
Nehmen Sie sich die Zeit, die Maschenprobe zu überprüfen.

Hinweis
Das Muster kann nach dem Anleitungstext oder nach der Strickschrift gearbeitet werden.

Quadrat
60 M anschl.
Hinweis: In Hinr wird in jedem Rapport 1 M zugenommen, in Rückr wird 1 M je Rapport abgenommen.
1. Reihe (Hinr): 1 M re abh (Fh), 1 M re, * 1 U, 1 M re, 1 U, 2 M re abgeh zusstr, 5 M re; ab * fortlfd wdh bis zu den letzten 2 M, 2 M re.
2. Reihe: 1 M li abh (Fv), 1 M li, * 4 M li, 2 M li verschr zusstr, 3 M li; ab * fortlfd wdh bis zu den letzten 2 M, 2 M li.
3. Reihe: 1 M re abh (Fh), 1 M re, * 1 U, 1 M re, 1 U, 2 M re, 2 M re abgeh zusstr, 3 M re; ab * fortlfd wdh bis zu den letzten 2 M, 2 M re.
4. Reihe: 1 M li abh (Fv), 1 M li, * 2 M li, 2 M li verschr zusstr, 5 M li; ab * fortlfd wdh bis zu den letzten 2 M, 2 M li.
5. Reihe: 1 M re abh (Fh), 1 M re, * 1 M re, 1 U, 4 M re, 2 M re abgeh zusstr, 1 M re, 1 U; ab * fortlfd wdh bis zu den letzten 2 M, 2 M re.
6. Reihe: 1 M li abh (Fv), 1 M li, * 1 M li, 2 M li verschr zusstr, 6 M li; ab * fortlfd wdh bis zu den letzten 2 M, 2 M li.
7. Reihe: 1 M re abh (Fh), 1 M re, * 5 M re, 2 M re zusstr, 1 U, 1 M re, 1 U; ab * fortlfd wdh bis zu den letzten 2 M, 2 M re.
8. Reihe: 1 M li abh (Fv), 1 M li, * 3 M li, 2 M li zusstr, 4 M li; ab * fortlfd wdh bis zu den letzten 2 M, 2 M li.
9. Reihe: 1 M re abh (Fh), 1 M re, * 3 M re, 2 M re zusstr, 2 M re, 1 U, 1 M re, 1 U; ab * fortlfd wdh bis zu den letzten 2 M, 2 M re.
10. Reihe: 1 M li abh (Fv), 1 M li, * 5 M li, 2 M li zusstr, 2 M li; ab * fortlfd wdh bis zu den letzten 2 M, 2 M li.
11. Reihe: 1 M re abh (Fh), 1 M re, * 1 U, 1 M re, 2 M re zusstr, 4 M re, 1 U, 1 M re; ab * fortlfd wdh bis zu den letzten 2 M, 2 M re.
12. Reihe: 1 M li abh (Fv), 1 M li, * 6 M li, 2 M li zusstr, 1 M li; ab * fortlfd wdh bis zu den letzten 2 M, 2 M li.
Die 1.–12. R bis zu einer Gesamthöhe von 30,5 cm; mit einer Rückr enden. Alle M abk.

Fertigstellung
Die Fadenenden vernähen. Das Quadrat auf 30,5 cm x 30,5 cm spannen, anfeuchten und trocknen lassen.

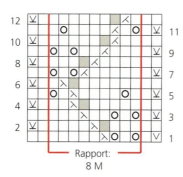

Rapport: 8 M

Zeichenerklärung
- □ in Hinr 1 M re; in Rückr 1 M li
- ⟋ in Hinr 2 M re zusstr; in Rückr 2 M li zusstr
- ⟍ in Hinr 2 M re abgeh zusstr; in Rückr 2 M li verschr zusstr
- O 1 U
- ▨ keine M
- ⱽ in Hinr 1 M re abh (Fh); in Rückr 1 M li abh (Fv)

39 Lochrippen & Zacken

Ein Zickzackmuster aus linken Maschen zieht sich über diese schlichten Lochrippen.

Fertigmaß
30,5 cm x 30,5 cm

Material
- Cascade 220 Superwash Merino (100 % Merinowolle; LL 200 m/100 g), ca. 65 g (130 m) in Aqua Haze (Fb 89)
- Stricknadeln 4,5 mm (oder andere Nadelstärke gemäß Maschenprobe)

Maschenprobe
18 M und 29 R mit Nd 4,5 mm im Muster (M-Zahl teilbar durch 10 + 5 M) gestrickt = 10 cm x 10 cm
Nehmen Sie sich die Zeit, die Maschenprobe zu überprüfen.

Hinweis
Das Muster kann nach dem Anleitungstext oder nach der Strickschrift gearbeitet werden.

Quadrat
55 M anschl.
1. Reihe (Hinr): 1 M re abh (Fh), re M str bis R-Ende.
2. Reihe: 1 M li abh (Fv), li M str bis R-Ende.
3. Reihe: 1 M re abh (Fh), 1 M re, * 1 M li, 3 M re, 1 U, 3 M re übz zusstr, 1 U, 3 M re; ab * fortlfd wdh bis zu den letzten 3 M, 1 M li, 2 M re.
4. Reihe: 1 M li abh (Fv), 2 M li, * 1 M re, 7 M li, 1 M re, 1 M li; ab * fortlfd wdh bis zu den letzten 2 M, 2 M li.
5. Reihe: 1 M re abh (Fh), 1 M re, * 2 M re, 1 M li, 2 M re, 1 U, 2 M re zusstr, 1 M re, 1 M li, 1 M re; ab * fortlfd wdh bis zu den letzten 3 M, 3 M re.
6. Reihe: 1 M li abh (Fv), 2 M li, * 2 M li, 1 M re, 3 M li, 1 M re, 3 M li; ab * fortlfd wdh bis zu den letzten 2 M, 2 M li.
7. Reihe: 1 M re abh (Fh), 1 M re, * 1 U, 2 M re abgeh zusstr, 2 M re, 1 M li, 1 M re, 1 M li, 3 M re; ab * fortlfd wdh bis zu den letzten 3 M, 1 U, 2 M re abgeh zusstr, 1 M re.
8. Reihe: 1 M li abh (Fv), 2 M li, * 4 M li, 1 M re, 5 M li; ab * fortlfd wdh bis zu den letzten 2 M, 2 M li.
Die 1.–8. R bis zu einer Gesamthöhe von 30,5 cm stets wdh. Alle M abk.

Fertigstellung
Die Fadenenden vernähen. Das Quadrat auf 30,5 cm x 30,5 cm spannen, anfeuchten und trocknen lassen.

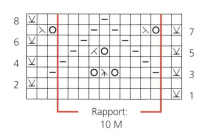

Rapport: 10 M

Zeichenerklärung

□	in Hinr 1 M re; in Rückr 1 M li
−	in Hinr 1 M li; in Rückr 1 M re
O	1 U
⋋	2 M re zusstr
⋌	2 M re abgeh zusstr
⋏	3 M re übz zusstr
⋎	in Hinr 1 M re abh (Fh); in Rückr 1 M li abh (Fv)

40 Vertikale Wellen

Luftige Rhombenformen werden bei diesem Muster von vertikalen Wellenlinien eingerahmt.

Fertigmaß
30,5 cm x 30,5 cm

Material
- Cascade 220 Superwash Merino (100 % Merinowolle; LL 200 m/100 g), ca. 55 g (110 m) in Pastel Turquoise (Fb 90)
- Stricknadeln 4,5 mm (oder andere Nadelstärke gemäß Maschenprobe)

Maschenprobe
17 M und 26 R mit Nd 4,5 mm im Muster (M-Zahl teilbar durch 8 + 5 M) gestrickt = 10 cm x 10 cm
Nehmen Sie sich die Zeit, die Maschenprobe zu überprüfen.

Hinweis
Das Muster kann nach dem Anleitungstext oder nach der Strickschrift gearbeitet werden.

Quadrat
53 M anschl.
1. Reihe (Hinr): 1 M re abh (Fh), 1 M re, 1 M li, * 1 M li, 2 M re zusstr, 1 U, 1 M li, 1 U, 2 M re abgeh zusstr, 2 M li; ab * fortlfd wdh bis zu den letzten 2 M, 2 M re.
2. Reihe: 1 M li abh (Fv), 1 M li, * 2 M re, 2 x [2 M li, 1 M re]; ab * fortlfd wdh bis zu den letzten 3 M, 1 M re, 2 M li.
3. Reihe: 1 M re abh (Fh), 1 M re, 1 M li, * 2 M re zusstr, 1 U, 3 M re, 1 U, 2 M re abgeh zusstr, 1 M li; ab * fortlfd wdh bis zu den letzten 2 M, 2 M re.
4. Reihe: 1 M li abh (Fv), 1 M li, * 1 M re, 7 M li; ab * fortlfd wdh bis zu den letzten 3 M, 1 M re, 2 M li.
5. Reihe: 1 M re abh (Fh), 1 M re, 1 M li, * 7 M re, 1 M li; ab * fortlfd wdh bis zu den letzten 2 M, 2 M re.
6. Reihe: Die 4. R wdh.
7. Reihe: 1 M re abh (Fh), 1 M re, 1 M li, * 2 M re abgeh zusstr, 1 U, 3 M li, 1 U, 2 M re zusstr, 1 M li; ab * fortlfd wdh bis zu den letzten 2 M, 2 M re.
8. Reihe: 1 M li abh (Fv), 1 M li, * 1 M re, 2 M li, 3 M re, 2 M li; ab * fortlfd wdh bis zu den letzten 3 M, 1 M re, 2 M li.
9. Reihe: 1 M re abh (Fh), 1 M re, 1 M li, * 1 U, 2 M re abgeh zusstr, 3 M li, 2 M re zusstr, 1 U, 1 M li; ab * fortlfd wdh bis zu den letzten 2 M, 2 M re.
10. Reihe: 1 M li abh (Fv), 1 M li, * 3 M li, 3 M re, 2 M li; ab * fortlfd wdh bis zu den letzten 3 M, 3 M li.
11. Reihe: 1 M re abh (Fh), 2 M re, * 1 M re, 1 U, 2 M re abgeh zusstr, 1 M li, 2 M re zusstr, 1 U, 2 M re; ab * fortlfd wdh bis zu den letzten 2 M, 2 M re.
12. Reihe: 1 M li abh (Fv), 1 M li, * 4 M li, 1 M re, 3 M li; ab * fortlfd wdh bis zu den letzten 3 M, 3 M li.
13. Reihe: 1 M re abh (Fh), 2 M re, * 3 M re, 1 M li, 4 M re; ab * fortlfd wdh bis zu den letzten 2 M, 2 M re.
14. Reihe: 1 M li abh (Fv), li M str bis R-Ende.
15. Reihe: 1 M re abh (Fh), 1 M re, 1 M li, * 1 U, 2 M re abgeh zusstr, 1 M re, 1 M li, 1 M re, 2 M re zusstr, 1 U, 1 M li; ab * fortlfd wdh bis zu den letzten 2 M, 2 M re.
16. Reihe: 1 M li abh (Fv), 1 M li, * 2 M re, 2 x [2 M li, 1 M re]; ab * fortlfd wdh bis zu den letzten 3 M, 1 M re, 2 M li.
Die 1.–16. R bis zu einer Gesamthöhe von 30,5 cm stets wdh. Alle M abk.

Fertigstellung
Die Fadenenden vernähen. Das Quadrat auf 30,5 cm x 30,5 cm spannen, anfeuchten und trocknen lassen.

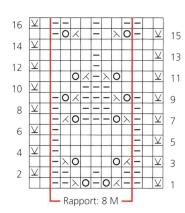

Zeichenerklärung

☐	in Hinr 1 M re; in Rückr 1 M li
−	in Hinr 1 M li; in Rückr 1 M re
⁄	2 M re zusstr
\	2 M re abgeh zusstr
O	1 U
V	in Hinr 1 M re abh (Fh); in Rückr 1 M li abh (Fv)

Rapport: 8 M

41 Halb und halb

Schräge Lochreihen teilen die Quadrate dieses Musters in je ein glatt rechts und glatt links gestricktes Dreieck.

Fertigmaß
30,5 cm x 30,5 cm

Material
- Cascade 220 Superwash Merino (100 % Merinowolle; LL 200 m/100 g), ca. 75 g (150 m) in Ice Green (Fb 37)
- Stricknadeln 4,5 mm (oder andere Nadelstärke gemäß Maschenprobe)

Maschenprobe
18,5 M und 32 R mit Nd 4,5 mm im Muster (M-Zahl teilbar durch 8 + 2 M) gestrickt = 10 cm x 10 cm
Nehmen Sie sich die Zeit, die Maschenprobe zu überprüfen.

Hinweis
Das Muster kann nach dem Anleitungstext oder nach der Strickschrift gearbeitet werden.

Quadrat
58 M anschl.
1. Reihe (Hinr): 1 M re abh (Fh), * 6 M re, 2 M re zusstr, 1 U; ab * fortlfd wdh bis zur letzten M, 1 M re.
2. Reihe: 1 M li abh (Fv), * 1 M re, 7 M li; ab * fortlfd wdh bis zur letzten M, 1 M li.
3. Reihe: 1 M re abh (Fh), * 5 M re, 2 M re zusstr, 1 U, 1 M li; ab * fortlfd wdh bis zur letzten M, 1 M re.
4. Reihe: 1 M li abh (Fv), * 2 M re, 6 M li; ab * fortlfd wdh bis zur letzten M, 1 M li.
5. Reihe: 1 M re abh (Fh), * 4 M re, 2 M re zusstr, 1 U, 2 M li; ab * fortlfd wdh bis zur letzten M, 1 M re.
6. Reihe: 1 M li abh (Fv), * 3 M re, 5 M li; ab * fortlfd wdh bis zur letzten M, 1 M li.
7. Reihe: 1 M re abh (Fh), * 3 M re, 2 M re zusstr, 1 U, 3 M li; ab * fortlfd wdh bis zur letzten M, 1 M re.
8. Reihe: 1 M li abh (Fv), * 4 M re, 4 M li; ab * fortlfd wdh bis zur letzten M, 1 M li.
9. Reihe: 1 M re abh (Fh), * 2 M re, 2 M re zusstr, 1 U, 4 M li; ab * fortlfd wdh bis zur letzten M, 1 M re.
10. Reihe: 1 M li abh (Fv), * 5 M re, 3 M li; ab * fortlfd wdh bis zur letzten M, 1 M li.
11. Reihe: 1 M re abh (Fh), * 1 M re, 2 M re zusstr, 1 U, 5 M li; ab * fortlfd wdh bis zur letzten M, 1 M re.
12. Reihe: 1 M li abh (Fv), * 6 M re, 2 M li; ab * fortlfd wdh bis zur letzten M, 1 M li.
13. Reihe: 1 M re abh (Fh), * 2 M re zusstr, 1 U, 6 M li; ab * fortlfd wdh bis zur letzten M, 1 M re.
14. Reihe: 1 M li abh (Fv), * 7 M re, 1 M li; ab * fortlfd wdh bis zur letzten M, 1 M li.
Die 1.–14. R bis zu einer Gesamthöhe von 30,5 cm stets wdh. Alle M abk.

Fertigstellung
Die Fadenenden vernähen. Das Quadrat auf 30,5 cm x 30,5 cm spannen, anfeuchten und trocknen lassen.

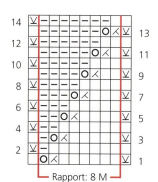

Zeichenerklärung

☐ in Hinr 1 M re; in Rückr 1 M li
─ in Hinr 1 M li; in Rückr 1 M re
O 1 U
⌿ 2 M re zusstr
⌵ in Hinr 1 M re abh (Fh); in Rückr 1 M li abh (Fv)

Rapport: 8 M

42 Bergauf

Exakte Lochreihen gliedern dieses Quadrat in diagonalen Streifen.

Fertigmaß
30,5 cm x 30,5 cm

Material
- Cascade 220 Superwash Merino (100 % Merinowolle; LL 200 m/100 g), ca. 60 g (120 m) in Aqua (Fb 36)
- Stricknadeln 4,5 mm (oder andere Nadelstärke gemäß Maschenprobe)

Maschenprobe
19 M und 28 R mit Nd 4,5 mm im Muster (M-Zahl teilbar durch 3 + 5 M) gestrickt = 10 cm x 10 cm
Nehmen Sie sich die Zeit, die Maschenprobe zu überprüfen.

Hinweis
Das Muster kann nach dem Anleitungstext oder nach der Strickschrift gearbeitet werden.

Quadrat
59 M anschl.
1. Reihe (Hinr): 1 M re abh (Fh), 1 M re, * 1 M re, 2 M re abgeh zusstr, 1 U; ab * fortlfd wdh bis zu den letzten 3 M, 3 M re.
2. Reihe: 1 M li abh (Fv), li M str bis R-Ende.
3. Reihe: 1 M re abh (Fh), 1 M re, * 2 M re abgeh zusstr, 1 U, 1 M re; ab * fortlfd wdh bis R-Ende.
4. Reihe: 1 M li abh (Fv), li M str bis R-Ende.
5. Reihe: 1 M re abh (Fh), * 2 M re abgeh zusstr, 1 U, 1 M re; ab * fortlfd wdh bis zur letzten M, 1 M re.
6. Reihe: 1 M li abh (Fv), li M str bis R-Ende.
Die 1.–6. R bis zu einer Gesamthöhe von 30,5 cm stets wdh. Alle M abk.

Fertigstellung
Die Fadenenden vernähen. Das Quadrat auf 30,5 cm x 30,5 cm spannen, anfeuchten und trocknen lassen.

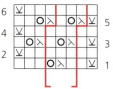

Rapport: 3 M

Zeichenerklärung

☐ in Hinr 1 M re; in Rückr 1 M li

⊟ in Rückr 1 M re

○ 1 U

⋋ 2 M re abgeh zusstr

⌄ in Hinr 1 M re abh (Fh); in Rückr 1 M li abh (Fv)

43 Schneegestöber

Ein hinreißendes Strickmuster aus einfachen Umschlägen und Abnahmen versetzt Sie in ein Winterwunderland.

Fertigmaß
30,5 cm x 30,5 cm

Material
- Cascade 220 Superwash Merino (100 % Merinowolle; LL 200 m/100 g), ca. 60 g (120 m) in Aqua Haze (Fb 89)
- Stricknadeln 4,5 mm (oder andere Nadelstärke gemäß Maschenprobe)

Maschenprobe
19 M und 27 R mit Nd 4,5 mm im Muster (M-Zahl teilbar durch 8 + 3 M) gestrickt = 10 cm x 10 cm
Nehmen Sie sich die Zeit, die Maschenprobe zu überprüfen.

Hinweis
Das Muster kann nach dem Anleitungstext oder nach der Strickschrift gearbeitet werden.

Quadrat
59 M anschl.
1. Reihe (Hinr): 1 M re abh (Fh), 1 M re, * 2 M re abgeh zusstr, 2 x [1 M re, 1 U], 1 M re, 2 M re zusstr, 1 M re; ab * fortlfd wdh bis zur letzten M, 1 M re.
2. Reihe und alle folg Rückr: 1 M li abh (Fv), li M str bis R-Ende.
3. Reihe: 1 M re abh (Fh), 1 M re, * 2 M re abgeh zusstr, 1 U, 3 M re, 1 U, 2 M re zusstr, 1 M re; ab * fortlfd wdh bis zur letzten M, 1 M re.
5. Reihe: 1 M re abh (Fh), 1 M re, * 1 U, 1 M re, 2 M re zusstr, 1 M re, 2 M re abgeh zusstr, 1 M re, 1 U, 1 M re; ab * fortlfd wdh bis zur letzten M, 1 M re.
7. Reihe: 1 M re abh (Fh), 1 M re, * 1 M re, 1 U, 2 M re zusstr, 1 M re, 2 M re abgeh zusstr, 1 U, 2 M re; ab * fortlfd wdh bis zur letzten M, 1 M re.
8. Reihe: 1 M li abh (Fv), li M str bis R-Ende.
Die 1.–8. R bis zu einer Gesamthöhe von 30,5 cm stets wdh. Alle M abk.

Fertigstellung
Die Fadenenden vernähen. Das Quadrat auf 30,5 cm x 30,5 cm spannen, anfeuchten und trocknen lassen.

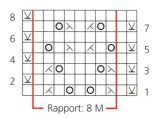

Zeichenerklärung

☐ in Hinr 1 M re; in Rückr 1 M li
O 1 U
⟋ 2 M re zusstr
⟍ 2 M re abgeh zusstr
⩔ in Hinr 1 M re abh (Fh); in Rückr 1 M li abh (Fv)

44 Kahle Zweige

Dekorative Löchlein streben von einer Mittelrippe aus nach außen und oben: Sie erinnern an kahle Zweige in einem friedvollen Winterwald.

Fertigmaß
30,5 cm x 30,5 cm

Material
- Cascade 220 Superwash Merino (100 % Merinowolle; LL 200 m/100 g), ca. 60 g (120 m) in Pastel Turquoise (Fb 90)
- Stricknadeln 4,5 mm (oder andere Nadelstärke gemäß Maschenprobe)

Maschenprobe
18 M und 27 R mit Nd 4,5 mm im Muster (M-Zahl teilbar durch 11 + 2 M) gestrickt = 10 cm x 10 cm
Nehmen Sie sich die Zeit, die Maschenprobe zu überprüfen.

Hinweis
Das Muster kann nach dem Anleitungstext oder nach der Strickschrift gearbeitet werden.

Quadrat
57 M anschl.
1. Reihe (Hinr): 1 M re abh (Fh), * 3 M re, 2 M re zusstr, 1 U, 1 M re, 1 U, 2 M re abgeh zusstr, 3 M re; ab * fortlfd wdh bis zur letzten M, 1 M re.
2. Reihe und alle folg Rückr: 1 M li abh (Fv), li M str bis R-Ende.
3. Reihe: 1 M re abh (Fh), * 2 M re, 2 M re zusstr, 1 U, 3 M re, 1 U, 2 M re abgeh zusstr, 2 M re; ab * fortlfd wdh bis zur letzten M, 1 M re.
5. Reihe: 1 M re abh (Fh), * 1 M re, 2 x [2 M re zusstr, 1 U], 1 M re, 2 x [1 U, 2 M re abgeh zusstr], 1 M re; ab * fortlfd wdh bis zur letzten M, 1 M re.
7. Reihe: 1 M re abh (Fh), * 2 x [2 M re zusstr, 1 U], 3 M re, 2 x [1 U, 2 M re abgeh zusstr]; ab * fortlfd wdh bis zur letzten M, 1 M re.
8. Reihe: 1 M li abh (Fv), li M str bis R-Ende.
Die 1.–8. R bis zu einer Gesamthöhe von 30,5 cm stets wdh. Alle M abk.

Fertigstellung
Die Fadenenden vernähen. Das Quadrat auf 30,5 cm x 30,5 cm spannen, anfeuchten und trocknen lassen.

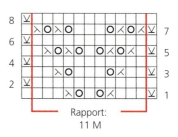

Rapport: 11 M

Zeichenerklärung
- ☐ in Hinr 1 M re; in Rückr 1 M li
- O 1 U
- ╱ 2 M re zusstr
- ╲ 2 M re abgeh zusstr
- V in Hinr 1 M re abh (Fh); in Rückr 1 M li abh (Fv)

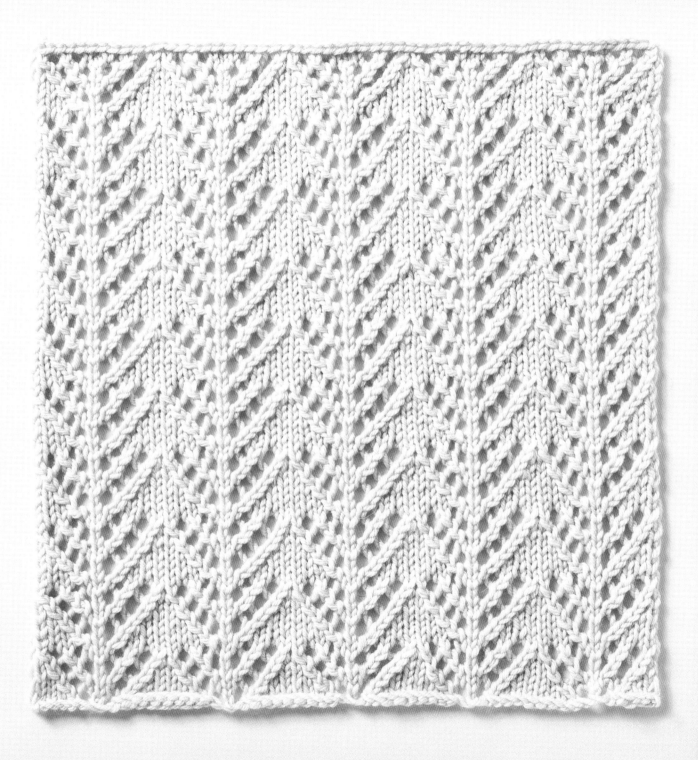

45 Transparente Tulpen

Diese Lochmustermotive ähneln zierlichen Tulpen, könnten aber auch als Herzen angesehen werden – zwei zauberhafte Assoziationen.

Fertigmaß
30,5 cm x 30,5 cm

Material
- Cascade 220 Superwash Merino (100 % Merinowolle; LL 200 m/100 g), ca. 70 g (140 m) in Ice Green (Fb 37)
- Stricknadeln 4,5 mm (oder andere Nadelstärke gemäß Maschenprobe)

Maschenprobe
18 M und 32 R mit Nd 4,5 mm im Muster (M-Zahl teilbar durch 10 + 5 M) gestrickt = 10 cm x 10 cm
Nehmen Sie sich die Zeit, die Maschenprobe zu überprüfen.

Hinweis
Das Muster kann nach dem Anleitungstext oder nach der Strickschrift gearbeitet werden.

Quadrat
55 M anschl.
1. Reihe (Hinr): 1 M re abh (Fh), 1 M re, * 1 U, 2 M re abgeh zusstr, 8 M re; ab * fortlfd wdh bis zu den letzten 3 M, 1 U, 2 M re abgeh zusstr, 1 M re.
2. Reihe und alle folg Rückr: 1 M li abh (Fv), li M str bis R-Ende.
3. Reihe: 1 M re abh (Fh), 1 M re, * 1 M re, 1 U, 2 M re abgeh zusstr, 5 M re, 2 M re zusstr, 1 U; ab * fortlfd wdh bis zu den letzten 3 M, 3 M re.
5. Reihe: 1 M re abh (Fh), 1 M re, * 2 M re, 1 U, 2 M re abgeh zusstr, 3 M re, 2 M re zusstr, 1 U, 1 M re; ab * fortlfd wdh bis zu den letzten 3 M, 3 M re.
7. Reihe: Die 3. R wdh.
9. Reihe: 1 M re abh (Fh), 1 M re, * 5 M re, 1 U, 2 M re abgeh zusstr, 3 M re; ab * fortlfd wdh bis zu den letzten 3 M, 3 M re.
11. Reihe: 1 M re abh (Fh), 1 M re, * 3 M re, 2 M re zusstr, 1 U, 1 M re, 1 U, 2 M re abgeh zusstr, 2 M re; ab * fortlfd wdh bis zu den letzten 3 M, 3 M re.
13. Reihe: 1 M re abh (Fh), 1 M re, * 2 M re, 2 M re zusstr, 1 U, 3 M re, 1 U, 2 M re abgeh zusstr, 1 M re; ab * fortlfd wdh bis zu den letzten 3 M, 3 M re.
15. Reihe: Die 11. R wdh.
16. Reihe: 1 M li abh (Fv), li M str bis R-Ende.
Die 1.–16. R bis zu einer Gesamthöhe von 30,5 cm stets wdh. Alle M abk.

Fertigstellung
Die Fadenenden vernähen. Das Quadrat auf 30,5 cm x 30,5 cm spannen, anfeuchten und trocknen lassen.

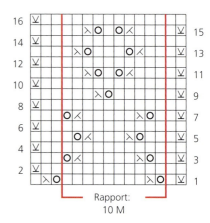

Rapport: 10 M

Zeichenerklärung

☐ in Hinr 1 M re; in Rückr 1 M li

○ 1 U

╱ 2 M re zusstr

╲ 2 M re abgeh zusstr

⌵ in Hinr 1 M re abh (Fh); in Rückr 1 M li abh (Fv)

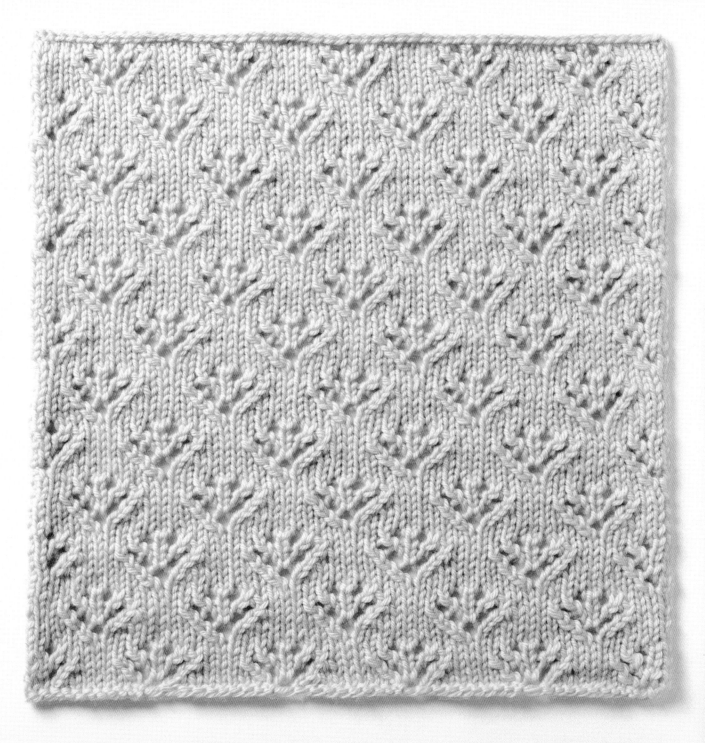

Decke „Meeresrauschen"

Dasselbe Muster in vier unterschiedlichen Blautönen gestrickt, ergibt einen einfachen und doch auffälligen grafischen Effekt, wenn man die Quadrate in wechselnder Ausrichtung anordnet.

Fertigmaß
Ca. 123 cm x 123 cm

Material
- Cascade 220 Superwash Merino (100 % Merinowolle; LL 200 m/100 g):
  A Aqua (Fb 36), 300 g
  B Ice Green (Fb 37), 300 g
  C Pastel Turquoise (Fb 90), 300 g
  D Aqua Haze (Fb 89), 300 g
- Stricknadeln 4,5 mm (oder andere Nadelstärke gemäß Maschenprobe)
- Rundstricknadel 4,5 mm, 80 cm lang
- 1 Spielstricknadel 4,5 mm

Hinweis
Die Rundstricknadel wird nur der großen Maschenzahl wegen benötigt. Die Arbeit nicht zur Runde schließen.

Decke
16 Quadrate im Muster „Bergauf" (Nr. 42, siehe Seite 126) str: jeweils 4 Quadrate in Fb A, B, C und D.
Die Quadrate entsprechend der nebenstehenden Grafik anordnen und zusammennähen.
Die Fadenenden vernähen.

Mehrfarbige I-Cord-Blende
Von der rechten Seite der Arbeit aus mit der Rundstricknd und dem Faden in Fb A von links nach recht 55 M gleichmäßig verteilt aus der Kante jedes Quadrats in Fb A zwischen Punkt A und Punkt D re herausstr (= 220 M).
4 M neu anschl (= 224 M insgesamt).
1. Reihe: Mit der Spielstricknd 3 M re, 2 M re abgeh zusstr, die 4 M zurück auf die linke Nd (= Rundstricknd) heben, die Arbeit nicht wenden, sondern den Faden fest über die Rückseite der Arbeit ziehen.
Die 1. R bis zur Ecke fortlfd wdh, dann 3 I-Cord-R ohne Verbindung mit der Decke arb, anschließend die 1. R fortlfd wdh, bis alle aufgenommenen M gestrickt sind.
Die verbleibenden M nicht abk. Den Faden in Fb A abschneiden.
Die Kanten jeder weiteren Fb mit einer I-Cord-Blende in der jeweiligen Fb versehen, wie oben beschrieben. Mit Fb B beginnen (M zwischen Punkt B und Punkt A re herausstr), dann mit Fb C (M zwischen Punkt C und Punkt B re herausstr) und Fb D (M zwischen Punkt D und Punkt C re herausstr) fortfahren.
Die verbleibenden M abk. Die 1. und die letzte R des I-Cords zusammennähen.
Die Fadenenden vernähen.

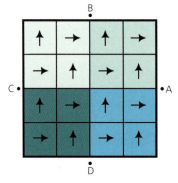

Farbschlüssel
- Fb A
- Fb B
- Fb C
- Fb D
- ↑ Arbeitsrichtung

Extravagante Muster

Durch die Kombination klassischer Techniken oder das Spiel mit außergewöhnlichen Mustern lassen sich zahllose überraschende Effekte erzielen.

46 Embleme

Medaillonartige Rahmen aus verzopften Bändern mit raffinierten Lochmusterdetails im Inneren heben sich plastisch vom glatt links gestrickten Hintergrund ab.

Design: Patty Lyons

Fertigmaß
30,5 cm x 30,5 cm

Material
- Cascade 220 Superwash Merino (100 % Merinowolle; LL 200 m/100 g), ca. 80 g (160 m) in Apricot Blush (Fb 100)
- Stricknadeln 4,5 mm (oder andere Nadelstärke gemäß Maschenprobe)
- Zopfnadel

Maschenprobe
20 M und 28 R mit Nd 4,5 mm glatt re gestrickt = 10 cm x 10 cm
Nehmen Sie sich die Zeit, die Maschenprobe zu überprüfen.

Hinweis
Das Muster kann nach dem Anleitungstext oder nach der Strickschrift gearbeitet werden.

Besondere Abkürzungen
3 M rdr: 1 M auf einer Zopfnd hinter die Arbeit legen, 2 M re str, dann die M der Zopfnd li str.
3 M ldr: 2 M auf einer Zopfnd vor die Arbeit legen, 1 M li str, dann die 2 M der Zopfnd re str.
4 M rvkr: 2 M auf einer Zopfnd hinter die Arbeit legen, 2 M re str, dann die 2 M der Zopfnd re str.
4 M lvkr: 2 M auf einer Zopfnd vor die Arbeit legen, 2 M re str, dann die 2 M der Zopfnd re str.
4 M rdr: 2 M auf einer Zopfnd hinter die Arbeit legen, 2 M re str, dann die 2 M der Zopfnd re str.
4 M ldr: 2 M auf einer Zopfnd vor die Arbeit legen, 2 M li str, dann die 2 M der Zopfnd re str.

Quadrat
74 M anschl.
4 R re M str.

Beginn des Musters
1. Reihe (Rückr): 1 M li abh (Fv), 13 M re, 4 M li, 9 M re, 2 M li, 2 M re, 12 M li, 2 M re, 2 M li, 9 M re, 4 M li, 13 M re, 1 M li.
2. Reihe: 1 M re abh (Fh), 2 M re, 11 M li, 4 M rvkr, 9 M li, 2 M re, 2 M li, 2 M re zusstr, 2 M re, 1 U, 4 M re, 1 U, 2 M re, 2 M re abgeh zusstr, 2 M li, 2 M re, 9 M li, 4 M rvkr, 11 M li, 3 M re.
3. Reihe: Die 1. R wdh.
4. Reihe: 1 M re abh (Fh), 2 M re, 9 M li, 4 M rvkr, 4 M lvkr, 7 M li, 2 M re, 2 M li, 2 M re zusstr, 1 M re, 1 U, 6 M re, 1 U, 1 M re, 2 M re abgeh zusstr, 2 M li, 2 M re, 7 M li, 4 M rvkr, 4 M lvkr, 9 M li, 3 M re.
5. Reihe: 1 M li abh (Fv), 11 M re, 8 M li, 7 M re, 2 M li, 2 M re, 12 M li, 2 M re, 2 M li, 7 M re, 8 M li, 11 M re, 1 M li.
6. Reihe: 1 M re abh (Fh), 2 M re, 7 M li, 4 M rvkr, 4 M re, 4 M lvkr, 5 M li, 3 M ldr, 1 M re, 1 U, 2 M re, 2 M re abgeh zusstr, 1 M re, 2 M li, 1 M re, 2 M re zusstr, 2 M re, 1 U, 1 M re, 3 M rdr, 5 M li, 4 M rvkr, 4 M re, 4 M lvkr, 7 M li, 3 M re.
7. Reihe: 1 M li abh (Fv), 9 M re, 12 M li, 6 M re, 8 M li, 2 M re, 8 M li, 6 M re, 12 M li, 9 M re, 1 M li.
8. Reihe: 1 M re abh (Fh), 2 M re, 7 M li, 2 M re, 4 M rvkr, 4 M lvkr, 2 M re, 6 M li, 3 M ldr, 1 M re, 1 U, 1 M re, 2 M re abgeh zusstr, 1 M re, 2 M li, 1 M re, 2 M re zusstr, 1 M re, 1 U, 1 M re, 3 M rdr, 6 M li, 2 M re, 4 M rvkr, 4 M lvkr, 2 M re, 7 M li, 3 M re.
9. Reihe: 1 M li abh (Fv), 9 M re, 12 M li, 7 M re, 7 M li, 2 M re, 7 M li, 7 M re, 12 M li, 9 M re, 1 M li.
10. Reihe: 1 M re abh (Fh), 2 M re, 7 M li, 4 M rdr, 4 M re, 4 M ldr, 7 M li, 3 M ldr, 1 M re, 1 U, 2 M re abgeh zusstr, 1 M re, 2 M li, 1 M re, 2 M re zusstr, 1 U, 1 M re, 3 M rdr, 7 M li, 4 M rdr, 4 M re, 4 M ldr, 7 M li, 3 M re.
11. Reihe: 1 M li abh (Fv), 9 M re, 2 M li, 2 M re, 4 M li, 2 M re, 2 M li, 8 M re, 6 M li, 2 M re, 6 M li, 8 M re, 2 M li, 2 M re, 4 M li, 2 M re, 2 M li, 9 M re, 1 M li.
12. Reihe: 1 M re abh (Fh), 2 M re, 6 M li, 3 M rdr, 2 M li zusstr, 1 M re, 1 U, 2 M li verschr zusstr, 3 M ldr, 7 M li, 3 M ldr, 3 M re, 2 M li, 3 M re, 3 M rdr, 7 M li, 3 M rdr, 2 M li zusstr, 1 U, 4 M re, 1 U, 2 M li verschr zusstr, 3 M ldr, 6 M li, 3 M re.
13. Reihe: 1 M li abh (Fv), 8 M re, 2 M li, 2 M re, 6 M li, 2 M re, 2 M li, 8 M re, 5 M li, 2 M re, 5 M li, 8 M re, 2 M li, 2 M re, 6 M li, 2 M re, 2 M li, 8 M re, 1 M li.
14. Reihe: 1 M re abh (Fh), 2 M re, 5 M li, 3 M rdr, 2 M li zusstr, 1 U, 2 M re abgeh zusstr, 1 U, 2 M li, 1 M re, 2 M re zusstr, 1 U, 2 M li verschr zusstr, 3 M ldr, 7 M li, 4 M lvkr, 4 M re, 4 M rvkr, 7 M li, 3 M rdr, 2 M li zusstr, 1 U, 2 M re abgeh zusstr, 1 U, 2 M li, 1 U, 2 M re zusstr, 1 U, 2 M li verschr zusstr, 3 M ldr, 5 M li, 3 M re.
15. Reihe: 1 M li abh (Fv), 7 M re, 2 M li, 2 x [2 M re, 3 M li], 2 M re, 2 M li, 7 M re, 12 M li, 7 M re, 2 M li, 2 x [2 M re, 3 M li], 2 M re, 2 M li, 7 M re, 1 M li.
16. Reihe: 1 M re abh (Fh), 2 M re, 4 M li, 3 M rdr, 2 M li zusstr, 1 U, 2 M re abgeh zusstr, 1 U, 1 M re, 2 M li, 1 M re, 1 U, 2 M re zusstr, 1 U, 2 M li verschr zusstr, 3 M ldr, 6 M li, 2 M re, 4 M lvkr, 4 M rvkr, 2 M re, 6 M li, 3 M rdr, 2 M li zusstr, 1 U, 2 M re abgeh zusstr, 1 U, 1 M re, 2 M li, 1 M re, 1 U, 2 M re zusstr, 1 U, 2 M li verschr zusstr, 3 M ldr, 4 M li, 3 M re.
17. Reihe: 1 M li abh (Fv), 6 M re, 2 M li, 2 x [2 M re, 4 M li], 2 M re, 2 M li, 6 M re, 12 M li, 6 M re, 2 M li, 2 x [2 M re, 4 M li], 2 M re, 2 M li, 6 M re, 1 M li.

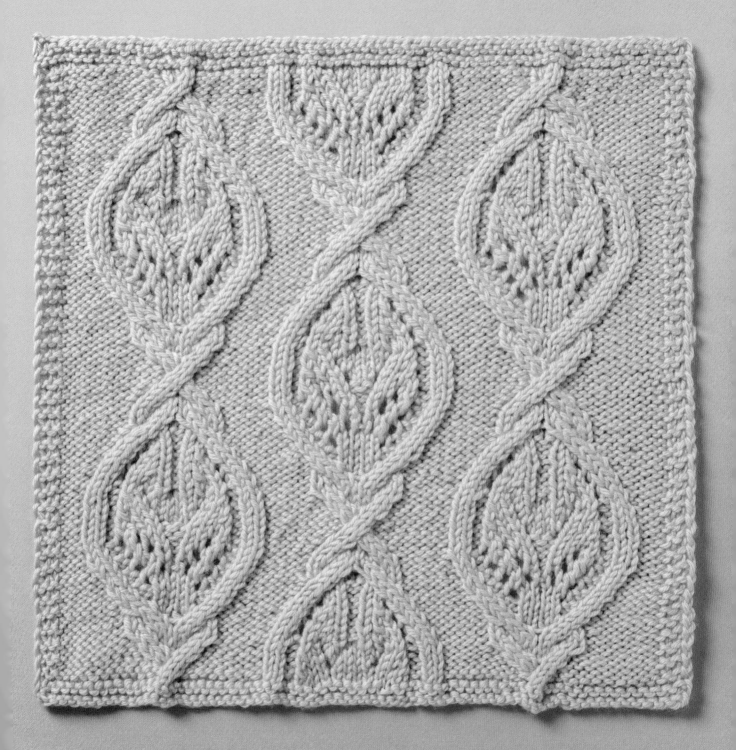

18. Reihe: 1 M re abh (Fh), 2 M re, 3 M li, 3 M rdr, 2 M li zusstr, 1 U, 2 M re abgeh zusstr, 1 U, 2 M re, 2 M li, 2 M re, 1 U, 2 M re zusstr, 1 U, 2 M li verschr zusstr, 3 M ldr, 5 M li, 4 M ldr, 4 M re, 4 M rdr, 5 M li, 3 M rdr, 2 M li zusstr, 1 U, 2 M re abgeh zusstr, 1 U, 2 M re, 2 M li, 2 M re, 1 U, 2 M re zusstr, 1 U, 2 M li verschr zusstr, 3 M ldr, 3 M li, 3 M re.
19. Reihe: 1 M li abh (Fv), 5 M re, 2 M li, 2 x [2 M re, 5 M li], 2 M re, 2 M li, 7 M re, 8 M li, 7 M re, 2 M li, 2 x [2 M re, 5 M li], 2 M re, 2 M li, 5 M re, 1 M li.
20. Reihe: 1 M re abh (Fh), 2 M re, 3 M li, 2 M re, 2 M li, 2 M re zusstr, 3 M re, 1 U, 2 M re, 1 U, 3 M re, 2 M re abgeh zusstr, 2 M li, 2 M re, 7 M li, 4 M ldr, 4 M rdr, 7 M li, 2 M re, 2 M li, 2 M re zusstr, 3 M re, 1 U, 2 M re, 1 U, 3 M re, 2 M re abgeh zusstr, 2 M li, 2 M re, 3 M li, 3 M re.
21. Reihe: 1 M li abh (Fv), 5 M re, 2 M li, 2 M re, 12 M li, 2 M re, 2 M li, 9 M re, 4 M li, 9 M re, 2 M li, 2 M re, 12 M li, 2 M re, 2 M li, 5 M re, 1 M li.
22. Reihe: 1 M re abh (Fh), 2 M re, 3 M li, 2 M re, 2 M li, 2 M re zusstr, 2 M re, 1 U, 4 M re, 1 U, 2 M re, 2 M re abgeh zusstr, 2 M li, 2 M re, 9 M li, 4 M rvkr, 9 M li, 2 M re, 2 M li, 2 M re zusstr, 2 M re, 1 U, 4 M re, 1 U, 2 M re, 2 M re abgeh zusstr, 2 M li, 2 M re, 3 M li, 3 M re.
23. Reihe: Die 21. R wdh.
24. Reihe: 1 M re abh (Fh), 2 M re, 3 M li, 2 M re, 2 M li, 2 M re zusstr, 1 M re, 1 U, 6 M re, 1 U, 1 M re, 2 M re abgeh zusstr, 2 M li, 2 M re, 7 M li, 4 M rvkr, 4 M lvkr, 7 M li, 2 M re, 2 M li, 2 M re zusstr, 1 M re, 1 U, 6 M re, 1 U, 1 M re, 2 M re abgeh zusstr, 2 M li, 2 M re, 3 M li, 3 M re.
25. Reihe: 1 M li abh (Fv), 5 M re, 2 M li, 2 M re, 12 M li, 2 M re, 2 M li, 7 M re, 8 M li, 7 M re, 2 M li, 2 M re, 12 M li, 2 M re, 2 M li, 5 M re, 1 M li.
26. Reihe: 1 M re abh (Fh), 2 M re, 3 M li, 3 M ldr, 1 M re, 1 U, 2 M re, 2 M re abgeh zusstr, 1 M re, 2 M li, 1 M re, 2 M re abgeh zusstr, 2 M re, 1 U, 1 M re, 3 M rdr, 5 M li, 4 M rvkr, 4 M re, 4 M lvkr, 5 M li, 3 M ldr, 1 M re, 1 U, 2 M re, 2 M re abgeh zusstr, 1 M re, 2 M li, 1 M re, 2 M re zusstr, 2 M re, 1 U, 1 M re, 3 M rdr, 3 M li, 3 M re.
27. Reihe: 1 M li abh (Fv), 6 M re, 8 M li, 2 M re, 8 M li, 6 M re, 12 M li, 6 M re, 8 M li, 2 M re, 8 M li, 6 M re, 1 M li.

28. Reihe: 1 M re abh (Fh), 2 M re, 4 M li, 3 M ldr, 1 M re, 1 U, 1 M re, 2 M re abgeh zusstr, 1 M re, 2 M li, 1 M re, 2 M re zusstr, 1 M re, 1 U, 1 M re, 3 M rdr, 6 M li, 2 M re, 4 M rvkr, 4 M lvkr, 2 M re, 6 M li, 3 M ldr, 1 M re, 1 U, 1 M re, 2 M re abgeh zusstr, 1 M re, 2 M li, 1 M re, 2 M re zusstr, 1 M re, 1 U, 1 M re, 3 M rdr, 4 M li, 3 M re.
29. Reihe: 1 M li abh (Fv), 7 M re, 7 M li, 2 M re, 7 M li, 7 M re, 12 M li, 7 M re, 7 M li, 2 M re, 7 M li, 7 M re, 1 M li.
30. Reihe: 1 M re abh (Fh), 2 M re, 5 M li, 3 M ldr, 1 M re, 1 U, 2 M re abgeh zusstr, 1 M re, 2 M li, 1 M re, 2 M re zusstr, 1 U, 1 M re, 3 M rdr, 7 M li, 4 M rdr, 4 M re, 4 M ldr, 7 M li, 3 M ldr, 1 M re, 1 U, 2 M re abgeh zusstr, 1 M re, 2 M li, 1 M re, 2 M re zusstr, 1 U, 1 M re, 3 M rdr, 5 M li, 3 M re.
31. Reihe: 1 M li abh (Fv), 8 M re, 6 M li, 2 M re, 6 M li, 8 M re, 2 M li, 2 M re, 4 M li, 2 M re, 2 M li, 8 M re, 6 M li, 2 M re, 6 M li, 8 M re, 1 M li.
32. Reihe: 1 M re abh (Fh), 2 M re, 6 M li, 3 M ldr, 3 M re, 2 M li, 3 M re, 3 M rdr, 7 M li, 3 M rdr, 2 M li zusstr, 1 U, 4 M re, 1 U, 2 M li verschr zusstr, 3 M ldr, 7 M li, 3 M ldr, 3 M re, 2 M li, 3 M re, 3 M rdr, 6 M li, 3 M re.
33. Reihe: 1 M li abh (Fv), 9 M re, 5 M li, 2 M re, 5 M li, 8 M re, 2 M li, 2 M re, 6 M li, 2 M re, 2 M li, 8 M re, 5 M li, 2 M re, 5 M li, 9 M re, 1 M li.
34. Reihe: 1 M re abh (Fh), 2 M re, 7 M li, 4 M lvkr, 4 M re, 4 M rvkr, 7 M li, 3 M rdr, 2 M li zusstr, 1 U, 2 M re abgeh zusstr, 1 U, 2 M li, 1 U, 2 M re zusstr, 1 U, 2 M li verschr zusstr, 3 M ldr, 7 M li, 4 M lvkr, 4 M re, 4 M rvkr, 7 M li, 3 M re.
35. Reihe: 1 M li abh (Fv), 9 M re, 12 M li, 7 M re, 2 M li, 2 x [2 M re, 3 M li], 2 M re, 2 M li, 7 M re, 12 M li, 9 M re, 1 M li.
36. Reihe: 1 M re abh (Fh), 2 M re, 7 M li, 2 M re, 4 M lvkr, 4 M rvkr, 2 M re, 6 M li, 3 M rdr, 2 M li zusstr, 1 U, 2 M re abgeh zusstr, 1 U, 1 M re, 2 M li, 1 M re, 1 U, 2 M re zusstr, 1 U, 2 M li verschr zusstr, 3 M ldr, 6 M li, 2 M re, 4 M lvkr, 4 M rvkr, 2 M re, 7 M li, 3 M re.
37. Reihe: 1 M li abh (Fv), 9 M re, 12 M li, 6 M re, 2 M li, 2 x [2 M re, 4 M li], 2 M re, 2 M li, 6 M re, 12 M li, 9 M re, 1 M li.

38. Reihe: 1 M re abh (Fh), 2 M re, 7 M li, 4 M ldr, 4 M re, 4 M rdr, 5 M li, 3 M rdr, 2 M li zusstr, 1 U, 2 M re abgeh zusstr, 1 U, 2 M re, 2 M li, 2 M re, 1 U, 2 M re zusstr, 1 U, 2 M li verschr zusstr, 3 M ldr, 5 M li, 4 M ldr, 4 M re, 4 M rdr, 7 M li, 3 M re.
39. Reihe: 1 M li abh (Fv), 11 M re, 8 M li, 7 M re, 2 M li, 2 x [2 M re, 5 M li], 2 M re, 2 M li, 7 M re, 8 M li, 11 M re, 1 M li.
40. Reihe: 1 M re abh (Fh), 2 M re, 9 M li, 4 M ldr, 4 M re, 4 M rdr, 7 M li, 2 M re, 2 M li, 2 M re zusstr, 3 M re, 1 U, 2 M re, 1 U, 3 M re, 2 M re abgeh zusstr, 2 M li, 2 M re, 7 M li, 4 M ldr, 4 M rdr, 9 M li, 3 M re.
Die 1.–40. R noch 1 x wdh, dann die 1.–3. R 1 x wdh.
4 R re M str.
Alle M abk.

Fertigstellung

Die Fadenenden vernähen. Das Quadrat auf 30,5 cm x 30,5 cm spannen, anfeuchten und trocknen lassen.

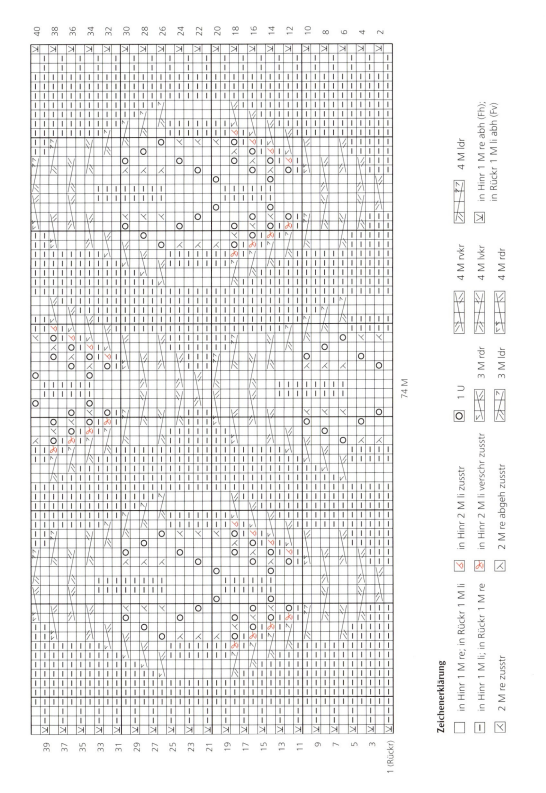

Zeichenerklärung

Embleme

47 Flug

Spiegelbildlich angeordnete verlängerte Maschen erzeugen die Illusion von Flügeln.
Design: Susan B. Anderson

Fertigmaß
30,5 cm x 30,5 cm

Material
- Cascade 220 Superwash Merino (100 % Merinowolle; LL 200 m/100 g), ca. 65 g (130 m) in Camelia (Fb 98)
- Stricknadeln 4,5 mm (oder andere Nadelstärke gemäß Maschenprobe)

Maschenprobe
19 M und 32 R mit Nd 4,5 mm im Muster (M-Zahl teilbar durch 8 + 4 M) gestrickt = 10 cm x 10 cm
Nehmen Sie sich die Zeit, die Maschenprobe zu überprüfen.

Hinweis
Das Muster kann nach dem Anleitungstext oder nach der Strickschrift gearbeitet werden.

Besondere Abkürzungen
1 verl M re: Die rechte Nd 2 R tiefer zwischen den 2 re zusammengestrickten und den 2 re übz zusammengestrickten M einstechen, den Faden um die Nd legen und als Schlinge auf der rechten Nd hochziehen. Die 2. verl M re in dieselbe Einstichstelle wie die 1. verl M re arb.

Quadrat
60 M anschl.
1. Reihe (Hinr): 1 M re abh (Fh), re M str bis R-Ende.
2. Reihe: 1 M li abh (Fv), re M str bis zur letzten M, 1 M li.

Beginn des Musters
Hinweis: In der 1. und 7. R wird die M-Zahl pro Rapport um 2 M reduziert und in der 3. und 9. R durch die tiefgestochenen verl M re wieder auf die ursprüngliche Zahl zugenommen.
Abnahmereihe (Hinr): 1 M re abh (Fh), 1 M re, * 4 M re, 2 M re zusstr, 2 M re übz zusstr; ab * fortlfd wdh bis zu den letzten 2 M, 2 M re.
2. Reihe und alle folg Rückr: 1 M li abh (Fv), 1 M re, li M str bis zu den letzten 2 M, 2 M re.
3. Reihe (Zun-R): 1 M re abh (Fh), 1 M re, * 4 M re, 1 verl M re, 2 M re, 1 verl M re; ab * fortlfd wdh bis zu den letzten 2 M, 2 M re.
5. Reihe: 1 M re abh (Fh), re M str bis R-Ende.
7. Reihe (Abn-R): 1 M re abh (Fh), 1 M re, * 2 M re zusstr, 2 M re übz zusstr, 4 M re; ab * fortlfd wdh bis zu den letzten 2 M, 2 M re.
9. Reihe (Zun-R): 1 M re abh (Fh), 1 M re, * 1 verl M re, 2 M re, 1 verl M re, 4 M re; ab * fortlfd wdh bis zu den letzten 2 M, 2 M re.
11. Reihe: 1 M re abh (Fh), re M str bis R-Ende.

12. Reihe: 1 M li abh (Fv), 1 M re, li M str bis zu den letzten 2 M, 2 M re.
Die 1.–12. R noch 6 x wdh, dann die 1.–4. R noch 1 x wdh.
Nächste Reihe (Hinr): 1 M re abh (Fh), re M str bis R-Ende.
Nächste Reihe: 1 M li abh (Fv), re M str bis zur letzten M, 1 M li.
Alle M abk.

Fertigstellung
Die Fadenenden vernähen. Das Quadrat auf 30,5 cm x 30,5 cm spannen, anfeuchten und trocknen lassen.

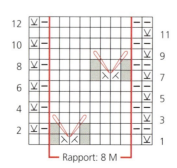

Rapport: 8 M

Zeichenerklärung

☐	in Hinr 1 M re; in Rückr 1 M li
—	in Hinr 1 M li; in Rückr 1 M re
⧄	2 M re zusstr
⧅	2 M re übz zusstr
☐	keine M
V	in Hinr 1 M re abh (Fh); in Rückr 1 M li abh (Fv)

 1 verl M re

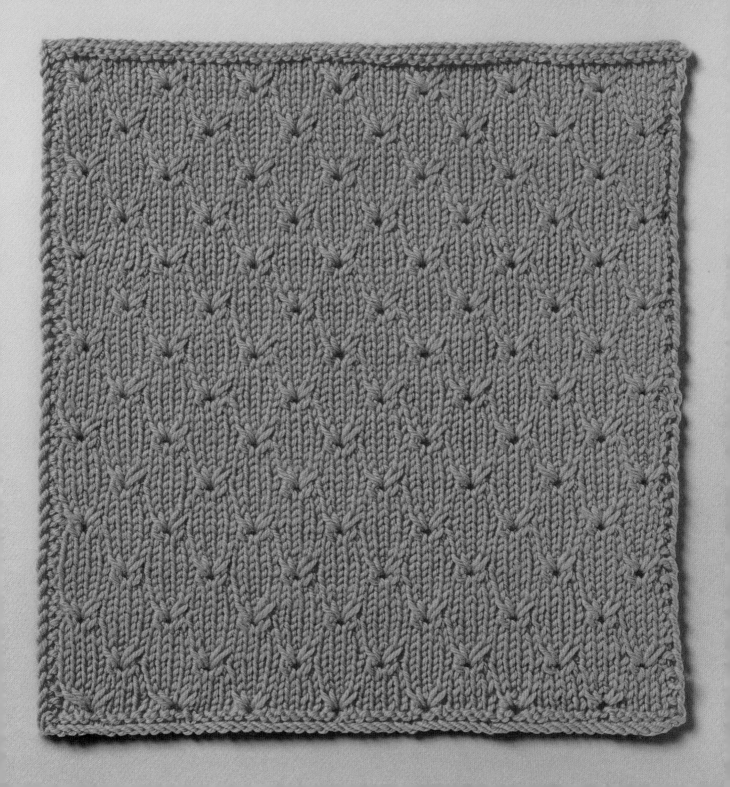

48 Morse-Code

Durch verkürzte Reihen und aus dem Gestrick aufgenommene Maschen entsteht ein plastisches Biesenmuster.
Design: Xandy Peters

Fertigmaß
30,5 cm x 30,5 cm

Material
- Cascade 220 Superwash Merino (100 % Merinowolle; LL 200 m/100 g), ca. 90 g (180 m) in Paprika (Fb 97)
- Stricknadeln 4,5 mm (oder andere Nadelstärke gemäß Maschenprobe)
- Dünnes Hilfsgarn in einer Kontrastfarbe (für die Rettungsleine)
- Wollnadel

Maschenprobe
20 M und 28 R mit Nd 4,5 mm glatt re gestrickt = 10 cm x 10 cm
Nehmen Sie sich die Zeit, die Maschenprobe zu überprüfen.

Hinweise
1 Vor jeder Biese wird eine „Rettungsleine" als optische Orientierungshilfe eingezogen. Nach den verkürzten Reihen werden Maschen 6 Reihen weiter unten aufgenommen.
2 Das Muster kann nach dem Anleitungstext oder nach der Strickschrift gearbeitet werden.

Besondere Abkürzungen
6-M-Biese: 3 x [6 M re; wenden; 6 M li; wenden] (die kontrastfarbene „Rettungsleine" ist auf der Rückseite der Arbeit zu sehen; orientieren Sie sich beim Fertigstellen der Biese daran); * mit der rechten Nd 6 R weiter unten auf der Rückseite der Arbeit das Mg, das die „Rettungsleine" bedeckt, aufnehmen und auf die linke Nd heben, 2 M re zusstr; ab * noch 5 x wdh.

10-M-Biese: 3 x [10 M re; wenden; 10 M li; wenden] (die kontrastfarbene „Rettungsleine" ist auf der Rückseite der Arbeit zu sehen; orientieren Sie sich beim Fertigstellen der Biese daran); * mit der rechten Nd 6 R weiter unten auf der Rückseite der Arbeit das Mg, das die „Rettungsleine" bedeckt, aufnehmen und auf die linke Nd heben, 2 M re zusstr; ab * noch 9 x wdh.

Quadrat
62 M anschl.
1. Reihe (Hinr): 1 M re abh (Fh), re M str bis R-Ende.
2. Reihe: 1 M li abh (Fv), li M str bis R-Ende.
3.–6. Reihe: Die 1. und 2. R noch 2 x wdh.
Ein langes Stück Hilfsgarn für die „Rettungsleine" zuschneiden. Mit der Wollnadel von der rechten Seite der Arbeit aus die „Rettungsleine" durch die M der 6. R führen wie folgt:
* 2 M übergehen, den Hilfsfaden durch 10 M führen; ab * fortlfd wdh bis zu den letzten 2 M, die letzten 2 M übergehen. Die „Rettungsleine" kennzeichnet nun die M, die für die Biesen aufgenommen werden müssen.
7. Reihe (Biesen-R): 1 M re abh (Fh), * 1 M re, 10-M-Biese, 1 M re; ab * fortlfd wdh bis zur letzten M, 1 M re. Die „Rettungsleine" entfernen.
8. Reihe: Die 2. R wdh.
9.–12. Reihe: Die 1. und 2. R noch 2 x wdh.

Ein langes Stück Hilfsgarn für die „Rettungsleine" zuschneiden. Mit der Wollnadel von der rechten Seite der Arbeit aus die „Rettungsleine" durch die M der 12. R führen wie folgt:
* 3 M übergehen, den Hilfsfaden durch 10 M führen, 3 M übergehen; ab * fortlfd wdh bis zu den letzten 7 M, die letzten 7 M übergehen. Die „Rettungsleine" kennzeichnet nun die M, die für die Biesen aufgenommen werden müssen.

13. Reihe (Biesen-R): 1 M re abh (Fh), 6 M re, * 3 M re, 6-M-Biese, 3 M re; ab * fortlfd wdh bis zu den letzten 7 M, 7 M re. Die „Rettungsleine" entfernen.
14. Reihe: Die 2. R wdh.
15.–18. Reihe: Die 1. und 2. R noch 2 x wdh.

Ein langes Stück Hilfsgarn für die „Rettungsleine" zuschneiden. Mit der Wollnadel von der rechten Seite der Arbeit aus die „Rettungsleine" durch die M der 18. R führen wie folgt:
* 2 M übergehen, den Hilfsfaden durch 10 M führen; ab * fortlfd wdh bis zu den letzten 2 M, die letzten 2 M übergehen. Die „Rettungsleine" kennzeichnet nun die M, die für die Biesen aufgenommen werden müssen.
19. Reihe (Biesen-R): 1 M re abh (Fh), * 1 M re, 10-M-Biese, 1 M re; ab * fortlfd wdh bis zur letzten M, 1 M re. Die „Rettungsleine" entfernen.
20. Reihe: Die 2. R wdh.
21.–32. Reihe: Die 1. und 2. R noch 6 x wdh.
Die 1.–32. R noch 1 x wdh.
Die 1.–23. R noch 1 x wdh.
Alle M abk.

Fertigstellung
Die Fadenenden vernähen. Das Quadrat auf 30,5 cm x 30,5 cm spannen, anfeuchten und trocknen lassen.

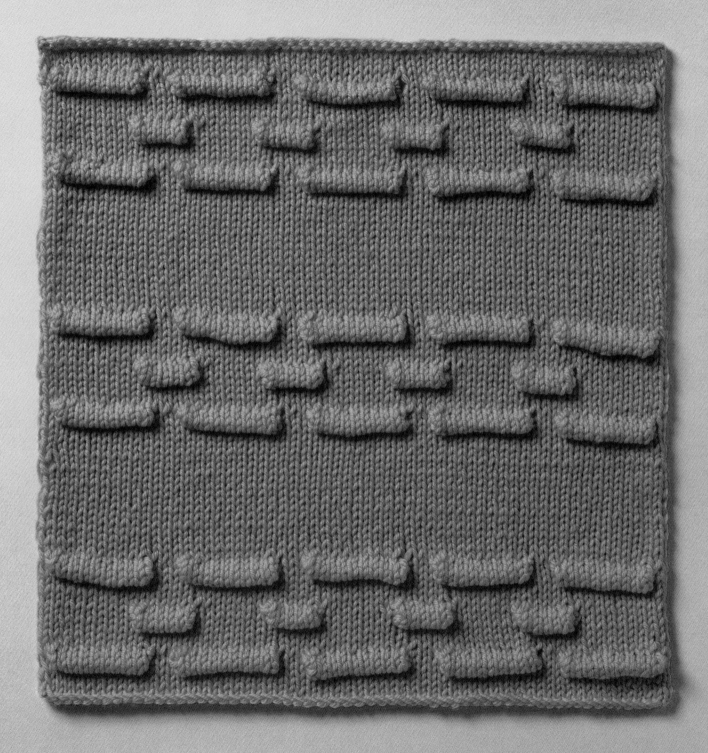

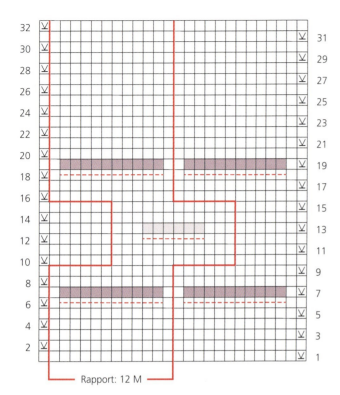

Zeichenerklärung

☐ in Hinr 1 M re; in Rückr 1 M li

┆┄┆ Platzierung der „Rettungsleine"

▭ 6-M-Biese

▬ 10-M-Biese

⩔ in Hinr 1 M re abh (Fh);
in Rückr 1 M li abh (Fv)

Rapport: 12 M

Morse-Code

49 Zwirbelchen

Kurze Kordelzöpfchen sind hier über einen Hintergrund mit Hebemaschenstruktur verstreut.
Design: Faina Goberstein

Fertigmaß
30,5 cm x 30,5 cm

Material
- Cascade 220 Superwash Merino (100 % Merinowolle; LL 200 m/100 g), ca. 75 g (150 m) in Apricot Blush (Fb 100)
- Stricknadeln 4,5 mm (oder andere Nadelstärke gemäß Maschenprobe)
- Zopfnadel

Maschenprobe
22 M und 40 R mit Nd 4,5 mm im Muster (M-Zahl teilbar durch 18 + 12 M) gestrickt = 10 cm x 10 cm
Nehmen Sie sich die Zeit, die Maschenprobe zu überprüfen.

Hinweise
1 Die Spannfäden der Hebemaschen erscheinen auf der rechten Seite der Strickarbeit. Achten Sie darauf, diese Fäden nicht zu stark anzuziehen.
2 Das Muster kann nach dem Anleitungstext oder nach der Strickschrift gearbeitet werden.

Besondere Abkürzungen
4 M rvkr: 2 M auf einer Zopfnd hinter die Arbeit legen, 2 M re str, dann die 2 M der Zopfnd re str.

Quadrat
66 M anschl.
1. Einteilungsreihe (Hinr): 1 M re abh (Fh), li M str bis zur letzten M, 1 M re.
2. Einteilungsreihe: 1 M li abh (Fv), 3 M re, li M str bis zu den letzten 4 M, 3 M re, 1 M li.

Beginn des Musters
1. Reihe (Hinr): 1 M re abh (Fh), 3 M li, 4 M re, * 1 M li, 12 M re, 1 M li, 4 M re; ab * fortlfd wdh bis zu den letzten 4 M, 3 M li, 1 M re.
2. Reihe: 1 M li abh (Fv), 3 M re, * 4 M li, 6 x [1 M re, 1 M li abh (Fh)], 2 M re; ab * fortlfd wdh bis zu den letzten 8 M, 4 M li, 3 M re, 1 M li.
3. Reihe: 1 M re abh (Fh), 3 M li, 4 M rvkr, * 1 M li, 12 M re, 1 M li, 4 M rvkr; ab * fortlfd wdh bis zu den letzten 4 M, 3 M li, 1 M re.
4. Reihe: 1 M li abh (Fv), 3 M re, * 4 M li, 2 M re, 6 x [1 M li abh (Fh), 1 M re]; ab * fortlfd wdh bis zu den letzten 8 M, 4 M li, 3 M re, 1 M li.
5.–12. Reihe: Die 1.–4. R noch 2 x wdh.
13. Reihe: 1 M re abh (Fh), 3 M li, 4 M re, * 2 x [4 M re, 1 M li], 8 M re; ab * fortlfd wdh bis zu den letzten 4 M, 3 M li, 1 M re.
14. Reihe: 1 M li abh (Fv), 3 M re, * 3 x [1 M li abh (Fh), 1 M re], 1 M li abh (Fv), 2 M re, 4 M li, 2 x [1 M re, 1 M li abh (Fh)], 1 M re; ab * fortlfd wdh bis zu den letzten 8 M, 1 M li abh (Fh), 1 M re, 1 M li abh (Fh), 4 M re, 1 M li.
15. Reihe: 1 M re abh (Fh), 3 M li, 4 M re, * 4 M re, 1 M li, 4 M rvkr, 1 M li, 8 M re; ab * fortlfd wdh bis zu den letzten 4 M, 3 M li, 1 M re.
16. Reihe: 1 M li abh (Fv), 3 M re, * 4 x [1 M re, 1 M li abh (Fh)], 1 M re, 4 M li, 2 M re, 1 M li abh (Fh), 1 M re, 1 M li abh (Fh); ab * fortlfd wdh bis zu den letzten 8 M, 2 x [1 M re, 1 M li abh (Fh)], 3 M re, 1 M li.
17.–24. Reihe: Die 13.–16. R noch 2 x wdh.
Die 1.–24. R noch 3 x wdh.
Die 1.–12. R noch 1 x wdh.
Die 1. R noch 1 x wdh.
Nächste Reihe (Rückr): 1 M li abh (Fv), 3 M re, li M str bis zu den letzten 4 M, 3 M re, 1 M li.
Nächste Reihe (Hinr): 1 M re abh (Fh), li M str bis zur letzten M, 1 M re.
In der folg Rückr alle M li abk.

Fertigstellung
Die Fadenenden vernähen. Das Quadrat auf 30,5 cm x 30,5 cm spannen, anfeuchten und trocknen lassen.

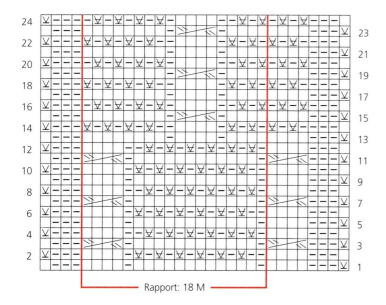

Zeichenerklärung

☐ in Hinr 1 M re; in Rückr 1 M li

— in Hinr 1 M li; in Rückr 1 M re

⟋⟍ 4 M lvkr

⊻ in Rückr 1 M li abh (Fh)

⊻ in Hinr 1 M re abh (Fh); in Rückr 1 M li abh (Fv)

50 Ziegelmauer

Dieses klassische Flechtmuster bekommt durch Rippen aus Hebemaschen eine besonders plastische Struktur.
Design: Mari Lynn Patrick

Fertigmaß
30,5 cm x 30,5 cm

Material
- Cascade 220 Superwash Merino (100 % Merinowolle; LL 200 m/100 g), ca. 85 g (170 m) in Camelia (Fb 98)
- Stricknadeln 4,5 mm (oder andere Nadelstärke gemäß Maschenprobe)

Maschenprobe
22 M und 40 R mit Nd 4,5 mm im Muster (M-Zahl teilbar durch 18 + 15 M) gestrickt = 10 cm x 10 cm
Nehmen Sie sich die Zeit, die Maschenprobe zu überprüfen.

Hinweis
Das Muster kann nach dem Anleitungstext oder nach der Strickschrift gearbeitet werden.

Quadrat
69 M anschl.
1. Reihe (Hinr): 1 M re abh (Fh), re M str bis R-Ende.
2. Reihe: 1 M li abh (Fv), li M str bis R-Ende.
3. Reihe: 1 M re abh (Fh), 5 M li, * 3 M li abh (Fh), 15 M li; ab * fortlfd wdh bis zu den letzten 9 M, 3 M li abh (Fh), 5 M li, 1 M re.
4. Reihe: 1 M li abh (Fv), 5 M re, 3 M li, * 15 M re, 3 M li; ab * fortlfd wdh bis zu den letzten 6 M, 5 M re, 1 M li.
5. und 6. Reihe: Die 3. und 4. R wdh.
7. Reihe: 1 M re abh (Fh), 5 M re, * 3 M li abh (Fh), 15 M re; ab * fortlfd wdh bis zu den letzten 9 M, 3 M li abh (Fh), 5 M re, 1 M re.
8. Reihe: 1 M li abh (Fv), li M str bis R-Ende.
9. und 10. Reihe: Die 7. und 8. R wdh.
11. Reihe: 1 M re abh (Fh), 5 M li, * 8 M li, 3 M li abh (Fh), 7 M li; ab * fortlfd wdh bis zu den letzten 9 M, 8 M li, 1 M re.
12. Reihe: 1 M li abh (Fv), 8 M re, * 7 M re, 3 M li, 8 M re; ab * fortlfd wdh bis zu den letzten 6 M, 5 M re, 1 M li.
13. und 14. Reihe: Die 11. und 12. R wdh.
15. Reihe: 1 M re abh (Fh), 5 M re, * 8 M re, 3 M li abh (Fh), 7 M re; ab * fortlfd wdh bis zu den letzten 9 M, 9 M re.
16. Reihe: 1 M li abh (Fv), li M str bis R-Ende.
17. und 18. Reihe: Die 15. und 16. R wdh.
Die 3.–18. R noch 6 x wdh.
115.–118. Reihe: Die 3.–6. R wdh.
119. und 120. Reihe: Die 1. und 2. R wdh.
Das Strickteil hat nun, leicht gedehnt gemessen, eine Höhe von 30,5 cm. Alle M abk.

Fertigstellung
Die Fadenenden vernähen. Das Quadrat nicht spannen, damit die plastische Struktur erhalten bleibt.

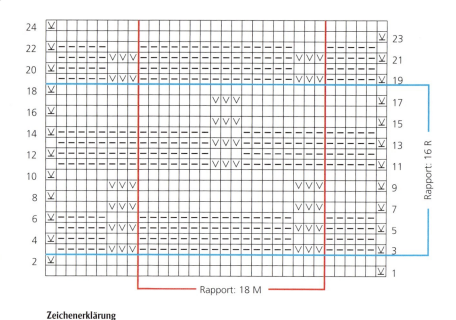

51 Durcheinander

Lochmusterbogen verleihen den kraus und glatt rechts gestrickten Details dieses Quadrats Dynamik. Eine doppelte, glatt und kraus rechts gearbeitete Blende rahmt das Mittelfeld ein.
Design: Galina Carroll

Fertigmaß
30,5 cm x 30,5 cm

Material
- Cascade 220 Superwash Merino (100 % Merinowolle; LL 200 m/100 g), ca. 75 g (150 m) in Paprika (Fb 97)
- Stricknadeln 4,5 mm (oder andere Nadelstärke gemäß Maschenprobe)

Maschenprobe
23 M und 34 R mit Nd 4,5 mm im Muster (M-Zahl teilbar durch 10 + 19 M) gestrickt = 10 cm x 10 cm
Nehmen Sie sich die Zeit, die Maschenprobe zu überprüfen.

Hinweis
Das Muster kann nach dem Anleitungstext oder nach der Strickschrift gearbeitet werden.

Quadrat
69 M anschl.
1. Reihe (Hinr): 1 M re abh (Fh), re M str bis R-Ende.
2. Reihe: 1 M li abh (Fv), re M str bis zur letzten M, 1 M li.
3. Reihe: 1 M re abh (Fh), re M str bis R-Ende.
4. Reihe: 1 M li abh (Fv), 3 M re, li M str bis zu den letzten 4 M, 3 M re, 1 M li.
5.–8. Reihe: Die 3. und 4. R noch 2 x wdh.

Beginn des Musters
1. Reihe (Hinr): 1 M re abh (Fh), 8 M re, 1 M li, * 4 M re, 2 M re zusstr, 3 M re, 1 U, 1 M li; ab * fortlfd wdh bis zu den letzten 9 M, 9 M re.
2., 4., 6. und 8. Reihe: 1 M li abh (Fv), 3 M re, 5 M li, * 1 M re, 5 M li, 4 M re; ab * fortlfd wdh bis zu den letzten 10 M, 1 M re, 5 M li, 3 M re, 1 M li.
3. Reihe: 1 M re abh (Fh), 8 M re, 1 M li, * 4 M re, 2 M re zusstr, 2 M re, 1 U, 1 M re, 1 M li; ab * fortlfd wdh bis zu den letzten 9 M, 9 M re.
5. Reihe: 1 M re abh (Fh), 8 M re, 1 M li, * 4 M re, 2 M re zusstr, 1 M re, 1 U, 2 M re, 1 M li; ab * fortlfd wdh bis zu den letzten 9 M, 9 M re.
7. Reihe: 1 M re abh (Fh), 8 M re, 1 M li, * 4 M re, 2 M re zusstr, 1 U, 3 M re, 1 M li; ab * fortlfd wdh bis zu den letzten 9 M, 9 M re.
9. Reihe: 1 M re abh (Fh), 8 M re, 1 M li, * 1 U, 3 M re, 2 M re abgeh zusstr, 4 M re, 1 M li; ab * fortlfd wdh bis zu den letzten 9 M, 9 M re.
10., 12. und 14. Reihe: 1 M li abh (Fv), 3 M re, 5 M li, * 5 M re, 5 M li; ab * fortlfd wdh bis zu den letzten 9 M, 1 M re, 5 M li, 3 M re, 1 M li.
11. Reihe: 1 M re abh (Fh), 8 M re, 1 M li, * 1 M re, 1 U, 2 M re, 2 M re abgeh zusstr, 4 M re, 1 M li; ab * fortlfd wdh bis zu den letzten 9 M, 9 M re.
13. Reihe: 1 M re abh (Fh), 8 M re, 1 M li, * 2 M re, 1 U, 1 M re, 2 M re abgeh zusstr, 4 M re, 1 M li; ab * fortlfd wdh bis zu den letzten 9 M, 9 M re.
15. Reihe: 1 M re abh (Fh), 8 M re, 1 M li, * 3 M re, 1 U, 2 M re abgeh zusstr, 4 M re, 1 M li; ab * fortlfd wdh bis zu den letzten 9 M, 9 M re.
16. Reihe: 1 M li abh (Fv), 3 M re, 5 M li, * 5 M re, 5 M li; ab * fortlfd wdh bis zu den letzten 9 M, 1 M re, 5 M li, 3 M re, 1 M li.
Die 1.–16. R noch 4 x wdh.
Dann weiterstr wie folgt:
1. und 3. Reihe (Hinr): 1 M re abh (Fh), re M str bis R-Ende.
2. und 4. Reihe: 1 M li abh (Fv), 3 M re, li M str bis zu den letzten 4 M, 3 M re, 1 M li.
5. Reihe: Die 1. R wdh.
6. Reihe: 1 M li abh (Fv), re M str bis zur letzten M, 1 M li.
7. Reihe: 1 M re abh (Fh), re M str bis R-Ende.
8. Reihe: 1 M li abh (Fv), re M str bis zur letzten M, 1 M li.
Alle M abk.

Fertigstellung
Die Fadenenden vernähen. Das Quadrat auf 30,5 cm x 30,5 cm spannen, anfeuchten und trocknen lassen.

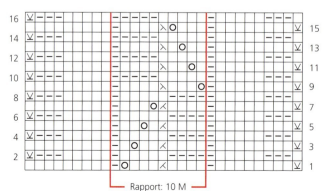

Rapport: 10 M

Zeichenerklärung
- ☐ in Hinr 1 M re; in Rückr 1 M li
- − in Hinr 1 M li; in Rückr 1 M re
- ⟋ 2 M re zusstr
- ⟍ 2 M re abgeh zusstr
- ○ 1 U
- ⩗ in Hinr 1 M re abh (Fh); in Rückr 1 M li abh (Fv)

52 Dies & das

Für dieses Quadrat wurden Strukturmuster aus rechten und linken Maschen mit einfachen Lochmustern und Noppen kombiniert.

Design: Cathy Carron

Fertigmaß
30,5 cm x 30,5 cm

Material
- Cascade 220 Superwash Merino (100 % Merinowolle; LL 200 m/100 g), ca. 75 g (150 m) in Apricot Blush (Fb 100)
- Stricknadeln 4,5 mm (oder andere Nadelstärke gemäß Maschenprobe)

Maschenprobe
20 M und 28 R mit Nd 4,5 mm glatt re gestrickt = 10 cm x 10 cm
Nehmen Sie sich die Zeit, die Maschenprobe zu überprüfen.

Besondere Abkürzungen
1 Noppe: [1 M re, 1 M re verschr, 1 M re, 1 M re verschr, 1 M re] in 1 M str (= 5 M in 1 M), dann einzeln nacheinander die 2., 3., 4. und 5. M über die 1. M und von der Nd ziehen.

Quadrat
62 M anschl.
1. Reihe (Hinr): 1 M re abh (Fh), re M str bis R-Ende.
2. Reihe: 1 M li abh (Fv), li M str bis R-Ende.
3. Reihe: 1 M re abh (Fh), * 2 M re, 2 M li; ab * fortlfd wdh bis zur letzten M, 1 M re.
4. Reihe: 1 M li abh (Fv), * 2 M re, 2 M li; ab * fortlfd wdh bis zur letzten M, 1 M li.
5. Reihe: 1 M re abh (Fh), * 2 M li, 2 M re; ab * fortlfd wdh bis zur letzten M, 1 M re.
6. Reihe: 1 M li abh (Fv), * 2 M li, 2 M re; ab * fortlfd wdh bis zur letzten M, 1 M li.
7.–10. Reihe: Die 3.–6. R wdh.
11. und 12. Reihe: Die 3. und 4. R wdh.
13. Reihe: 1 M re abh (Fh), li M str bis zur letzten M, 1 M re.
14. Reihe: 1 M li abh (Fv), re M str bis zur letzten M, 1 M li.
15. und 16. Reihe: Die 1. und 2. R wdh.
17. Reihe: 1 M re abh (Fh), * 1 M re, 1 U, 2 M re zusstr, 1 M re; ab * fortlfd wdh bis zur letzten M, 1 M re.
18. Reihe: 1 M li abh (Fv), li M str bis R-Ende.
19. Reihe: 1 M re abh (Fh), * 3 M re, 1 Noppe; ab * fortlfd wdh bis zur letzten M, 1 M re.
20. Reihe: 1 M li abh (Fv), li M str bis R-Ende.
21. und 22. Reihe: Die 1. und 2. R wdh.
23. Reihe: Die 17. R wdh.
24. Reihe: 1 M li abh (Fv), re M str bis zur letzten M, 1 M li.
25. Reihe: 1 M re abh (Fh), li M str bis zur letzten M, 1 M re.
26. Reihe: 1 M li abh (Fv), li M str bis R-Ende.
27. Reihe: 1 M re abh (Fh), * 2 M re, 2 M li; ab * fortlfd wdh bis zur letzten M, 1 M re.
28. Reihe: 1 M li abh (Fv), 1 M re, * 2 M li, 2 M re; ab * fortlfd wdh bis zu den letzten 4 M, 2 M li, 1 M re, 1 M li.
29. Reihe: 1 M re abh (Fh), * 2 M li, 2 M re; ab * fortlfd wdh bis zur letzten M, 1 M re.
30. Reihe: 1 M li abh (Fv), 1 M li, * 2 M re, 2 M li; ab * fortlfd wdh bis R-Ende.
31.–34. Reihe: Die 27.–30. R wdh.
35. und 36. Reihe: Die 27. und 28. R wdh.
37. Reihe: 1 M re abh (Fh), re M str bis R-Ende.
38.–40. Reihe: Die 24.–26. R wdh.
41. Reihe: 1 M re abh (Fh), * 1 M re, 2 M re zusstr, 1 U, 1 Noppe, 1 U, 2 M re zusstr; ab * fortlfd wdh bis zur letzten M, 1 M re.
42. Reihe: 1 M li abh (Fv), li M str bis R-Ende.
43. Reihe: 1 M re abh (Fh), li M str bis zur letzten M, 1 M re.
44. Reihe: 1 M li abh (Fv), re M str bis zur letzten M, 1 M li.
45. Reihe: 1 M re abh (Fh), re M str bis R-Ende.
46. Reihe: 1 M li abh (Fv), * 1 M re, 1 M li; ab * fortlfd wdh bis zur letzten M, 1 M li.
47. Reihe: 1 M re abh (Fh), * 1 M li, 1 M re; ab * fortlfd wdh bis zur letzten M, 1 M re.
48.–67. Reihe: Die 46. und 47. R noch 10 x wdh.
68. Reihe: 1 M li abh (Fv), li M str bis R-Ende.
69. Reihe: 1 M re abh (Fh), li M str bis zur letzten M, 1 M re.
70. Reihe: 1 M li abh (Fv), li M str bis zur letzten M, 1 M li.
71. Reihe: 1 M re abh (Fh), re M str bis R-Ende.
72. Reihe: 1 M li abh (Fv), re M str bis zur letzten M, 1 M li.
73. Reihe: 1 M re abh (Fh), li M str bis zur letzten M, 1 M re.
74. Reihe: 1 M li abh (Fv), li M str bis R-Ende.
75. Reihe: 1 M re abh (Fh), * 3 M re, 1 Noppe; ab * fortlfd wdh bis zur letzten M, 1 M re.
76.–82. Reihe: Die 68.–74. R wdh.
83. Reihe: 1 M re abh (Fh), * 3 M re, 3 M li; ab * fortlfd wdh bis zur letzten M, 1 M re.
84. Reihe: 1 M li abh (Fv), * 3 M re, 3 M li; ab * fortlfd wdh bis zur letzten M, 1 M li.
85. Reihe: Die 83. R wdh.
86. Reihe: 1 M li abh (Fv), * 3 M li, 3 M re; ab * fortlfd wdh bis zur letzten M, 1 M li.
87. Reihe: 1 M re abh (Fh), * 3 M li, 3 M re; ab * fortlfd wdh bis zur letzten M, 1 M re.
88. Reihe: Die 86. R wdh.
89.–106. Reihe: Die 83.–88. R noch 3 x wdh.
107. Reihe: 1 M re abh (Fh), re M str bis R-Ende.
Alle M abk.

Fertigstellung
Die Fadenenden vernähen. Das Quadrat auf 30,5 cm x 30,5 cm spannen, anfeuchten und trocknen lassen.

53 Statement

Dieses Quadrat mit stark plastischer Struktur zeigt versetzte Biesen, die durch Krausrippen miteinander verbunden sind.

Design: Unjung Yun

Fertigmaß
30,5 cm x 30,5 cm

Material
- Cascade 220 Superwash Merino (100 % Merinowolle; LL 200 m/100 g), ca. 90 g (180 m) in Camelia (Fb 98)
- Stricknadeln 4,5 mm (oder andere Nadelstärke gemäß Maschenprobe)

Maschenprobe
22 M und 30 R mit Nd 4,5 mm im Muster (M-Zahl teilbar durch 8 + 12 M) gestrickt = 10 cm x 10 cm
Nehmen Sie sich die Zeit, die Maschenprobe zu überprüfen.

Hinweis
Das Muster kann nach dem Anleitungstext oder nach der Strickschrift gearbeitet werden.

Quadrat
68 M anschl.
1. Reihe (Hinr): 1 M re abh (Fh), re M str bis R-Ende.
2. Reihe: 1 M li abh (Fv), li M str bis R-Ende.
3. Reihe: 1 M re abh (Fh), 7 M re; wenden; 1 M li abh (Fv), 3 M re; wenden; 4 M li, * 8 M re; wenden; 1 M li abh (Fv), 3 M re; wenden; 4 M li; ab * fortlfd wdh bis zu den letzten 4 M, 4 M re.
4. Reihe: 1 M li abh (Fv), 3 M re, * 4 M re; wenden; 4 M li; wenden; 3 M re, 1 M li abh (Fv), 4 M re; ab * fortlfd wdh bis zu den letzten 8 M, 4 M re; wenden; 4 M li; wenden; 3 M re, 1 M li abh (Fv), 3 M re, 1 M li.
5. Reihe: 1 M re abh (Fh), 4 M re, * 2 M li abh (Fh), 1 M re, * 5 M re, 2 M li abh (Fh), 1 M re; ab * fortlfd wdh bis zu den letzten 4 M, 4 M re.
6. Reihe: Die 2. R wdh.
7. und 8. Reihe: Die 1. und 2. R wdh.
9. Reihe: 1 M re abh (Fh), 3 M re; wenden; 1 M li abh (Fv), 2 M re; wenden; 3 M li, 4 M re, * 4 M re; wenden; 1 M li abh (Fv), 3 M re; wenden; 4 M li, 4 M re; ab * fortlfd wdh bis zu den letzten 4 M, 3 M re; wenden; 1 M li abh (Fv), 2 M re; wenden; 3 M li, 1 M re.
10. Reihe: 1 M li abh (Fv), 3 M re; wenden; 3 M li; wenden; 2 M re, 1 M li abh (Fv), * 8 M re; wenden; 4 M li; wenden; 3 M re, 1 M li abh (Fv); ab * fortlfd wdh bis zu den letzten 8 M, 7 M re; wenden; 3 M li; wenden; 2 M re, 1 M li abh (Fv), 1 M li.
11. Reihe: 1 M re abh (Fh), 2 M li abh (Fh), 5 M re, * 1 M re, 2 M li abh (Fh), 5 M re; ab * fortlfd wdh bis zu den letzten 4 M, 1 M re, 2 M li abh (Fh), 1 M re.
12. Reihe: 1 M li abh (Fv), li M str bis R-Ende.
Die 1.–12. R noch 6 x wdh, dann die 1.–7. R noch 1 x wdh.
Alle M li abk.

Fertigstellung
Die Fadenenden vernähen. Das Quadrat auf 30,5 cm x 30,5 cm spannen, anfeuchten und trocknen lassen.

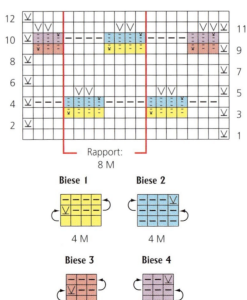

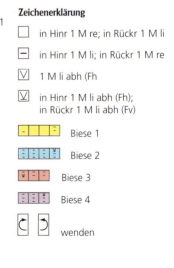

54 Nordstern

Dieses Quadrat mit dem spitzenartigen Stern, das von innen nach außen in Runden gestrickt wird, ist ein Blickfang in jeder Strickdecke.

Design: Jacqueline van Dillen

Fertigmaß
30,5 cm x 30,5 cm

Material
- Cascade 220 Superwash Merino (100 % Merinowolle; LL 200 m/100 g), ca. 60 g (120 m) in Paprika (Fb 97)
- Nadelspiel 4,5 mm (oder andere Nadelstärke gemäß Maschenprobe)
- Rundstricknadel 4,5 mm, 80 cm lang
- Häkelnadel 4,5 mm
- Maschenmarkierer

Maschenprobe
18 M und 30 Rd mit Nd 4,5 mm glatt re gestrickt = 10 cm x 10 cm
Nehmen Sie sich die Zeit, die Maschenprobe zu überprüfen.

Hinweise
1 Beginnen Sie dieses Quadrat in der Mitte mit dem Nadelspiel und wechseln Sie bei zunehmender Maschenzahl zur Rundstricknadel.
2 Der Musterrapport wird innerhalb der Runde 4 x gearbeitet (= 1 Rapport je Spielstricknadel). Beim Wechsel zur Rundstricknadel platzieren Sie Maschenmarkierer zwischen den Rapporten, um den Überblick zu behalten.
3 Das Muster kann nach dem Anleitungstext oder nach der Strickschrift gearbeitet werden.

Runder Maschenanschlag
1 Den Faden locker um 2 Finger wickeln, wobei das Fadenende bei den Fingerspitzen und der Knäuelfaden auf der Innenseite liegt.
2 Mit der Häkelnd den Knäuelfaden unter dem inneren Faden erfassen und als Schlinge durchziehen.
3 Den Faden um die Häkelnd legen und durch die soeben gebildete Schlinge ziehen, um 1 M zu vollenden.
Schritt 2 und 3 wiederholen, bis die gewünschte M-Zahl angeschlagen ist.
Die M gleichmäßig auf die Nd des Ndspiels verteilen. Am Fadenende ziehen, um den Fadenring vom Anfang zu schließen.

Isländisch abketten
1 M re str, * die soeben gestrickte M wie zum Linksstr auf die linke Nd heben, die rechte Nd wie zum Linksstr in die 1. M auf der linken Nd einstechen, dann die rechte Nd wie zum Rechtsstr in die 2. M auf der linken Nd einstechen und diese M re str, die beiden ursprünglichen M von der linken Nd gleiten lassen; ab * fortlfd wdh bis Rd-Ende.

Quadrat
Nach der oben beschriebenen Methode des runden Maschenanschlags 12 M anschl, auf 4 Nd des Ndspiels verteilen und die Arbeit zur Rd schließen, ohne die M auf den Nd zu verdrehen. Den Rd-Beginn mit 1 MM kennzeichnen.
1. Runde: Re M str.
2. Runde: * 2 x [1 M re, 1 U], 1 M re; ab * fortlfd wdh bis Rd-Ende (= 20 M).
3. Runde: Re M str.
4. Runde: * 4 x [1 M re, 1 U], 1 M re; ab * fortlfd wdh bis Rd-Ende (= 36 M).
5.–7. Runde: Li M str.
8. Runde: * 4 M re, 1 U, 1 M re, 1 U, 4 M re; ab * fortlfd wdh bis Rd-Ende (= 44 M).
9. Runde und alle weiteren ungeraden Rd bis zur 37. Rd: Re M str.
10. Runde: * 5 M re, 1 U, 1 M re, 1 U, 5 M re; ab * fortlfd wdh bis Rd-Ende (= 52 M).
12. Runde: * 2 M re, 1 U, 2 M re abgeh zusstr, 2 M re, 1 U, 1 M re, 1 U, 2 M re, 2 M re zusstr, 1 U, 2 M re; ab * fortlfd wdh bis Rd-Ende (= 60 M).
14. Runde: * 2 M re, 1 U, 1 M re, 1 U, 2 M re abgeh zusstr, 5 M re, 2 M re zusstr, 1 U, 1 M re, 1 U, 2 M re; ab * fortlfd wdh bis Rd-Ende (= 68 M).
16. Runde: * 2 M re, 1 U, 1 M re, 2 x [1 U, 2 M re abgeh zusstr], 3 M re, 2 x [2 M re zusstr, 1 U], 1 M re, 1 U, 2 M re; ab * fortlfd wdh bis Rd-Ende (= 76 M).
18. Runde: * 1 M re, 1 U, 2 M re, 3 x [1 U, 2 M re abgeh zusstr], 1 M re, 3 x [2 M re zusstr, 1 U], 2 M re, 1 U, 1 M re; ab * fortlfd wdh bis Rd-Ende (= 84 M).
20. Runde: * 1 M re, 1 U, 2 M re, 3 x [1 U, 2 M re abgeh zusstr], 1 U, 3 M re abgeh zusstr, 1 U, 3 x [2 M re zusstr, 1 U], 2 M re, 1 U, 1 M re; ab * fortlfd wdh bis Rd-Ende (= 92 M).
22. Runde: * 1 M re, 1 U, 4 M re, 3 x [1 U, 2 M re abgeh zusstr], 1 M re, 3 x [2 M re zusstr, 1 U], 4 M re, 1 U, 1 M re; ab * fortlfd wdh bis Rd-Ende (= 100 M).
24. Runde: * 1 M re, 1 U, 3 M re, 2 M re zusstr, 1 U, 1 M re, 2 x [1 U, 2 M re abgeh zusstr], 1 U, 3 M re abgeh zusstr, 1 U, 2 x [2 M re zusstr, 1 U], 1 M re, 1 U, 2 M re abgeh zusstr, 3 M re, 1 U, 1 M re; ab * fortlfd wdh bis Rd-Ende (= 108 M).
26. Runde: * 1 M re, 1 U, 3 M re, 2 M re zusstr, 1 U, 3 M re, 2 x [1 U, 2 M re abgeh zusstr], 1 M re, 2 x [2 M re zusstr, 1 U], 3 M re, 1 U, 2 M re abgeh zusstr, 3 M re, 1 U, 1 M re; ab * fortlfd wdh bis Rd-Ende (= 116 M).

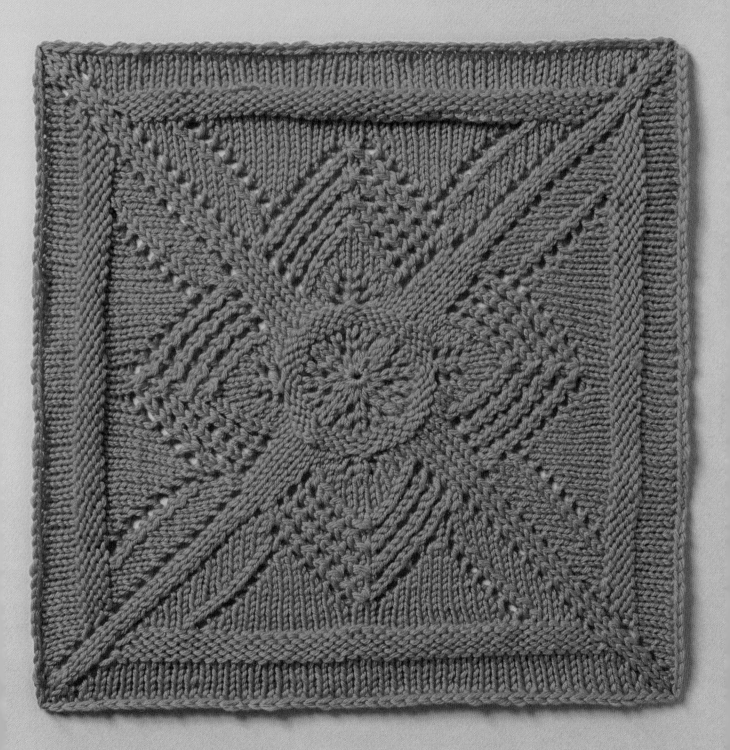

28. Runde: * 1 M re, 1 U, 3 M re, 2 M re zusstr, 1 U, 5 M re, 1 U, 2 M re abgeh zusstr, 1 U, 3 M re abgeh zusstr, 1 U, 2 M re zusstr, 1 U, 5 M re, 1 U, 2 M re abgeh zusstr, 3 M re, 1 U, 1 M re; ab * fortlfd wdh bis Rd-Ende (= 124 M).
30. Runde: * 1 M re, 1 U, 3 M re, 2 M re zusstr, 1 U, 7 M re, 1 U, 2 M re abgeh zusstr, 1 M re, 2 M re zusstr, 1 U, 7 M re, 1 U, 2 M re abgeh zusstr, 3 M re, 1 U, 1 M re; ab * fortlfd wdh bis Rd-Ende (= 132 M).
32. Runde: * 1 M re, 1 U, 3 M re, 2 M re zusstr, 1 U, 9 M re, 1 U, 3 M re abgeh zusstr, 1 U, 9 M re, 1 U, 2 M re abgeh zusstr, 3 M re, 1 U, 1 M re; ab * fortlfd wdh bis Rd-Ende (= 140 M).
34. Runde: * 1 M re, 1 U, 3 M re, 2 M re zusstr, 1 U, 23 M re, 1 U, 2 M re abgeh zusstr, 3 M re, 1 U, 1 M re; ab * fortlfd wdh bis Rd-Ende (= 148 M).
36. Runde: * 1 M re, 1 U, 3 M re, 2 M re zusstr, 1 U, 25 M re, 1 U, 2 M re abgeh zusstr, 3 M re, 1 U, 1 M re; ab * fortlfd wdh bis Rd-Ende (= 156 M).
38. Runde: * 1 M re, 1 U, 37 M li, 1 U, 1 M re; ab * fortlfd wdh bis Rd-Ende (= 164 M).
39. Runde: * 1 M re, 39 M li, 1 M re; ab * fortlfd wdh bis Rd-Ende.
40. Runde: * 1 M re, 1 U, 39 M li, 1 U, 1 M re; ab * fortlfd wdh bis Rd-Ende (= 172 M).
41. Runde: * 1 M re, 41 M li, 1 M re; ab * fortlfd wdh bis Rd-Ende.
42. Runde: * 1 M re, 1 U, 41 M re, 1 U, 1 M re; ab * fortlfd wdh bis Rd-Ende (= 180 M).
43. Runde: Re M str.
44. Runde: * 1 M re, 1 U, 43 M re, 1 U, 1 M re; ab * fortlfd wdh bis Rd-Ende (= 188 M).
45. Runde: Re M str.
46. Runde: * 1 M re, 1 U, 45 M re, 1 U, 1 M re; ab * fortlfd wdh bis Rd-Ende (= 196 M).
47. Runde: Re M str.
Alle M isländisch abk.

Fertigstellung

Die Fadenenden vernähen. Das Quadrat auf 30,5 cm x 30,5 cm spannen, anfeuchten und trocknen lassen.

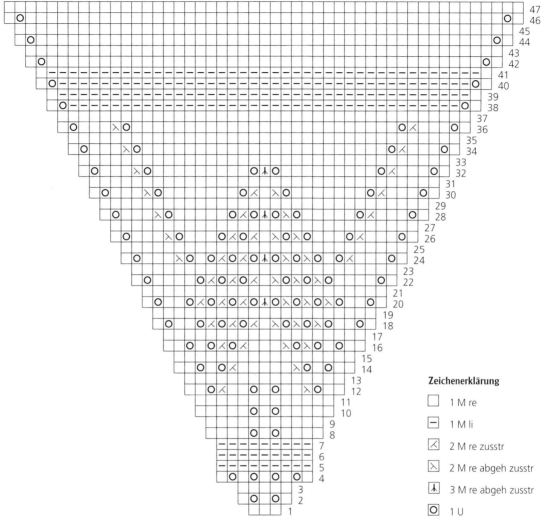

55 Blütenfeld

In Rückreihen raffiniert zusammengestrickte linke Maschen bilden dieses einfache Strukturmuster.
Design: Annabelle Speer

Fertigmaß
30,5 cm x 30,5 cm

Material
- Cascade 220 Superwash Merino (100 % Merinowolle; LL 200 m/100 g), ca. 80 g (160 m) in Apricot Blush (Fb 100)
- Stricknadeln 4,5 mm (oder andere Nadelstärke gemäß Maschenprobe)

Maschenprobe
24 M und 27 R mit Nd 4,5 mm im Muster (M-Zahl teilbar durch 4 + 7 M) gestrickt = 10 cm x 10 cm
Nehmen Sie sich die Zeit, die Maschenprobe zu überprüfen.

Hinweis
Das Muster kann nach dem Anleitungstext oder nach der Strickschrift gearbeitet werden.

Besondere Abkürzungen
1 Blüten-M: 3 M li zusstr, die ursprünglichen 3 M jedoch noch nicht von der linken Nd gleiten lassen, 1 U, dann dieselben 3 M noch 1 x li zusstr und von der Nd gleiten lassen.

Quadrat
75 M anschl.
1. Reihe (Hinr): 1 M re abh (Fh), re M str bis R-Ende.
2. Reihe: 1 M li abh (Fv), 1 M re, * 1 Blüten-M, 1 M re; ab * fortlfd wdh bis zur letzten M, 1 M li.
3. Reihe: 1 M re abh (Fh), re M str bis R-Ende.
4. Reihe: 1 M li abh (Fv), 1 M re, 1 M li, 1 M re, * 1 Blüten-M, 1 M re; ab * fortlfd wdh bis zu den letzten 3 M, 1 M li, 1 M re, 1 M li.
Die 1.–4. R bis zu einer Gesamthöhe von 30 cm stets wdh; mit einer Rückr enden.
Nächste Reihe (Hinr): Re M str.
In der folg Rückr alle M re abk.

Fertigstellung
Die Fadenenden vernähen. Das Quadrat auf 30,5 cm x 30,5 cm spannen, anfeuchten und trocknen lassen.

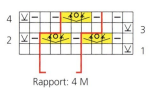

Rapport: 4 M

Zeichenerklärung

☐ in Hinr 1 M re; in Rückr 1 M li

— in Hinr 1 M li; in Rückr 1 M re

▨ 1 Blüten-M

⩔ in Hinr 1 M re abh (Fh); in Rückr 1 M li abh (Fv)

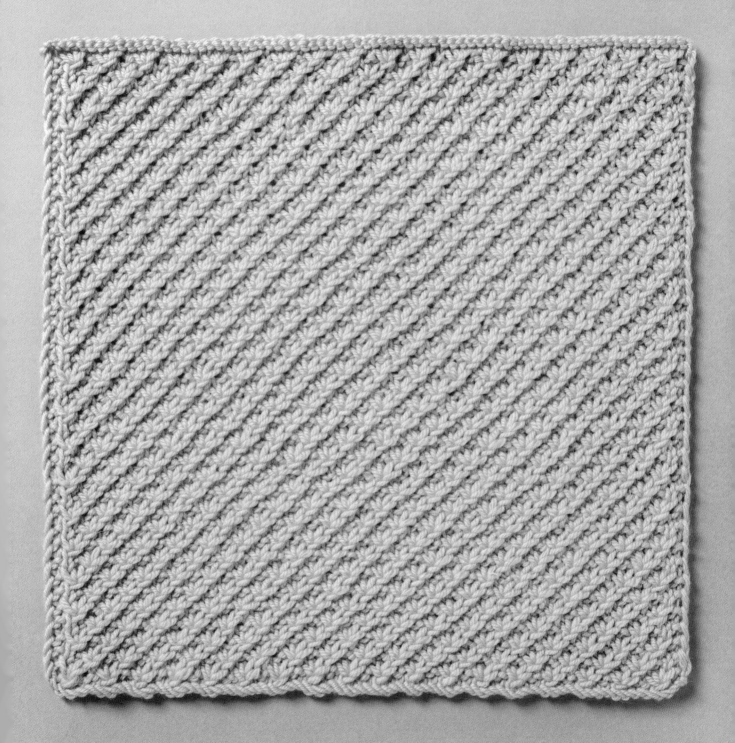

56 Sprossen

Durch den Wechsel von Hebemaschen und Perlmuster entsteht das Strukturmuster dieses Quadrats.

Design: Rosemary Drysdale

Fertigmaß
30,5 cm x 30,5 cm

Material
- Cascade 220 Superwash Merino (100 % Merinowolle; LL 200 m/100 g), ca. 75 g (150 m) in Camelia (Fb 98)
- Stricknadeln 4,5 mm (oder andere Nadelstärke gemäß Maschenprobe)

Maschenprobe
20 M und 34 R mit Nd 4,5 mm im Muster (M-Zahl teilbar durch 6 + 2 M) gestrickt = 10 cm x 10 cm
Nehmen Sie sich die Zeit, die Maschenprobe zu überprüfen.

Hinweis
Das Muster kann nach dem Anleitungstext oder nach der Strickschrift gearbeitet werden.

Quadrat
62 M anschl.
1. Reihe (Hinr): 1 M re abh (Fh), re M str bis R-Ende.
2. Reihe: 1 M li abh (Fv), li M str bis R-Ende.
3. Reihe: 1 M re abh (Fh), * 1 M re, 2 M li abh (Fh), 1 M li, 1 M re, 1 M li; ab * fortlfd wdh bis zur letzten M, 1 M re.
4. Reihe: 1 M li abh (Fv), * 1 M li, 1 M re, 1 M li, 2 M li abh (Fv), 1 M re; ab * fortlfd wdh bis zur letzten M, 1 M li.
5. Reihe: 1 M re abh (Fh), * 1 M re, 2 M li abh (Fh), 1 M li, 1 M re, 1 M li; ab * fortlfd wdh bis zur letzten M, 1 M re.
6. Reihe: 1 M li abh (Fv), * 1 M li, 1 M re, 1 M li, 2 M li abh (Fv), 1 M re; ab * fortlfd wdh bis zur letzten M, 1 M li.
7. Reihe: 1 M re abh (Fh), re M str bis R-Ende.
8. Reihe: 1 M li abh (Fv), li M str bis R-Ende.
9. Reihe: 1 M re abh (Fh), * 2 x [1 M li, 1 M re], 2 M li abh (Fh); ab * fortlfd wdh bis zur letzten M, 1 M re.
10. Reihe: 1 M li abh (Fv), * 2 M li abh (Fv), 2 x [1 M re, 1 M li]; ab * fortlfd wdh bis zur letzten M, 1 M li.
11. Reihe: 1 M re abh (Fh), * 2 x [1 M li, 1 M re], 2 M li abh (Fh); ab * fortlfd wdh bis zur letzten M, 1 M re.
12. Reihe: 1 M li abh (Fv), * 2 M li abh (Fv), 2 x [1 M re, 1 M li]; ab * fortlfd wdh bis zur letzten M, 1 M li.

Die 1.–12. R bis zu einer Gesamthöhe von 30,5 cm stets wdh. Alle M abk.

Fertigstellung
Die Fadenenden vernähen. Das Quadrat auf 30,5 cm x 30,5 cm spannen, anfeuchten und trocknen lassen.

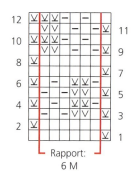

Rapport: 6 M

Zeichenerklärung

☐ in Hinr 1 M re; in Rückr 1 M li

— in Hinr 1 M li; in Rückr 1 M re

V in Hinr 1 M li abh (Fh)

V̲ in Hinr 1 M re abh (Fh); in Rückr 1 M li abh (Fv)

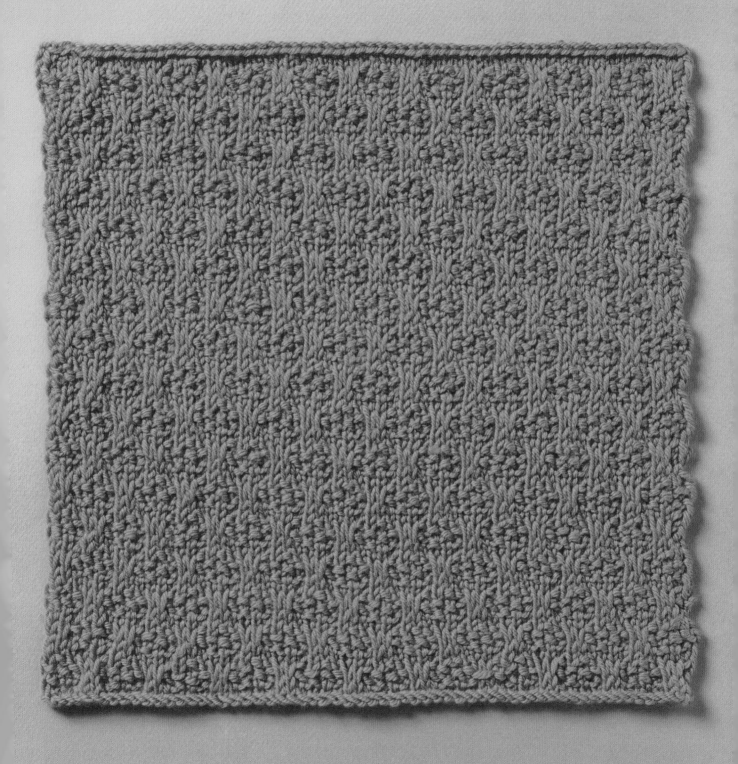

57 Smokmuster

Dieses zauberhafte Gittermuster arbeiten Sie, indem Sie Maschen mit dem Faden mal vor, mal hinter der Arbeit abheben. Achten Sie unbedingt darauf, dass der Faden auf der richtigen Seite liegt!

Fertigmaß
30,5 cm x 30,5 cm

Material
- Cascade 220 Superwash Merino (100 % Merinowolle; LL 200 m/100 g), ca. 85 g (170 m) in Paprika (Fb 97)
- Stricknadeln 4,5 mm (oder andere Nadelstärke gemäß Maschenprobe)

Maschenprobe
24 M und 44 R mit Nd 4,5 mm im Muster (M-Zahl teilbar durch 6 + 3 M) gestrickt = 10 cm x 10 cm
Nehmen Sie sich die Zeit, die Maschenprobe zu überprüfen.

Hinweis
Das Muster kann nach dem Anleitungstext oder nach der Strickschrift gearbeitet werden.

Besondere Abkürzungen
1 Smok-M: Die rechte Nd unter dem Faden 3 R weiter unten einstechen, die nächste M auf der linken Nd re str, dabei die Schlinge in einer einzigen Bewegung durch die M auf der Nd und unter dem aufgenommenen Faden hindurchziehen.

Quadrat
75 M anschl.
1. Reihe (Rückr): 1 M li abh (Fv), 1 M li, * 5 M li abh (Fh), 1 M li; ab * fortlfd wdh bis zur letzten M, 1 M li.
2. Reihe: 1 M re abh (Fh), re M str bis R-Ende.
3. Reihe: 1 M li abh (Fv), li M str bis R-Ende.
4. Reihe: 1 M re abh (Fh), * 3 M li abh (Fh), 1 Smok-M, 2 M li abh (Fh); ab * fortlfd wdh bis zu den letzten 2 M, 1 M li abh (Fh), 1 M re.
5. Reihe: 1 M li abh (Fv), 1 M li abh (Fh), * 2 M li abh (Fh), 1 M li, 3 M li abh (Fh); ab * fortlfd wdh bis zur letzten M, 1 M li.
6. und 7. Reihe: Die 2. und 3. R wdh.
8. Reihe: 1 M re abh (Fh), * 1 Smok-M, 5 M li abh (Fh); ab * fortlfd wdh bis zu den letzten 2 M, 1 Smok-M, 1 M re.
Die 1.–8. R bis zu einer Gesamthöhe von 30,5 cm stets wdh. Alle M abk.

Fertigstellung
Die Fadenenden vernähen. Das Quadrat auf 30,5 cm x 30,5 cm spannen, anfeuchten und trocknen lassen.

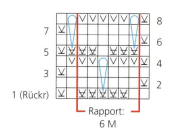

Zeichenerklärung

☐	in Hinr 1 M re; in Rückr 1 M li
−	in Hinr 1 M li; in Rückr 1 M re
V	in Hinr 1 M li abh (Fh)
V	in Rückr 1 M li abh (Fh)
V	in Hinr 1 M re abh (Fh); in Rückr 1 M li abh (Fv)
	1 Smok-M

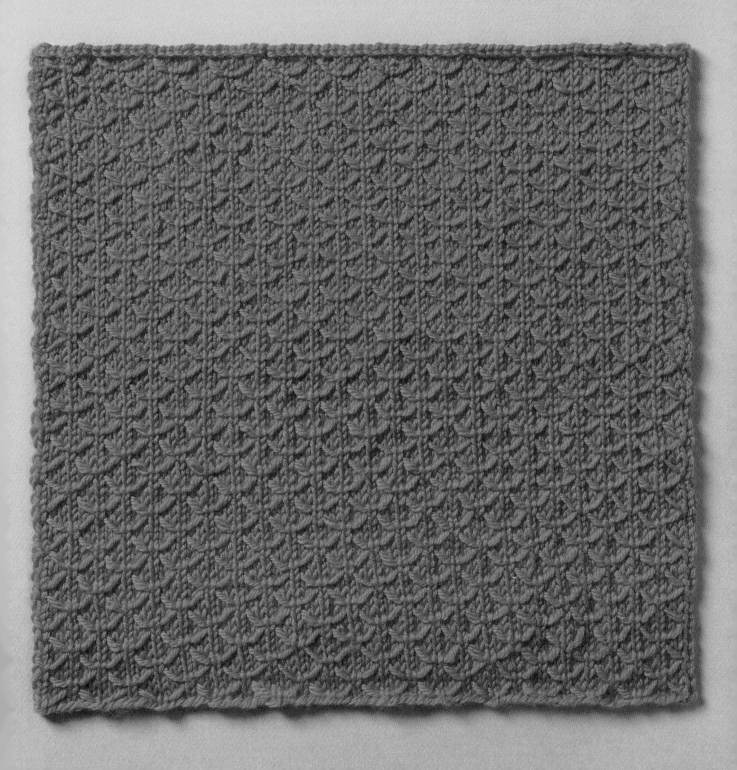

58 Auf und davon

Federartige Lochmusterstreifen mit winzigen Noppen und schlichte falsche Zöpfe machen das Stricken dieses hübschen Quadrats zu einem echten Vergnügen.

Design: Brooke Nico

Fertigmaß
30,5 cm x 30,5 cm

Material
- Cascade 220 Superwash Merino (100 % Merinowolle; LL 200 m/100 g), ca. 60 g (120 m) in Apricot Blush (Fb 100)
- Stricknadeln 4,5 mm (oder andere Nadelstärke gemäß Maschenprobe)
- Zopfnadel

Maschenprobe
18 M und 27 R mit Nd 4,5 mm im Muster (M-Zahl teilbar durch 22 + 13 M) gestrickt = 10 cm x 10 cm

Hinweis
Das Muster kann nach dem Anleitungstext oder nach der Strickschrift gearbeitet werden.

Besondere Abkürzungen
Falscher Zopf: Die 3. M auf der linken Nd über die ersten 2 M und von der Nd ziehen, die nächsten 2 M [1 M re, 1 U, 1 M re] str.
1 Flachnoppe: {3 x [1 M re, 1 U], 1 M re} in 1 M str (= 7 M aus 1 M herausstr).
7 M li zusstr: 6 M wie zum Linksstr auf die rechte Nd abh, 1 M li str, dann die abgehobenen 6 M über die li M ziehen.

Quadrat
57 M anschl.
1. Reihe (Hinr): 1 M re abh (Fh), 2 M re, 2 M li, falscher Zopf, * 2 M li, 2 x [2 M re zusstr, 1 M re, 1 U, 1 M re], 1 U, 1 M re, 2 M re abgeh zusstr, 1 M re, 1 U, 1 M re, 2 M re abgeh zusstr, 2 M li, falscher Zopf; ab * noch 1 x wdh, 2 M li, 3 M re.
2. Reihe: 1 M li abh (Fv), 2 M li, 2 M re, 2 x [3 M li, 2 M re, 15 M li, 2 M re], 3 M li, 2 M re, 3 M li.
3. Reihe: 1 M re abh (Fh), 2 M re, 2 M li, 3 M re, * 2 M li, 1 U, 2 M re abgeh zusstr, 1 M re, 2 M re zusstr, 1 M re, 1 U, 3 M re, 1 U, 1 M re, 2 M re abgeh zusstr, 1 M re, 2 M re zusstr, 1 U, 2 M li, 3 M re; ab * noch 1 x wdh, 2 M li, 3 M re.
4. Reihe: 1 M li abh (Fv), 2 M li, 2 M re, 2 x [3 M li, 3 M re, 13 M li, 3 M re], 3 M li, 2 M re, 3 M li.
5. Reihe: 1 M re abh (Fh), 2 M re, 2 M li, falscher Zopf, * 3 M li, 1 U, 3 M re zusstr, 1 M re, 1 U, 2 M re, 1 Flachnoppe, 2 M re, 1 U, 1 M re, 3 M re übz zusstr, 1 U, 3 M li, falscher Zopf; ab * noch 1 x wdh, 2 M li, 3 M re.
6. Reihe: 1 M li abh (Fv), 2 M li, 2 M re, * 3 M li, 4 M re, 5 M li, die 7 M der Flachnoppe li zusstr, 5 M li, 4 M re; ab * noch 1 x wdh, 3 M li, 2 M re, 3 M li.
7. Reihe: 1 M re abh (Fh), 2 M re, 2 M li, 3 M re, * 3 M li, 2 M re zusstr, 1 M re, 1 U, 7 M re, 1 U, 1 M re, 2 M re abgeh zusstr, 3 M li, 3 M re; ab * noch 1 x wdh, 2 M li, 3 M re.
8. Reihe: 1 M li abh (Fv), 2 M li, 2 M re, 2 x [3 M li, 3 M re, 13 M li, 3 M re], 3 M li, 2 M re, 3 M li.
9.–12. Reihe: Die 1.–4. R wdh.
13. Reihe: 1 M re abh (Fh), 2 M re, 2 M li, falscher Zopf, * 3 M li, 1 U, 3 M re zusstr, 1 M re, 1 U, 5 M re, 1 U, 1 M re, 3 M re übz zusstr, 1 U, 3 M li, falscher Zopf; ab * noch 1 x wdh, 2 M li, 3 M re.
14. Reihe: 1 M li abh (Fv), 2 M li, 2 M re, 2 x [3 M li, 4 M re, 11 M li, 4 M re], 3 M li, 2 M re, 3 M li.
15. und 16. Reihe: Die 7. und 8. R wdh.
Die 1.–16. R bis zu einer Gesamthöhe von 30,5 cm stets wdh. Alle M mustergemäß abk.

Fertigstellung
Die Fadenenden vernähen. Das Quadrat auf 30,5 cm x 30,5 cm spannen, anfeuchten und trocknen lassen.

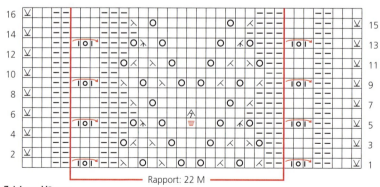

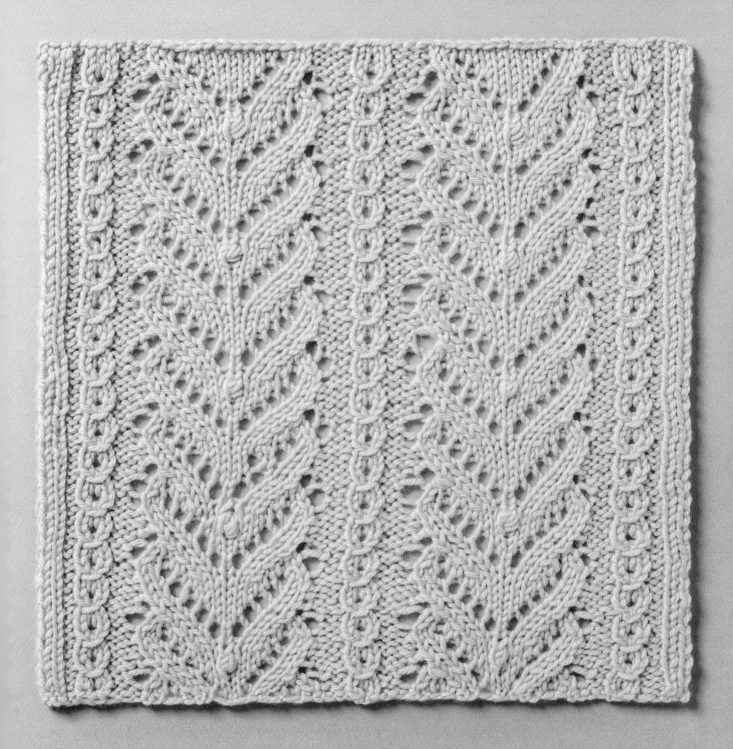

59 Wellengitter

Hebemaschen wandern wellenförmig über einen glatt linken Strickgrund: So entsteht ein einfaches Muster mit interessanter Struktur.

Fertigmaß
30,5 cm x 30,5 cm

Material
- Cascade 220 Superwash Merino (100 % Merinowolle; LL 200 m/100 g), ca. 70 g (140 m) in Camelia (Fb 98)
- Stricknadeln 4,5 mm (oder andere Nadelstärke gemäß Maschenprobe)

Maschenprobe
19 M und 32 R mit Nd 4,5 mm im Muster (M-Zahl teilbar durch 8 + 4) gestrickt = 10 cm x 10 cm
Nehmen Sie sich die Zeit, die Maschenprobe zu überprüfen.

Hinweis
Das Muster kann nach dem Anleitungstext oder nach der Strickschrift gearbeitet werden.

Besondere Abkürzungen
1 HMr (Hebemasche nach rechts): 1 M abh (Fh), die abgehobene M vor der Arbeit von der Nd gleiten lassen, die 1. li M auf der rechten Nd auf die linke Nd heben zurück auf die linke Nd heben, die abgehobene M aufnehmen und re str, 1 M li.

1 HMl (Hebemasche nach links): 1 M abh (Fh), die abgehobene M vor der Arbeit von der Nd gleiten lassen, 1 M li str, dann die abgehobene M aufnehmen und re str.

Quadrat
60 M anschl.
Einteilungsreihe (Rückr): 1 M li abh (Fv), 1 M re, * 3 M re, 2 M li, 3 M re; ab * fortlfd wdh bis zu den letzten 2 M, 1 M re, 1 M li.
1. Reihe (Hinr): 1 M re abh (Fh), 1 M li, * 3 M li, 2 M re, 3 M li; ab * fortlfd wdh bis zu den letzten 2 M, 1 M li, 1 M re.
2. Reihe: 1 M li abh (Fv), 1 M re, * 3 M re, 2 M li abh (Fv), 3 M re; ab * fortlfd wdh bis zu den letzten 2 M, 1 M re, 1 M li.
3. und 4. Reihe: Die 1. und 2. R wdh.
5. Reihe: 1 M re abh (Fh), 1 M li, * 2 M li, 1 HMr, 1 HMl, 2 M li; ab * fortlfd wdh bis zu den letzten 2 M, 1 M li, 1 M re.
6. Reihe: 1 M li abh (Fv), 1 M re, * 2 x [2 M re, 1 M li abh (Fv)], 2 M re; ab * fortlfd wdh bis zu den letzten 2 M, 1 M re, 1 M li.
7. Reihe: 1 M re abh (Fh), 1 M li, * 1 M li, 1 HMr, 2 M li, 1 HMl, 1 M li; ab * fortlfd wdh bis zu den letzten 2 M, 1 M li, 1 M re.
8. Reihe: 1 M li abh (Fv), 1 M re, * 1 M re, 1 M li abh (Fv), 4 M re, 1 M li abh (Fv), 1 M re; ab * fortlfd wdh bis zu den letzten 2 M, 1 M re, 1 M li.
9. Reihe: 1 M re abh (Fh), 1 M li, * 1 HMr, 4 M li, 1 HMl; ab * fortlfd wdh bis zu den letzten 2 M, 1 M li, 1 M re.
10., 12. und 14. Reihe: 1 M li abh (Fv), 1 M re, * 1 M li abh (Fv), 6 M re, 1 M li abh (Fv); ab * fortlfd wdh bis zu den letzten 2 M, 1 M re, 1 M li.
11. und 13. Reihe: 1 M re abh (Fh), 1 M li, * 1 M re, 6 M li, 1 M re; ab * fortlfd wdh bis zu den letzten 2 M, 1 M li, 1 M re.
15. Reihe: 1 M re abh (Fh), 1 M li, * 1 HMl, 4 M li, 1 HMr; ab * fortlfd wdh bis zu den letzten 2 M, 1 M li, 1 M re.
16. Reihe: Die 8. R wdh.
17. Reihe: 1 M re abh (Fh), 1 M li, * 1 M li, 1 HMl, 2 M li, 1 HMr, 1 M li; ab * fortlfd wdh bis zu den letzten 2 M, 1 M li, 1 M re.
18. Reihe: Die 6. R wdh.
19. Reihe: 1 M re abh (Fh), 1 M li, * 2 M li, 1 HMl, 1 HMr, 2 M li; ab * fortlfd wdh bis zu den letzten 2 M, 1 M li, 1 M re.
20. Reihe: 1 M li abh (Fv), 1 M re, * 3 M re, 2 M li abh (Fv), 3 M re; ab * fortlfd wdh bis zu den letzten 2 M, 1 M re, 1 M li.
Die 1.–20. R bis zu einer Gesamthöhe von 30,5 cm stets wdh. Alle M abk.

Fertigstellung
Die Fadenenden vernähen. Das Quadrat auf 30,5 cm x 30,5 cm spannen, anfeuchten und trocknen lassen.

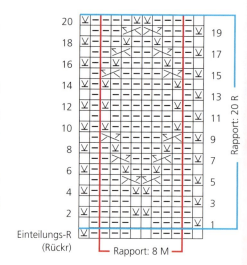

Zeichenerklärung

☐ in Hinr 1 M re; in Rückr 1 M li

— in Hinr 1 M li; in Rückr 1 M re

⋈ 1 HMr

⋈ 1 HMl

V in Hinr 1 M re abh (Fh); in Rückr 1 M li abh (Fv)

60 Schräges Raster

Zugmaschen und Löcher verbinden sich hier zu einer fantastischen Kombination.

Fertigmaß
30,5 cm x 30,5 cm

Material
- Cascade 220 Superwash Merino (100 % Merinowolle; LL 200 m/100 g), ca. 65 g (130 m) in Paprika (Fb 97)
- Stricknadeln 4,5 mm (oder andere Nadelstärke gemäß Maschenprobe)
- Zopfnadel

Maschenprobe
20 M und 28 R mit Nd 4,5 mm im Muster (M-Zahl teilbar durch 4 + 6 M) gestrickt = 10 cm x 10 cm
Nehmen Sie sich die Zeit, die Maschenprobe zu überprüfen.

Hinweis
Das Muster kann nach dem Anleitungstext oder nach der Strickschrift gearbeitet werden.

Besondere Abkürzungen
2 M rvkr: 1 M auf einer Zopfnd hinter die Arbeit legen, 1 M re str, dann die M der Zopfnd re str.

Quadrat
62 M anschl.

1. Reihe (Hinr): 1 M re abh (Fh), 1 U, * 2 M re übz zusstr, 2 M re zusstr, 2 U; ab * fortlfd wdh bis zu den letzten 5 M, 2 M re übz zusstr, 2 M re zusstr, 1 U, 1 M re.
2. Reihe: 1 M li abh (Fv), 1 M re, 2 M li, * 1 M re in den 1. U, 1 M re verschr in den 2. U, 2 M li; ab * fortlfd wdh bis zu den letzten 2 M, 1 M re, 1 M li.
3. Reihe: 1 M re abh (Fh), 1 M li, * 2 M rvkr, 2 M li; ab * fortlfd wdh bis zu den letzten 4 M, 2 M rvkr, 1 M li, 1 M re.
4. Reihe: 1 M li abh (Fv), 1 M re, 2 M li, * 2 M re, 2 M li; ab * fortlfd wdh bis zu den letzten 2 M, 1 M re, 1 M li.
5. Reihe: 1 M re abh (Fh), 2 M re zusstr, * 2 U, 2 M re übz zusstr, 2 M re zusstr; ab * fortlfd wdh bis zu den letzten 3 M, 2 U, 2 M re übz zusstr, 1 M re.
6. Reihe: 1 M li abh (Fv), 1 M li, 1 M re in den 1. U, 1 M re verschr in den 2. U, * 2 M li, 1 M re in den 1. U, 1 M re verschr in den 2. U; ab * fortlfd wdh bis zu den letzten 2 M, 2 M li.
7. Reihe: 1 M re abh (Fh), 1 M re, * 2 M li, 2 M rvkr; ab * fortlfd wdh bis zu den letzten 4 M, 2 M li, 2 M re.
8. Reihe: 1 M li abh (Fv), 1 M li, 2 M re, * 2 M li, 2 M re; ab * fortlfd wdh bis zu den letzten 2 M, 2 M li.
Die 1.–8. R bis zu einer Gesamthöhe von 30,5 cm stets wdh. Alle M abk.

Fertigstellung
Die Fadenenden vernähen. Das Quadrat auf 30,5 cm x 30,5 cm spannen, anfeuchten und trocknen lassen.

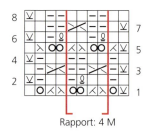

Rapport: 4 M

Zeichenerklärung
- ☐ in Hinr 1 M re; in Rückr 1 M li
- — in Hinr 1 M li; in Rückr 1 M re
- O 1 U
- OO 2 U
- ⧄ 2 M re zusstr
- ⧅ 2 M re übz zusstr
- ℧ in Rückr 1 M re verschr
- ⊠ 2 M rvkr
- ⋁ in Hinr 1 M re abh (Fh); in Rückr 1 M li abh (Fv)

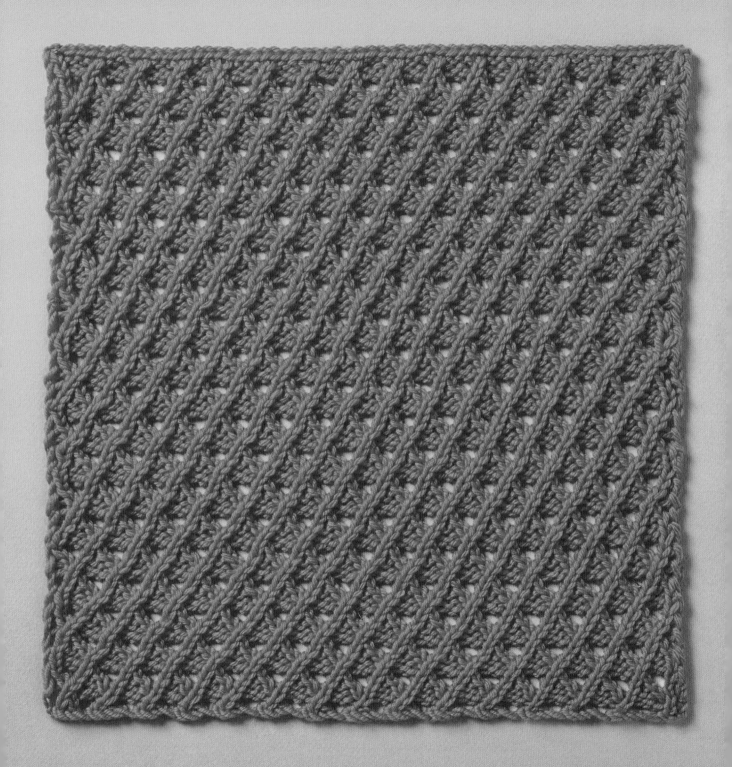

Decke „Musterhafte Strukturen"

Sieben unterschiedliche Strickmuster und ein schöner Farbverlauf in verschiedenen Korallentönen gehen bei dieser Decke eine wunderbare Verbindung von Struktur und Farbe ein.

Fertigmaß
Ca. 123 cm x 123 cm

Material
- Cascade 220 Superwash Merino (100 % Merinowolle; LL 200 m/100 g):
  A   Paprika (Fb 97), 500 g
  B   Camelia (Fb 98), 300 g
  C   Apricot Blush (Fb 100), 700 g
- Stricknadeln 4,5 mm (oder andere Nadelstärke gemäß Maschenprobe)
- Rundstricknadel 4,5 mm, 150 cm lang
- 1 Spielstricknadel 4,5 mm
- Garnrest als Hilfsgarn
- Wollnadel

Decke
Folgende 16 Quadrate str:
- in Fb C 1 x „Schräges Raster" (Nr. 60, Seite 172)
- in Fb B 2 x „Smokmuster" (Nr. 57, Seite 166)
- in Fb A 2 x „Morse-Code" (Nr. 48, Seite 144)
- in Fb B 1 x „Morse-Code" (Nr. 48, Seite 144)
- in Fb C 2 x „Blütenfeld" (Nr. 55, Seite 162)
- in Fb A 2 x „Blütenfeld" (Nr. 55, Seite 162)
- in Fb C 2 x „Wellengitter" (Nr. 59, Seite 170)
- in Fb A 1 x „Wellengitter" (Nr. 59, Seite 170)
- in Fb C 2 x „Ziegelmauer" (Nr. 50, Seite 150)
- in Fb C 1 x „Sprossen" (Nr. 56, Seite 164)

Die Quadrate entsprechend der nebenstehenden Grafik anordnen und zusammennähen.
Die Fadenenden vernähen.

I-Cord-Blende
Von der rechten Seite der Arbeit aus mit der Rundstricknd und dem Faden in Fb A weiterstr wie folgt:
An der rechten oberen Ecke beginnend entgegen dem Uhrzeigersinn aus jeder Kante der Decke gleichmäßig verteilt jeweils 200 M re herausstr.
Auf der linken Nd der Rundstricknd 3 M neu anschl.
1. Reihe: Mit der Spielstricknd 2 M re str, 2 M re abgeh zusstr, die 3 M zurück auf die linke Nd heben. Die Arbeit nicht wenden, sondern den Faden fest über die Rückseite der Arbeit ziehen.
Die 1. R bis zur Ecke stets wdh, dann 3 R I-Cord ohne Verbindung zur Decke arb. Die I-Cord-Blende an den übrigen 3 Kanten genauso arb.
Die verbleibenden 3 M abk.
Die 1. und die letzte R des I-Cords zusammennähen.
Die Fadenenden vernähen.

55	59	50	56
48	55	59	50
57	48	55	59
60	57	48	55

Farbschlüssel

■ Fb A
■ Fb B
■ Fb C

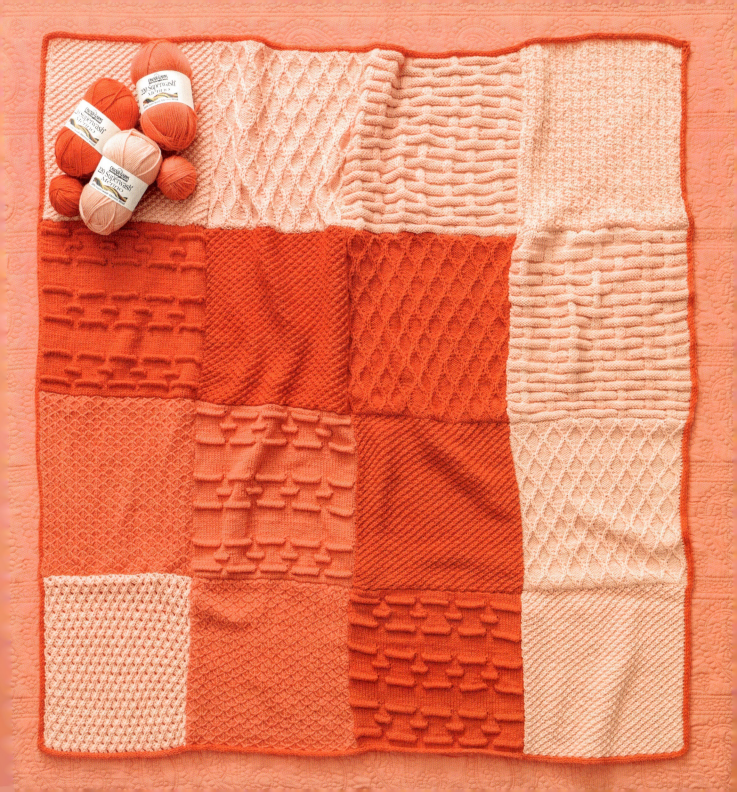

Babydecke „Drei mal drei"

Drei Farbverläufe und neun verschiedene Muster machen diese Decke zu einem Projekt, das beim Stricken die Aufmerksamkeit fordert und einen kleinen Erdenbürger kuschlig wärmt.

Fertigmaß
Ca. 96,5 x 96,5 cm

Material
- Cascade 220 Superwash Merino (100 % Merinowolle; LL 200 m/100 g):
  A Pastel Turquoise (Fb 90), 100 g
  B Ice Green (Fb 37), 100 g
  C Aqua (Fb 36), 100 g
  D Glacier Grey (Fb 64), 200 g
  E Flint Grey (Fb 65), 100 g
  F Forged Iron (Fb 67), 100 g
  G Pale Lilac (Fb 63), 100 g
  H Violet Ice (Fb 62), 100 g
  I Grapeade (Fb 61), 100 g
- Stricknadeln 4 mm und 4,5 mm (oder andere Stärken gemäß Maschenprobe)
- Rundstricknadel 4,5 mm, 150 cm lang
- 8 Maschenmarkierer

Decke
Je 1 Quadrat in den folg 9 Mustern und Fb str:
- in Fb A „Flug" (Nr. 47, Seite 142)
- in Fb B „Einfaches Flechtmuster" (Nr. 8, Seite 38)
- in Fb C „Stufen" (Nr. 4, Seite 26)
- in Fb D „Minikaros" (Nr. 2, Seite 20)
- in Fb E „Statement" (Nr. 53, Seite 156)
- in Fb F „Perlmusterrippen" (Nr. 14, Seite 50)
- in Fb G „Blütenfeld" (Nr. 55, Seite 162)
- in Fb H „Sprossen" (Nr. 56, Seite 164)
- In Fb I „Durcheinander" (Nr. 51, Seite 152).

Die Quadrate entsprechend der nebenstehenden Grafik anordnen und zusammennähen. Die Fadenenden vernähen.

Krausrippenblende in Runden
Von der rechten Seite der Arbeit aus und in der rechten oberen Ecke der Decke beginnend mit der Rundstricknd und dem Faden in Fb D 162 M gleichmäßig verteilt aus der Oberkante re herausstr, 1 M aus der linken oberen Ecke re herausstr, MM platzieren, 162 M aus der linken Kante re herausstr, MM platzieren, 1 M aus der linken unteren Ecke re herausstr, MM platzieren, 162 aus der Unterkante re herausstr, MM platzieren, 1 M aus der rechten unteren Ecke re herausstr, MM platzieren, 162 M aus der rechten Kante re herausstr, MM platzieren, 1 M aus der rechten oberen Ecke re herausstr, MM platzieren und die Arbeit zur Rd schließen (= 652 M insgesamt).
1. Runde: Li M str.
2. Runde: * 1 M zun, re M str bis MM, 1 M zun, MM abh, 1 M re, MM abh; ab * fortlfd wdh bis R-Ende (= 8 M zugenommen). Die 1. und 2. Rd noch 2 x wdh (= 676 M).
Nächste Runde: Li M str.
Alle M re abk.
Die Fadenenden vernähen.

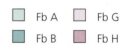

Farbschlüssel
- Fb A
- Fb B
- Fb C
- Fb D
- Fb E
- Fb F
- Fb G
- Fb H
- Fb I

Decke „Verflochten und verwebt"

Durch diagonal angeordnete Quadrate in den verschiedenen Mustern und ein paar starke Farbakzente bekommt das gute alte Schachbrettmuster eine moderne Note.

Fertigmaß
Ca. 127 cm x 127 cm

Material
- Cascade 220 Superwash Merino (100 % Merinowolle; LL 200 m/100 g):
    - A Glacier Grey (Fb 64), 400 g
    - B Flint Grey (Fb 65), 400 g
    - C Forged Iron (Fb 67), 400 g
    - D Peacock Green (Fb 38), 300 g
- Stricknadeln 4,5 mm (oder andere Nadelstärke gemäß Maschenprobe)
- Häkelnadel 4,5 mm
- Zopfnadel

Decke
Je 4 Quadrate in den folg Mustern und Fb str:
- in Fb A „Ziegelmauer" (Nr. 50, Seite 150)
- in Fb B „Umwege" (Nr. 23, Seite 79)
- in Fb C „Eicheln" (Nr. 34, Seite 110)
- in Fb D „Fantasierippen" (Nr. 10, Seite 42)

Die Quadrate entsprechend der nebenstehenden Grafik anordnen und zusammennähen.
Die Fadenenden vernähen.

Häkelblende aus festen Maschen
In Fb C mit der Häkelnd 1 Basis-Rd fM gleichmäßig verteilt rund um die ganze Decke arb, dabei 3 fM in jede Ecke häkeln. Weitere 3 Rd fM häkeln. Den Faden abschneiden und sichern.
Die Fadenenden vernähen.

23	34	23	34
50	23	34	10
23	50	10	34
50	10	50	10

Farbschlüssel
- ☐ Fb A
- ☐ Fb B
- ☐ Fb C
- ☐ Fb D

Decke „Regenbogen"

Strickquadrate in leuchtenden Farben bilden einen diagonalen Regenbogen auf weißem Untergrund, der an Wolken an einem schönen Sommertag erinnert.

Fertigmaß
Ca. 162,5 cm x 162,5 cm

Material
- Cascade 220 Superwash Merino (100 % Merinowolle; LL 200 m/100 g):
  - A Molten Lava (Fb 96), 100 g
  - B White (Fb 25), 1400 g
  - C Carrot (Fb 41), 200 g
  - D Artisan Gold (Fb 08), 400 g
  - E Verdant Green (Fb 16), 300 g
  - F Deep Ultramarine (Fb 48), 100 g
- Stricknadeln 4,5 mm (oder andere Stärke gemäß Maschenprobe)
- Rundstricknadel 4,5 mm, 150 cm lang
- Zopfnadel

Decke
Insgesamt 25 Quadrate in folg Fb und Mustern str:
- in Fb A 1 x „Zwischen den Zeilen" (Nr. 17, Seite 60)
- in Fb B 12 x „Flug" (Nr. 47, Seite 142)
- in Fb C 3 x „Bergauf" (Nr. 42, Seite 126)
- in Fb D 5 x „Wischer" (Nr. 7, Seite 36)
- in Fb E 3 x „Halb und halb" (Nr. 41, Seite 124)
- in Fb F 1 x „Transparente Tulpen" (Nr. 45, Seite 132)

Die Quadrate entsprechend der nebenstehenden Grafik anordnen und zusammennähen. Die Fadenenden vernähen.

Krausrippenblende in Reihen
Von der rechten Seite der Arbeit aus mit der Rundstricknd und dem Faden in Fb B gleichmäßig verteilt 226 M aus einer Kante der Decke re herausstr.
1 R re M str.
1. Reihe (Hinr): 1 M re, 1 M zun, re M str bis zur letzten M, 1 M zun, 1 M re.
2. Reihe: Re M str.
Die 1. und 2. R noch 6 x wdh.
Alle M abk.
Die Blende an den übrigen 3 Kanten genauso str.
Die Blenden an den Ecken zusammennähen.
Die Fadenenden vernähen.

17	47	42	47	7
47	42	47	7	47
42	47	7	47	41
47	7	47	41	47
7	47	41	47	45

Farbschlüssel
- Fb A
- Fb B
- Fb C
- Fb D
- Fb E
- Fb F

Register

A
Abkürzungen 184
Anordnung der Quadrate 6, 12, 13
Auf und davon 168

B
Babydecke „Drei mal drei" 176
Bambus 44
Bauklötze 30
Beispieldecken 6, 54, 100, 134, 174, 176, 180
Bergauf 126
Blättergirlanden 114
Blenden 6, 14, 15
Blütenfeld 162
Bonbons 98

D
Decken
– „Drei mal drei" (Babydecke) 176
– „Edles Grau" 54
– „Kreuz und quer" 100
– „Meeresrauschen" 134
– „Musterhafte Strukturen" 174
– „Regenbogen" 180
– „Verflochten und verwebt" 178
Diagonales Zickzackmuster 48
Dies & das 154
Durchbrochener Brokat 116
Durcheinander 152

E
Eicheln 110
Einfaches Flechtmuster 38
Embleme 138
Extravagante Muster
– Auf und davon 168
– Blütenfeld 162
– Decke „Musterhafte Strukturen 174
– Dies & das 154
– Durcheinander 152
– Embleme 138
– Flug 142
– Morse-Code 144
– Nordstern 158
– Schräges Raster 172
– Smokmuster 166
– Sprossen 164
– Statement 156
– Wellengitter 170
– Ziegelmauer 150
– Zwirbelchen 147

F
Fantasierippen 42
Farben 6, 10, 11
Flatterfalter 64
Flug 142

G
Garne 8
Garne austauschen 8
Garnmenge 6
Garnstärke 9
Gebrochenes Rippenmuster 18
Gerippte Rhomben 85
Gerippte Sechsecke 33
Größe 6

H
Halb und halb 124
Höcker & Grübchen 104
Hufeisen 94

K
Kahle Zweige 130
Keltischer Zopf 76
Kordeln & Kreise 92
Kreuze & Kringel 29

L
Lochmuster
– Bergauf 126
– Blättergirlanden 114
– Decke „Meeresrauschen 134
– Durchbrochener Brokat 116
– Eicheln 110
– Halb und halb 124
– Höcker & Grübchen 104
– Kahle Zweige 130
– Lochrippen & Zacken 120
– Luftig verwebt 112
– Ranken 108
– Schneegestöber 128
– Transparente Tulpen 132
– Verbundene Rhomben 106
– Vertikale Wellen 122
– Vom Winde verweht 118
Lochrippen & Zacken 120
Luftig verwebt 112

M
Maschenprobe 6
Minikaros 20
Morse-Code 144
Muster 6

N
Nordstern 158

P
Perlmusterrippen 50
Plastische Dreiecksrippen 52

R
Raffiniert verflochten 88
Ranken 108
Rechts-links-Muster
– Bambus 44
– Bauklötze 30
– Decke „Edles Grau" 54
– Diagonales Zickzackmuster 48
– Einfaches Flechtmuster 38
– Fantasierippen 42
– Gebrochenes Rippenmuster 18
– Gerippte Sechsecke 33
– Minikaros 20
– Perlmusterrippen 50
– Plastische Dreiecksrippen 52
– Schrägstreifen 46
– Starke Strukturen 22
– Stufen 26
– Verschachtelt 40
– Wischer 36
Rhombengitter 58

S
Schleifchen 70
Schneegestöber 128
Schräges Raster 172
Schrägstreifen 46
Smokmuster 166
Spalier 62
Sprossen 164
Starke Strukturen 22
Statement 156
Stufen 26

T
Transparente Tulpen 132

U
Umwege 79

V
Verbundene Rhomben 106
Verschachtelt 40
Vertikale Wellen 122
Vom Winde verweht 118

W
Wellengang 82
Wellengitter 170
Wischer 36

Z
Ziegelmauer 150
Zöpfe & Perlmuster 74
Zopfmuster
– Bonbons 98
– Decke „Kreuz und quer" 100
– Flatterfalter 64
– Gerippte Rhomben 85
– Hufeisen 94
– Keltischer Zopf 76
– Kordeln & Kreise 92
– Kreuze & Kringel 29
– Raffiniert verflochten 88
– Rhombengitter 58
– Schleifchen 70
– Spalier 62
– Umwege 79
– Wellengang 82
– Zöpfe & Perlmuster 74
– Zwischen den Zeilen 60
Zwirbelchen 147
Zwischen den Zeilen 60

Abkürzungen

abh	abheben
abk	abketten
Abn	Abnahme
abn	abnehmen
abstr	abstricken
anschl	anschlagen
arb	arbeiten
Fb	Farbe
Fh	Faden hinter die Nadel legen
fM	feste Masche(n)
folg	folgende(n)
fortlfd	fortlaufend
Fv	Faden vor die Nadel legen
Hinr	Hinreihe(n)
ldr	nach links drehen
li	linke/links
LL	Lauflänge
lvkr	nach links verkreuzen
M	Masche(n)
MM	Maschenmarkierer
M-Zahl	Maschenzahl
Nd	Nadel(n)
Ndspiel	Nadelspiel
R	Reihe(n)
Rd	Runde(n)
rdr	nach rechts drehen
re	rechte/rechts
re verschr	rechts verschränkt
Rückr	Rückreihe(n)
rvkr	nach rechts verkreuzen
str	stricken
U	Umschlag/Umschläge
übz zusstr	überzogen zusammenstricken
verl	verlängert
verschr	verschränkt
wdh	wiederholen
Zopfnd	Zopfnadel
Zun	Zunahme
zun	zunehmen
zusstr	zusammenstricken

2 M re abgeh zusstr 2 M einzeln nacheinander wie zum Rechtsstr abh, in dieser Orientierung zurück auf die linke Nd heben und re verschr zusstr (= 1 M linksgeneigt abn)

2 M re übz zusstr 1 Masche abh, 1 M re, die abgehobene M überziehen (= 1 M linksgeneigt abn)

2 M re zusstr 2 Maschen rechts zusammenstricken (= 1 M rechtsgeneigt abn)

3 M re zusstr 3 Maschen rechts zusammenstricken (= 2 M rechtsgeneigt abn)

3 M re übz zusstr 1 M abh, die nächsten 2 M re zusstr, die abgehobene M überziehen (= 2 M rechtsgeneigt abn)

3 M re abgeh zusstr Die nächsten 2 M zus wie zum Rechtsstr abh, 1 M re str, dann die 2 abgehobenen M überziehen (= 2 M abn mit aufliegender Mittel-M)